国家社科基金项目 "农产品质量安全
跨域跨组织应急联动系统研究"（编号：15BGL182）成果

农产品质量安全
应急联动系统研究

唐伟勤　唐伟敏　邹丽　徐恒　著

WUHAN UNIVERSITY PRESS
武汉大学出版社

图书在版编目（CIP）数据

农产品质量安全应急联动系统研究/唐伟勤等著 . —武汉:武汉大学出版社,2021.5
ISBN 978-7-307-22233-5

Ⅰ.农…　Ⅱ.唐…　Ⅲ. 农产品—质量管理—安全管理—应急系统—研究—中国　Ⅳ.F326.5

中国版本图书馆 CIP 数据核字（2021）第 064126 号

责任编辑:林　莉　喻　叶　　责任校对:汪欣怡　　　版式设计:韩闻锦

出版发行:**武汉大学出版社**　　（430072　武昌　珞珈山）
（电子邮箱:cbs22@ whu.edu.cn 网址:www.wdp.com.cn）
印刷:武汉邮科印务有限公司
开本:720×1000　1/16　印张:15.25　字数:272 千字　插页:1
版次:2021 年 5 月第 1 版　　2021 年 5 月第 1 次印刷
ISBN 978-7-307-22233-5　　定价:49. 00 元

目　　录

第1章 导 论

1.1 研究背景及意义

1.1.1 研究背景

农产品是人民群众生活不可或缺的基本必需品，农产品的质量安全不仅关系到人民群众的身体健康和生命安全，而且还关系到社会的稳定和谐以及国民经济的健康发展。我国自 2001 年实施"无公害食品行动计划"以来，农业部门成立了农产品质量安全监管机构、制定配套制度、强化风险监测以及开展质量安全知识科普；2014 年 1 月农业部正式发布了新修订的《农产品质量安全突发事件应急预案》，对农业部及地方各级农业行政主管部门处置农产品质量安全突发事件作出了详细规定和明确要求，标志着我国农产品质量安全应急逐渐走向规范化、法制化；2019 年中央一号文件指出要保障重要农产品有效供给，同年 12 月农业农村部召开全国试行食用农产品合格证制度工作部署视频会议，按照国家相关决策部署，全面推进食用农产品合格证制度试行工作。这些法制与政策的实施都充分体现了国家对于农产品质量监管及应急的高度重视，目前我国基本解决了农产品中禁限用高毒农药残留超标问题，遏制了重大农产品质量安全问题高发、频发的势头，排除了许多潜在的风险隐患，农产品质量安全应急管理能力得到了显著提升。然而作为农产品消费大国，我国的农产品质量安全形势依然严峻，农产品质量安全应急联动系统有待完善。

1. 农产品质量安全事件时有发生

根据农业部的统计资料显示，近十年来我国农产品质量安全事件几乎每年都有发生，严重威胁人们的健康甚至生命安全。

2010 年 1 月，武汉农业局抽检豇豆样品发现，来自海南省英洲镇和崖城镇的豇豆样品中水胺硫磷农药残留超出标准；同年 4 月，青岛"毒韭菜"事件被曝光，从批发市场中抽检的韭菜有机磷残留严重超标，已造成 9 名人员中毒。

2011 年双汇"瘦肉精"事件曝光，致使人们对肉制品的需求锐减；年底，国家质检总局检测出蒙牛乳业有限公司生产的牛奶中，黄曲霉毒素 M1 超标 140%，奶产品问题形式严峻。

2013 年硫磺熏制"毒生姜"流通于市场。山东潍坊农民使用"神农丹"种植生姜，"神农丹"含有一种叫涕灭威的剧毒农药，50mg 就可致 50kg 的人死亡，但当地农户仍公开成箱使用，并且为了获得农药残留合格检验报告，将不施农药的生姜送去质检，使得"毒生姜"得以销售到各地；同年 5 月，湖南攸县大米生产厂的大米被查出镉含量超标，"镉大米"事件被媒体披露。

2014 年上海福喜食品被爆出大量采用过期变质肉质原料的问题，该公司将超过保质期的食品回炉重造，更改保质期，并将其销售给快餐连锁店。

2015 年走私的"僵尸肉"流入餐桌，这些肉制品来源于拉美某国的冷库当中，是战略储备物资，已严重过期，由走私冻品的犯罪团伙带入市场，已查获 42 万吨，价值 30 多亿；同年对在采摘园、超市、农产品批发市场、路边摊随机购买的草莓进行检测，均发现草莓中有百菌清、乙草胺农药残留。

2016 年福建省在农产品质量安全监督抽查中发现，尤溪县后楼瓯柑专业合作社生产销售的柑橘（又名瓯柑）中含有高毒农药水胺硫磷成分，危害人体健康；同年，在大连金牟果蔬专业合作社种植的芹菜中，检测出含有超标的"毒死蜱"农药。该合作社在种植芹菜时采取灌根方式超剂量使用"毒死蜱"农药，最终导致芹菜中农药残留超标。

2018 年 8 月份以来全国范围内爆发的非洲猪瘟事件，导致上百万头生猪被捕杀，一方面给养猪行业造成了巨大的经济损失，另一方面也导致猪肉供给严重满足不了人们的正常需求，需要通过各种方式增加猪肉供应。

以上这些农产品质量安全事件的发生，凸显了我国农产品质量安全隐患仍然存在，农产品质量安全仍然严峻，需要完善农产品质量安全应急系统，以避免或降低农产品质量安全事件对人们身体健康甚至生命安全的伤害，促进社会和谐，推动国民经济的健康发展。

2. 农产品质量安全预警联动系统尚不完善

预警是预防农产品质量安全危机的一种具体手段，其思路是在农产品安全管理中应用预警的原理，通过对农产品质量的监测，获取其质量安全信息，评估其风险等级，提前发现农产品质量安全潜在风险，必要时发出安全预警提示，在事故可能发生、即将发生时将其扼杀在萌芽状态，最大限度地保障人民的健康安全。

近十几年来，我国在农产品质量安全监测方面做出了不少成绩。2000年，我国卫生部建立了"全国食品污染物监测网络"和"全国食源性致病菌监测网络"；2001年，农业部建立了农产品质量安全例行监测制度，开始系统地对农产品进行抽样检测，并定期发布农产品质量安全信息。2006年，我国国家质量监督检验检疫总局开发了"食品安全快速预警与快速反应系统"，该系统通过对全国各省市质量技术监督局、国家食品质量监督检验中心的日常检查与抽查数据的采集与分析，实现了食品安全问题的准确发现、快速报告和快速处理；2008年后我国相继成立了农产品质量安全监管局、各省(市)农产品质量安全监管机构和应急管理处，加强了对农产品质量安全的监管工作，也开展了农产品质量安全风险分析评估、风险预警和风险交流等工作。

但是，我国食品和农产品质量安全是由不同部门分段监管的。这种分段监管制度将已有的食品及农产品质量安全风险信息资源分散在不同的职能部门(张星联、张慧媛、唐晓纯，2012)。而且，从农田到餐桌，食品和农产品的质量安全预警需要经过不同体系的考验，环节之间缺乏风险信息的有效传递和交流，并造成了大量数据的浪费和重复监测。因此，食品和农产品质量安全预警要结合农业、卫生、质检、食药以及应急部门等在内所有的质量安全风险信息，在现有分散的质量安全信息资源的基础上进行系统整合，并将采集的质量安全风险信息标准化、规范化，而这些只有通过建立跨组织的预警联动系统才能实现。

综上，设计合理的农产品质量安全预警联动系统，系统整合现有分散的农产品质量安全信息资源，是亟需解决的问题。

3. 农产品召回联动系统尚未建立

召回是国际通行的产品安全管理制度，是消除已投放市场产品安全隐患的有效管控措施，是监管部门行使公权保障消费者不受产品缺陷伤害的最后一道防线(潘文军，2017)。一旦发现农产品质量安全征兆，需要对大批量问题农产品进行召回处理，以便最大限度减少或避免不安全农产品对消费者与环境造成的危害(张蓓，2015)。

我国农产品召回的各项制度都正在完善中，各地开始不断尝试建立完善的质量追溯制度和农产品召回制度。2014年2月，甘肃省率先出台农产品质量追溯办法；同年12月，湖北建立"问题肉"召回制度，禁止生鲜乳添加任何物质；2016年1月，国家食药监局发布食用农产品市场销售质量安全监督管理办法，对问题农产品的处理做出了具体要求；国家粮食局2016年在《关于加快推进粮食行业供给侧结构性改革的指导意见》中明确指出：完善粮食质量安全保障机制，探索建立问题粮食召回制度。

但是，在农产品召回实践中，存在召回信息内容不全，后续追踪与召回监管缺乏完整性与系统性，缺乏行业性或政府主导的农产品召回信息支撑平台，责任不明、供应链主体协作不当、各责任主体没有发挥应尽的职责与作用，召回程序不规范等问题。在农产品召回的理论研究中，由于相关文献较少，更多的是套用食品召回理论，而现有的食品研究视角、内容与结论并不能很好地服务于当前我国食品召回实践的需要，同时农产品召回在召回主体、召回程序、召回方式及措施上也并不等同于食品召回。

因此，设计合理的农产品召回联动系统，加强农产品召回组织之间的协作、信息共享与物流支持，降低召回社会成本，提高召回实施的效率，增强农产品质量安全的管控效果也是亟需解决的问题。

4. 农产品质量安全跨组织应急处置联动系统效率不高

农产品质量安全事件发生后，往往需要农业部门、农产品质量安全监督局、公安部门、国家食品药品监督部门、卫生部门、质检部门等多个组织之间的联动应急，才能有效地处置应急事件。

然而，由于我国当前农产品各应急部门之间的职能存在交叉重合，在事件发生时应急联动协作停留在建立联席会议制度、签订合作协议、相互交流机制等表层工作上，出现了"政府主体，多头指挥、联动失灵"的现象，缺乏一个统一的应急指挥中心，条块之间的管理体制不同，应急组织体系整体呈现出"条块分割"的现象，缺乏有效整合和统一协调，在跨部门应急处置工作中，往往存在职责不明、机制不顺、针对性不强等问题，难以协同作战，发挥整体处置能力。在农产品质量安全事件发生后，有关部门、机构往往各自为政，相互之间没有充分的沟通和协作，部门与部门之间存在信息不对称的现象，阻碍了应急信息资源在不同部门间的流通，造成了信息封闭，信息不能及时共享，部门与部门之间的协作联动受阻，导致应急处置效率低下。

因此，建立高效的农产品质量安全跨组织应急处置联动系统，提高政府和相关部门的应急联动处置能力，也是农产品质量安全应急联动系统研究的一个重要问题。

5. 农产品质量安全跨域应急处置联动系统建设薄弱

由于现代物流发达，农产品运输高效便捷，农产品更易被运送到全国各地，一旦发生农产品质量安全事件，往往涉及多个区域，需要多区域之间联动应急。目前，我国跨域应急管理合作的领域已经涵盖自然灾害、事故灾难、公共卫生事件和社会安全事件四类突发事件。如长三角地区应急联动合作的主要领域包含流行性疾病、自然灾害、重大国际会议安保、环境保护等内容；粤港澳区域应急管理合作的领域同样广泛，包括水文治理、口岸应急处理、极端气候应急合作、联合培训、传染病防治、食品安全、社会治安交流、建立应急救援队伍和应急物资"绿色通道"等；京津冀地区应急合作机制则包括反恐维稳、交通安全、食品安全、森林防火、大气污染治理、公共卫生等领域。

但是我国跨域应急管理合作仍处于较为初级的阶段，以低层次合作机制为主，主要包括签订应急管理合作协议、建立应急管理联席会议制度、相互交流机制等。在农产品质量安全事件发生后，由于不同区域的政府之间存在着地域分割，应急主体和应急权力资源的碎片化，利益共享和利益补偿等利益约束机制的缺乏，制度安排和合作规则的不确定性，以及事件特征、区域位置的特殊性等因素的制约影响(郭景涛，2016)，区域与区域之间存在信息不对称的现象，导致应急联动协作障碍，阻碍了应急信息资源在不同区域之间的流通，造成了信息封闭，信息不能及时共享，应急协作联动受阻，应急效率低下。

因此，建立健全的农产品质量安全跨域应急处置联动系统，提高区域之间的应急联动处置能力，是农产品质量安全应急联动系统研究的又一个重要问题。

1.1.2 研究意义

作为生活必需品，农产品的质量安全直接关系到人民群众的身体健康甚至生命安全，关系到我国的经济发展、社会稳定和农产品的竞争力。当前我国农产品质量安全形势依然严峻，农产品质量安全事件时有发生，应急联动系统有待完善，因此研究农产品质量安全在预防预警阶段的预警联动系统、管控阶段的召回联动系统以及处置阶段的应急处置联动系统，对于丰富和完善农产品质量安全理论和应急管理理论，避免和降低农产品质量安全带来的伤害有着深远的意义。研究结果可进一步完善应急管理的理论研究，为农产品质量安全的应急决策提供理论依据和实践指导，同时也为相关政策法规的制定以及调整提供理论支撑。

1. 理论意义

本书通过梳理分析农产品质量安全应急相关理论，包括农产品质量安全事件的特征、农产品质量安全的应急特征以及农产品质量安全应急系统等，构建了农产品质量安全应急全过程系统，并在此基础上分别研究预防预警阶段的预警联动系统、管控阶段的召回联动系统以及处置阶段的应急处置联动系统，丰富和完善了农产品质量安全与应急管理理论体系。

第一，建立完善的农产品质量安全预警联动系统有助于完善预警理论体系。当前关于农产品质量安全预警系统的研究主要聚焦于农产品产地安全预警、农产品产业链安全预警、农产品质量安全预警体系架构及农产品质量安全预警技术与方法等方面，关于预警联动系统方面的文献较少，预警联动模型和方法研究也不充分。本书分析了我国农产品质量安全预警联动的业务流程、联动主体以及农产品质量安全的影响因素，建立了农产品质量安全预警联动的指标体系，并建立了农产品质量安全预警联动模型，实现了农产品质量安全的跨组织预警联动，丰富了我国农产品质量安全预警理论体系。

第二，建立农产品质量安全召回联动系统有助于完善与丰富我国农产品以及食品召回理论体系。当前农产品质量安全召回的相关研究较少，更多的是套用食品召回理论，而食品召回理论又侧重于食品召回监管制度与管理策略，研究召回联动系统的较少，本书通过供应链管理、网络设计、信息系统工程等理论基础设计了农产品质量安全召回联动系统，实现了农产品召回跨组织的联动，有助于完善我国农产品以及食品召回理论体系。

第三，建立农产品质量安全跨组织应急处置联动系统和跨域应急处置联动系统，有助于进一步完善农产品质量安全应急处置理论。当前在跨组织应急联动的研究方面，对农产品质量安全跨组织应急联动系统的研究较少，也较少对应急联动过程中组织间各任务之间的关系展开研究，在跨组织应急处置联动系统的模型和方法上，鲜少将 UML 和 Petri 网的建模方法相结合对跨组织应急处置联动系统进行建模分析；在跨域应急联动研究方面，对跨域应急处置联动系统方面的研究较少，而在较少的跨域应急处置联动系统的相关文献中，重点研究自然灾害、公共危机事件以及环境安全事件的应急处置联动，对于农产品质量安全事件跨域应急处置联动的研究尤为少见。本书运用统一建模语言和扩展Petri 网的方法，研究农产品质量安全跨组织应急联动系统，运用超网络模型方法研究农产品质量安全跨域应急联动系统，研究结果有助于进一步完善与丰富农产品质量安全应急处置理论体系。

2. 实践意义

目前我国的农产品质量安全应急管理工作主要是依赖和参考一般突发事件应急管理方法和食品质量安全应急管理运行方法，缺乏针对农产品质量安全事件的应急管理运行体系。本书通过运用农产品质量安全应急联动系统研究中所涉及的相关理论，结合我国农产品的实际社会环境特征，建立农产品质量安全预警联动系统，召回联动系统以及应急处置联动系统，为应急决策提供辅助支持，为农产品质量安全全过程应急提供新技术与新方法。

第一，完善的农产品质量安全预警联动系统的建立有助于农产品供应链各主体之间、农产品质量安全检测监管部门与应急部门之间、供应链主体与政府检测监管部门之间的联动协作，提升我国农产品质量安全预警效率；通过识别农产品中存在的风险因素，预先评定风险因素的危险等级，根据评价结果进行监测、跟踪和分析，并及时发出预报预警信息，有助于政府部门及时采取应对措施，在农产品安全事故发生之前防患于未然，实现对农产品质量安全事故的预先控制，实现从"事后被动处理"向"事前主动预防"的模式转变，最大程度地保障人民的生命健康安全。

第二，农产品召回联动系统的建设与完善，有助于不同区域的农产品供应链主体与政府部门之间、农产品供应链各主体之间以及农产品监管部门与应急部门之间的召回协作联动，提升我国农产品召回效率，进而提升我国农产品召回整体实践水平；有助于解决当前我国农产品召回中遇到的实际问题，能够有效排除农产品质量安全隐患，避免危险农产品对消费者与环境造成的危害，保护消费者的健康甚至人身安全，并维护农产品市场稳定；有助于在全社会与全行业提升农产品召回意识，加强农业供应链各主体的社会责任，从而对社会诚信环境的建立与农产品行业可持续发展发挥重要作用，促进我国农产品整体行业形成诚信、健康的环境。

第三，建立健全的农产品质量安全应急处置联动系统，可提高政府和相关部门的应急处置能力，减少人员伤亡和财产损失，是社会秩序得以稳定的客观条件，也是新形势新环境新发展下的迫切需求，更是有效提高政府应急能力的有力保障。我国的农产品质量安全应急联动系统相对于发达国家起步较晚、发展相对滞后，并且有些机制不够完善、缺乏经验、研究农产品质量安全跨组织和跨域应急处置联动系统，有助于有效整合和发挥不同区域不同组织之间的资源，提升各区域各组织对农产品质量安全的应急能力，为实际跨组织和跨域应急处置联动实践提供理论指导，为农产品质量安全跨组织应急处置联动系统和跨域应急联动处置系统的开发设计提供一定的参考价值，同时也为相关政策法规的制定以及调整提供理论支撑。

1.2　国内外研究现状

农产品质量安全应急包括预防预警、管控及应急处置三个阶段，相应地，农产品质量安全应急联动系统应包括农产品质量安全预防阶段的预警系统，农产品质量安全管控阶段的召回系统以及农产品质量安全事件发生后的应急处置系统。因此，本综述在全面分析农产品质量安全的应急管理的研究现状的基础上，阐述并分析农产品质量安全预警，召回系统，应急处置系统的研究现状。由于农产品召回系统的相关文献较少，本综述主要分析食品召回的相关研究，同样由于农产品质量安全应急处置联动的相关文献较少，本综述主要从跨组织应急以及跨域应急两个方面分析应急处置联动的研究现状。

1.2.1　农产品质量安全的应急管理研究现状

1. 国外农产品质量安全的应急管理研究现状

国外的农产品质量安全应急管理主要从农产品供应链、信息系统、应急管理措施以及安全评估等方面展开研究。

在农产品供应链方面，Soderlund（2008）利用农产品价值链的保证体系保障农产品的质量安全，提升农产品的价值。Anna & Jozef（2008）运用 HACCP 管理体系来监测食品质量安全，阻止食品传染病的传播是一个行之有效的方法，并选定蔬菜组合验证研究正确性。Maze et al.（2009）通过研究指出在食品供应链中食品的质量和食品安全的治理结构有一定的关系。Hennessy et al.（2011）等人阐述了在食品安全产业链的供给过程中，食品安全产业的领导力量的机制和意义。Zhang & SQ（2013）研究发现韩国在农产品安全应急管理上引进 HACCP 和 SSOP，以期预防农产品安全事件的发生。

在农产品质量安全应急信息系统方面，Oger et al.（2010）提出一种与可追溯性信息相结合的地理信息管理系统用于对农产品的生产、加工、消费进行追踪，保障农产品安全。Lee & Bae（2010）通过调查研究韩国农产品质量安全管理信息系统，并结合韩国当前实际的安全管理制度，设计应急预警系统和危机应对系统，以应对突发的农产品质量安全事故。Kafel，Nowicki 和 Sikora（2013）选择食品企业集成管理系统中的四个组织进行研究，通过深入访谈的形式，发现风险管理是必须的。

在农产品质量安全应急管理措施方面，Turcanu et al.（2008）通过分析一个关于污染牛奶的应急管理案例，得出在应急决策分析过程中每个阶段都应与利益相关者进行系统互动，并对不同观点产生的问题提出解决办法。Byung-Oh（2008）基于农业质量管理法和基于环境友好农业处境法为核心，分析韩国农产品质量安全运行系统的优缺点，并提出改进方案。Sopher et al.（2009）通过对将臭氧、紫外线、高级氧化技术运用于农产品安全的成功案例进行分析，得出一套全新的消毒技术以提高食品质量安全。Pacel（2013）对因海啸引发的福岛核电站事故对农产品放射性元素含量进行研究，对不合格农产品启动应急管理机制紧急召回，向公众提供达到健康水平的农产品。Reinhard et al. (2013)以计量经济学的方法为基础，将提高农产品安全和竞争力与改进环境效率结合在一起，研究荷兰乳牛场的食品技术和环境效率，探讨了投入要素的影响和它们之间的关系。Alam & Feroz(2015)针对微生物方面的农产品进行分析，指出微生物质量安全引发公众身体健康，并可能产生疫情的问题，并提出应急管理措施。Behrooz et al. (2016)以磷化铝等农药含量在农产品中有所增加，危害人体健康为例，研究印度、伊朗、孟加拉、约旦等国的应急管理措施，并利用改进的 Delphi 方法设计流程图，作为应急管理指南。

在农产品质量安全评估方面，Luning & Marcelis(2009)研发出一套诊断仪器，使之能够对农产品或食品公司的食品安全管理体系进行系统评估，根据结果改进和提高系统性能。John(2012)提出量化食品的成本和收益的理论及方法，设计出以成本和绩效为基础的成本测量框架，并通过案例探讨了现存的成本和收益信息对于量化评估的局限之处，最终给出食品安全管理成本和收益量化研究的建议。McEvoy(2016)针对近几年来发生的食品安全事件，从对此类事件的反应、风险管理以及应急能力上，探讨欧盟成员国作为一个整体如何处理食品安全事件。Patterson & Mohr(2016)以猪肉这一农产品为例，研究在发生农产品疫情时，美国的地方、州、联邦当局实施动物疫情应急管理计划，在限制猪肉流动的同时，尽量减少农产品供应的中断，并根据风险评估对业务运作的各环节进行优先级排序，为疫情爆发做好风险防范。Asselt & der Fels-Klerx(2017)比较和评估 2 个相邻欧盟成员国德国和荷兰对食品安全事件的应急处置，通过快速筛查和检测系统的开发，以及利用计算机软件系统将各种数据源结合起来的方法，评价两国在食品应急管理的优劣，并提出相关的改进意见。Matison，Tasinov 和 Oleg Yurievich(2017)借鉴国际经验，制定并实施食品安全培训制度，内容包括食品法律法规，安全管理体系，风险分析等方面，以期预防事故的发生。Tagliabue & Giovanni(2017)以农产品检测方法为研究对象，分析在农产品风险评估阶段，一些检测方法对不同类别的农产品造成不同的结果，对应急管理造成影响。

2. 国内农产品质量安全的应急管理研究现状

我国学者主要是从农产品质量安全的现状角度指出存在的问题并提出对策和建议，或从供应链、信息系统等方面对农产品质量安全应急管理进行研究。

在对策建议研究方面，我国学者主要是针对农产品质量安全应急管理现状，提出应急处置对策措施。陈云飞(2011)以石河子市的农产品质量安全管理现状为例，从生产、消费、监管、法律法规这四个角度探讨石河子市农产品质量安全管理存在的问题，结合其他省市的管理经验，提出七条改进措施。张树秋等(2013)以"神农丹"毒生姜农产品事件为例，分析农产品质量安全突发事件发生的原因，阐述了山东省处理该事件的应急经验，并根据现存问题提出加强山东省农产品质量安全应急工作的建议对策。徐娟等(2013)以生鲜农产品突发事件特点为基础，将农户风险分为自然风险、市场风险、生产风险，提出农户在面对农产品质量安全突发事件时的应急困难，并从供应链的角度提出解决问题的三种应急措施。张星联(2014)根据农产品质量安全风险预警的流程，探讨我国农产品质量安全预警体系建设的不足，并针对性地提出了加强预警体系建设的政策建议。李明云(2014)从应急预警机制、信息传递机制、应急指挥控制机制、应急处置流程、联动机制和动员机制、应急保障机制这六个方面对食品安全应急管理机制进行探讨，提出要健全的风险预警机制，构建协调的应急处置机制，完善应急管理机制的应急动员和保障机制的建议。王杕(2014)通过统计我国近几年来农产品质量安全应急管理的主要措施及获得的成效，提出应急管理工作面临的难点，最后给出了针对性的对策建议。海力帕木·吾麦尔(2015)以农产品质量安全突发事件的应急监测为切入点，分析突发事件发生的原因和特点，并提出相应的解决措施。史俊华(2015)探讨农产品质量安全应急处置过程中应急预案方面、风险评估方面、风险交流方面、科普宣传方面存在的问题，并针对这几个方面提出应急处置对策建议。余芳(2015)针对近几年来农产品质量安全事件，分析事件产生的影响，以及在农产品质量安全事件应急管理中存在的问题，构建应急管理模型，最后提出农产品质量安全应急管理策略。柯细喜等(2016)根据目前农产品质量安全应急管理现状，分析农产品质量安全监管方面存在的问题，提出三个改善意见。

也有学者从网络舆情及生态环境方面提出应急对策及建议。房宁(2012)针对农产品质量安全应急管理中的媒体沟通方面，运用多种理论，分析两者之间的关系，提出农产品事件发生时的媒体沟通原则和措施。王建忠(2013)通过研究农产品质量安全事故应急处置中应急预案、舆情监测、宣传引导、科学研究等方面存在的问题，提出相应的解决措施，以保证农产品销售的正常秩序。张悦(2017)以环境因素对农产品质量安全的不利影响为切入点，分析造成农产品质量安全危害的原因，以及环境立法对农产品质量安全保护存在的不足，提出通过改善农业生态环境来保障农产品质量安全的建议。刘丽(2017)针对四川省发生的广元柑橘大食蝇事件对四川农产品造成的影响，提出做好农产品质量安全工作的网络舆情监督工作，对应急管理工作显得尤为重要。何龙和曾胜威(2018)基于网络舆情的农产品质量安全事件应急管理进行研究，从积极影响和消极影响两方面出发，就网络舆情对农产品质量安全造成的影响进行分析，然后根据社会实际情况就农产品质量安全应急事件管理措施进行分析，以此提高互联网时代社会突发事件的应急能力。

在农产品供应链及信息系统的研究方面，范海芹(2008)以农产品为研究对象，以 J2EE 平台为基础，运用 B/S 的结构建立农产品供应链信息系统，实现对农产品的实时跟踪和溯源，完善了农产品质量安全应急管理机制。吴晓明(2010)运用 Internet 技术和 GIS 技术，建立基于 WebGIS 的农产品质量信息管理系统，实时更新农产品质量信息，以达到降低农产品质量安全事故发生的风险。钱建平(2012)运用 WebGIS 工具，对农产品质量安全应急管理系统进行设计，并验证其有效性。徐维(2017)以河南省为研究对象，从信息跟踪溯源、农业智能化和应急响应及预警三个方面，分析物联网在农产品质量安全应急管理方面的应用，并根据其中存在的问题，提出相应的解决对策。贾丰涛和汪玉涛(2020)将区块链技术运用于农产品质量安全的保障方面，通过此项技术构建了农产品物流平台，由于区块链具备去中心化、可进行非对称性加密和大数据算法等特性，可以保障农产品的安全透明和实现质量可追溯功能。田佳等(2019)运用大数据技术建立了农畜产品质量安全监管体系和可追溯体系，以应对当前食品安全危机下的内蒙古农畜产品质量安全问题。

1.2.2 农产品质量安全预警研究现状

1. 国外农产品质量安全预警研究现状

国外学者的相关研究主要聚焦于农产品产地安全，农产品供应链安全以及农产品质量安全预警技术与方法等方面。

在农产品产地安全方面，Simon et al. (2009)认为进口豆粕能够降低农药、化肥和农业机械的使用，增加了土壤的碳储量。Ampatzidis et al. (2011)开发了可携带式装置，用于监测果树的生长情况。

在农产品质量安全供应链方面，Norbert et al. (2008)介绍了基于互联网的咖啡供应链信息系统（CINFO），CINFO 提供咖啡在何处加工生产、如何被加工生产以及最终分发到哪位终端消费者；Naoum et al. (2014)建立了农产品供应链管理的分层决策框架与严格分类法并提出了决策方案；Lin Qi et al. (2014)建立了易腐食品冷链中以无线传感器网络为主的综合冷链保质期决策支持系统，提出了农业数据服务模型，用来监测和预警农业企业生产；Al-Busaidi et al. (2016)基于供应链的基础理论研究了农产品质量安全预警；Govindan(2017)指出应当重视跨国农产品供应链对于食品问题的作用。

在农产品质量安全预警技术与方法方面，Georg et al.（2009）关注数据库对于农业的研究的重要性和可操作性，通过数据对农产品预警提出建议；Shuai Liu et al.（2013）的研究认为，RFID 技术作为一种经营策略用以确保食品安全，分析了有机食品零售商的 RFID 操作策略；Kerdiles et al.（2017）建立了基于 ASAP（Anomaly Hot Spot of Agricultural Production）系统的农产品质量安全监控与自动警报系统。Sevim et al.（2014）运用神经网络、逻辑回归分析等方法来建立农产品质量安全预警体系；Y Li et al.（2010）基于数据挖掘方法分析了食品业务中的实际数据，提出了包含食品供应链网络预警和应急管理控制的系统框架；Vladimir et al.（2014）等提出了在移动无线电环境条件下的支持向量机的微预警模型；Farquad et al.（2014）提出了一种混合方法，该方法用以支持向量机中提取规则，包括以下三个部分：①SVM 递归特性用以消除被用来减少特征集；②SVM 模型根据已减少特征集的数据获取，并且从中提取支持向量机；③最终规则的生成依据为朴素贝叶斯树。

2. 国内农产品质量安全预警研究现状

国内学者主要从农产品产地安全预警系统、预警指标体系、预警系统设计与架构农产品质量安全预警技术与方法以及预警模型等方面研究了农产品质量安全预警。

在农产品产地安全预警系统方面，邹小南等（2010）从农产品产地安全的角度，对农产品产地的预警指标因子、预警类型、预测预警模型进行了研究，分析了建立农产品产地安全预警系统的方法；钱玉红等（2011）通过普查分析上海市奉贤区蔬菜产地土壤的安全状况，建议建立一套有效的产地安全预警体系，确保奉贤区蔬菜产地安全；罗艳等（2011）通过收集和整理土壤调查、土壤分析的数据，构建了基于 GIS 的农产品产地安全数字化预警系统，实现产地环境质量长期预警和突发农业环境污染事件预警；刘洋等（2012）提出了完善我国农产品质量安全风险防范预警系统的建议。

在预警指标体系方面，吕新业等（2006）选取粮食产量、人均粮食消费量、储备率、禽蛋产量、人均禽蛋消费量、禽蛋生产价格指数、水产品产量、人均水产品消费量、水产品价格指数、肉类产量、人均肉类消费量、肉类价格指数、农村人均收入和城镇人均收入等指标评估了我国食品安全；黄晓娟等（2008）在全面分析影响食品安全状态各类因素的基础上，建立了基础项目、食品合格状态、食品整体状态三大类指标；杨艳涛（2009）建立了加工农产品质量安全预警理想指标体系和实用指标体系；张星联等（2013）从农产品产业链的多个方面出发，构建了我国食用农产品质量安全综合预警指标体系；张东玲等(2013)提出了农产品供应链的质量系统集成结构，建立农产品供应链质量安全风险评估指标体系，并以山东省蔬菜供应链为例进行了实证研究。李湘丽(2016)以无公害农产品为研究对象，构建风险预警体系，并用实例验证农产品质量安全风险预警体系的可行性，为农产品质量安全监管提供技术支撑和依据。

在预警系统设计与架构方面，唐晓纯(2008)设计了由食品安全信息源子系统、分析评估子系统和预警应对子系统构成的食品安全预警系统；陈原(2010)设计了包括低成本常规食品安全管理系统和高成本食品安全突发事件控制预测系统两个子系统的供应链食品安全管理系统；边吉荣和宋丽亚(2010)构建了一种农产品可追溯系统，并给出了具体的系统设计方案，为农产品的质量监控提供了良好的操作平台；吴凤娇(2011)建立了农产品加工业监测预警系统，开发了分析复杂数据的模型并设计出通用复杂文件处理模块；鲍韵和吴昌(2013)构建了大豆产业安全的预警子系统。程涛等(2013)对农产品质量控制和追溯进行了流程分析与架构设计，并以广泛使用的 Android 智能手机为例，研究系统关键技术；董玉德等(2016)运用 HACCP 法设计了农产品质量安全可追溯系统；韩天峰(2019)针对传统农产品监测预警系统测报因子历史发生值较低，导致监测结果不准确的不足，以系统硬件为基础，通过数据传输设备将系统与终端相连接的方法，设计了大数据时代的农产品监测预警系统。

在农产品质量安全预警技术与方法上，骆浩文等(2004)利用信息服务网络平台，实现标准信息资源透明共享，以提高标准化管理和食品安全服务水平；黄坚毅(2008)建立了一个综合的统一的农产品质量管理信息收集、发布和交流系统，以统一各种分散的信息、提高信息服务水平；孔令举和毛鹏军(2011)通过危害分析与关键控制点体系，实现农产品质量安全监控预警系统对农产品质量安全的监控；李祥洲等(2013)给出了农产品质量安全舆情预警的体系框架，分析了影响预警等级划分的指标因素，并提出了舆情预警等级设定、判断标准以及农产品质量安全网络舆情预警工作的基本环节及工作重点；林伟君等(2012)运用 GIS 技术来直接监控大宗农产品供应情况；孙志新(2012)运用数据仓库和数据挖掘技术，形成各种科学的报表和预警信息；蔺彩霞(2013)提出基于 SOA 架构和 J2EE 框架，采用 MVC(模型-视窗-控制)模式，通过有效整合各类农业数据资源，建立农产品监测预警数据库，给出了六层系统架构的农产品监测预警系统；白玲(2013)利用传感器网络、移动通信网络和计算机网络，监控整个供应链上的农产品安全；刘波等(2013)给出了一种实时检测设备（电子秤）的设计方法，该设备具有称重识别、扫描 RFID 条码、实时查询农业物联网平台数据等功能，可以简易、快速地监测农产品的安全性，并及时报警。

在农产品质量安全预警模型方面，孔繁涛（2008）通过分析畜产品中的限量类危害物和违禁类危害物，构建了单因素、单产品视角的预警微观模型和基于 SVM 的畜产品质量安全预警模型；章德宾等（2010）以中国实际食品安全监测数据为样本，基于 BP 神经网络的食品安全预警方法建立了食品安全预警模型；张东玲等（2010）主要针对农产品质量安全预警中涉及的语言信息和面板数据，基于因子分析法建立了有效多分类离散选择模型；雷勋平（2011）等以食品原料供应环境质量、生产加工、流通加工、销售食品质量、食品安全管理与监测作为食品安全预警的关键因素，提出一种基于供应链和可拓决策的食品安全预警模型；邹小南（2012）提出了以改进 AHP 法和时间序列预测法相结合的预警模型，为区域性安全预测预警研究提供参考；张薇（2019）采用 Delphi-AHP 法建立了农产品物流外包风险预警指标体系与相关预警模型，并实例验证与分析了模型的有效性。

1.2.3　食品召回研究现状

1. 国外食品召回研究现状

召回最早应用于汽车零部件，后拓展到食品、药品、化妆品、玩具等领域，与此同时，学术界也对食品召回理论展开了研究。国外学者主要从食品召回指标、食品召回主体、召回策略、召回供应链以及召回模式等方面展开研究。

在食品召回指标方面，Neal（2005）研究了美国肉类与家禽等农产品召回的危机管理有效性指标，认为设计食品召回管理指标有助于提升食品召回实施效率，提出将"回收率""回收率与时间比""完成时间"作为食品召回的因变量，将召回管理因素与召回技术因素作为解释变量；Taylor（2012）基于人口统计学调查澳大利亚民众对食品安全的看法，发现年龄是食品安全信任与食品召回的一项重要指标。

在食品安全召回主体研究方面，Houhton（2008）提出召回主体除了管理者和当事企业，还应包括公共媒介和民众；Sameer（2008）基于召回食品的再利用，需要通过逆向物流过程控制来实现食品供应链的召回，因此提出在召回供应链中，需要加强供应链主体之间的协调。在召回策略方面，Wynn（2011）通过设计召回实施流程提高召回效率；Selwyn（2013）利用 RFID 技术监测易腐食品供应链网络中的缺陷食品危害程度与污染源定位，为召回的实施提供政策参考。

在召回供应链方面，Manpreet（2011），Selwyn（2013）以及 Techane（2013）设计了食品安全追溯系统，认为是召回物流管理的一个部分；Sameer Kumar（2012）通过分析 1999—2003 年美国 1307 个食品召回事件，认为危害分析与关键控制点和射频识别技术使用，可以消除暴露于食品供应链中部分风险，从而避免大部分食品召回；Rolando Saltini & Akkermman（2012）认为食品召回与供应链的所有主体相关，包括农民、制造商、分销商和零售商，食品召回作为公司的责任，将需要进行撤回或召回，同时确实妥善处置不合格产品。食品召回的这些准备和程序需要被集成到一个事件管理系统，即设计食品召回管理系统负责召回的所有活动；Kwang（2013）认为量化的可追溯系统执行效率有助于改进对食品企业生产效率以及对召回规模的控制；Yang（2014）基于产品召回过程来明确召回程序的关键任务，以实现产品的有效召回；Diallo（2016），Kuan（2016）认为实施食品召回有助于资源的循环利用。

在召回模式方面，Barry（2001）认为在召回过程中，危害分析的关键控制点实施对食品召回更为有效；Neal（2005）分析美国食品召回事件的频率和规模以及监管部门对召回的注意力三项指标，明确食品召回危机管理过程；Overbosch（2014）认为需要构建基于知识管理框架的召回模式，从故障分析、资源部署、召回技术和程序等方面设计召回供应链。

2. 国内食品召回研究现状

我国食品召回理论与实践发展较晚，关于食品召回理论的研究主要集中于召回制度、召回策略、召回供应链以及召回体系等方面。

在召回制度方面，隋洪明（2014）基于食品召回具备"外部性"特点，认为食品召回制度的完善有助于有效处理；袁雪和孙春伟（2016）认为应从法律信仰、全程监管、诚实自律等方面加强我国食品召回的制度保障。尚清和关嘉义（2018）通过比较我国和美国、澳大利亚等国的食品召回制度，认为召回程序、溯源制度、食品安全标准、监测技术等内容在美国、澳大利亚食品召回法规中有所体现，中国在构建食品召回体系时可以借鉴。

在召回策略方面，李东山（2014）分析了食品企业中存在的可能影响食品安全的因素，并重点阐述了如何实施产品召回；潘文军和王健（2014）从农产品加工环节的产品召回优化-批次分散模型研究了加入安全变量的成本函数的召回机制；陆欣等（2015）运用食品供应链召回优化算法研究了我国食品召回策略；赵震等（2015）从食品召回网络优化及可追溯系统视角进行了研究。

在食品召回供应链理论研究上，陈娟等(2010)从信息集成、企业与政府效用博弈、召回义务、逆向物流、应急运作管理、闭环供应链等多方面研究了产品召回供应链；潘文军等(2013)基于闭环供应链从物流管理的层次简要分析了食品召回各环节之间的沟通和协作，之后潘文军等(2014)又研究了供应链网络的背景下食品召回的安全问题，并在物流网络、信息交流、组织协调三个方面改进食品召回供应链管理。也有学者以博弈论理论研究了召回供应链主体之间的关系，认为食品企业与消费者、政府部门等主体之间存在明显的博弈关系，因此需要协作(吴烨，2019；杨慧、李卫成，2019)。

在食品召回体系方面，魏益民等(2005)就澳大利亚新西兰模式对比国内分析出当时国内存在的问题，建议从食品召回法规、规范食品召回程序、建立食品溯源制度等方面构建中国食品召回体系；张吟等(2011)认为在食品召回监管中，由一个单一的政府机构承担食品召回法规和执法的主要责任是至关重要的；冯身洪和刘瑞同(2011)认为我国目前食品召回采用"企业自主召回、政府行政监管"的"双轨制"运行体系；雷勋平和陈兆荣(2014)认为在食品召回中，应着重完善政府监管体系、社会保障体系、企业诚信体系等建设；而食品召回体系中，实现缺陷食品的可追溯对于召回成本、召回效率与召回物资再利用直接相关(刘志楠，2019；Yun，2010；黄培东，2015)；刘欣等(2016)认为，食品追溯体系是一种以风险管理为基础的安全保障体系，能够在必要时及时召回产品。

1.2.4 跨组织应急处置联动系统的研究

1. 国外跨组织应急处置联动系统研究

"应急联动"这一词出现在 20 世纪 60 年代，侧重于从国家层面上对政治危机、灾害、公共危机事件进行研究。Rosenthal & Pijnenberg(1991)提出了应对危机的预防、准备、响应、恢复四大准则。之后，有较多国外学者对跨组织应急联动系统以及跨组织应急联动技术与方法进行了研究。

在跨组织应急联动系统方面，Corriveau(2000)认为应急管理信息系统有效性会影响灾害应急响应的效果，并建立了跨组织的应急管理信息系统。McEntire(2002)通过分析美国的"得克萨斯州沃思堡市龙卷风事件"应急联动过程，得到影响应急合作关系的因素有应急信息资源、应急装备竞争、组织权限冲突、应急语言障碍等。Hutchinson(2002)从现实案例的角度出发，详细分析了在 1997 年加拿大 Post-Red River Basin 洪灾中，联邦、各省以及各级市政府之间如何进行应急协调联动。Comfort(2005)通过研究多主体应急协同仿真模型后指出，在应急联动期间其他应急组织的加入会使得组织间资源共享发生困难。Bryson & Barbara(2008)建立了跨组织应急协同联动的研究假设和框架，为后续研究者研究多主体协同联动提供一定的对策。Keith(2008)建立了跨组织应急协同绩效与关系的研究框架模型，希望能解决影响多主体合作的内在机制。Thoresen(2009)运用 SPSS 等方法分析相关行业，得出了有效的应急训练和应急准备可以促进组织间合作关系的观点。Robinson(2010)运用多元统计的方法对非营利组织和学校之间的合作关系进行研究。Shahadat & Liaquat(2011)通过结合运用 UNCINET 与 SPSS 方法，分析出在不同的事件状态下，若将合作组织间的关系节点减少，将会导致组织间应急协同效率的变化。Chami(2017)通过对黎巴嫩城市突发事件的应急处置和协同调度过程进行分析研究，提出城市应构建应急响应系统和协同联动系统的建议。Sayed et al.(2017)研究分析了澳大利亚悉尼事故指挥系统在应对突发事件的经验教训，以提高事故风险应对能力和应急管理能力。

在跨组织应急联动技术与方法方面，Rui(2013)以应急任务复杂性为自变量和应急技术为调节变量建立了结构方程模型，得出不同的技术条件下任务复杂性对合作绩效具有差异化影响的结论。Ryckman(2015)研究美国应急响应机制发现，将移动通信技术、数字技术和计算机网络三者相结合运用到处理公共安全突发事件的应急处置过程，能大大提高应急联动效率，实施有效救援。Pilone & Mussini(2016)以意大利的应急管理法规和灾后应急程序处置为例，构建应急风险评估模型，为应急事故防预和事故发生后应急救援提供参考。He & YN(2016)运用层次网络分析法确定指标权重，再用序参量法分别计算预防、准备、响应和恢复这四个应急过程响应协调度，最后得出应急管理准备阶段的响应协调度最高，系统整体协调性较低的结论。Nadi & Edrisi(2017)旨在运用马尔可夫数学方法建立应急需求响应模型，以提高应急响应能力，降低死亡率，提升应急救灾联动效率。

2. 国内跨组织应急处置联动的研究现状

目前，我国的应急处置联动系统正处于初级建设阶段，发展还不成熟。2001 年，我国的第一个城市应急联合系统在南宁市率先建立，并且制定了城市应急联合行动试运行规章制度，首次将消防、医院、交警、公安等部门联系在一起，在整个应急过程中实现了资源的共享和统一指挥调度，该系统极大地提高了南宁市突发事件的处置效率和处理能力。现在，全国的大部分城市已经全面建成城市内部应急联动系统，跨区域灾害应急联动系统也在探索实践当中。

在跨组织应急处置联动系统的相关研究上，目前主要集中于跨组织应急联动参与主体、跨组织应急联动机制、跨组织应急联动以及跨域应急联动几个方面。

在联动参与主体的研究方面，薛澜（2003）在《危机管理：转型期中国面临的挑战》中认为政府在危机管理中要借助广大社会力量，和组织、公众构建危机应对的合作伙伴关系，并建设我国危机管理体系，为我国社会转型期危机管理提供了切实可行的建议。向良云等（2004）在《危机管理中的政府组织结构创新》中讨论了政府在建立突发公共事件应急机制以及应急管理体系中的重要性与必要性。安建增（2004）在《非政府组织在应对公共危机时作用的探析》一文中，探讨了非政府组织参与应对公共危机的必要性和可能性，以及其在危机管理中的预警、救援、受灾人员心理安抚方面发挥着重要作用。

在应急联动机制方面，杨超和凌学武（2007）首先提出公共危机联动机制的模型架构，将其分为危机决策系统、危机专业处置系统、危机指挥调度系统、危机现场指挥系统。唐苏南（2008）以突发性公共事件的特点为出发点，探讨了我国现有应急处置体系中存在的不足，提出了改进我国应急处置体系的对策和建议。陈慧（2014）以应急联动系统的理论和具体时间为基础，分析灾害应急管理联动机制建设的现状和问题，探讨灾害应急联动机制的模式选择和实现路径。曾庆田等（2015）将应急任务形式化，根据任务的同步、选择、消息传递三种模式，建立应急任务逻辑图、部门内部流程图、部门间协同关系图、多部门联动图，并以此为基础，分析在不同视图下，应急任务处置的流程相似度。向良云（2015）提出区域应急联动不仅要实现区域形式上的"联"，还要保证在实践过程中的有效有序的"动"。陶鹏（2015）阐述了社会组织在应急管理中具有的功能与角色，提出和分析了我国政府与社会组织应急合作的模式，并提出建立政府与社会组织应急管理伙伴关系的对策与建议。王起全和吴嘉鑫（2016）以地铁拥挤踩踏事件为研究对象，建立系统理论事故及过程（STAMP）模型，设计地铁拥挤踩踏事件应急联动系统，量化拥挤踩踏风险，提升地铁的安全管理水平。吕俊强（2016）针对宁夏地震应急救援的实际情况和收集到的地震应急数据，设计一套震时灾情信息收集评估和现场流动指挥系统，解决地震发生后应急救援的关键问题，减少突发事件造成的损失和影响。王左华（2017）以临夏州水旱灾害为案例，分析了临夏州区域应急联动系统机制建设情况以及主要做法。李朝霞（2017）对高速公路隧道监控系统火灾应急联动方案进行详细设计，内容涉及火灾检测、报警确认、预案设置、应急处置、交通恢复等多个部分，对隧道火灾的应急救援起着重要作用。何况、蒙伟麒(2017)研究了集多部门资源整合和共享、联动指挥调度、决策评估等功能为一体的应急管理和指挥协调系统，实现本地多部门间资源共享和应急联动。

在跨组织应急联动系统方面，邹逸江(2007)叙述了建设城市跨组织应急联动系统的必要性，分析了城市应急联动系统国内外发展现状，提出了系统的四种运作模式即集权模式、授权模式、代理模式、协同模式，强调了系统基础设施建设应包含的重要内容，设计了系统技术支撑体系和系统基本功能。唐伟勤(2009)在理论和实践层面认为协同式应急管理系统建设难度小、投资少、见效快，不失为我国现有应急联动管理支撑体系下城市应急联动系统的最佳模式；谢炜聪(2009)探讨出应急合作困难重重的原因是政府与非政府组织的职责划分不明确。王岩(2009)以"5·12"地震中组织互动为例，指出政府与非营利组织之间存在信息沟通不畅的问题。李晓翔(2010)研究表明部门之间的信息共享不充分是使得应急合作困难的重要原因。刘雅静(2010)以突发事件应急联动现存问题为基础，从主体素质、组织架构、制度平台、技术支持及资源保障五个方面，探讨了应急协调联动系统的构建路径。胡涤非(2011)对跨组织合作中的信息、资源、体制与法制等问题进行了讨论，并提出了针对性的建议和对策。吴国斌(2014)通过比较跨组织应急合作关系与商业组织合作关系之间的影响因素，在理论模型和合作优势理论的基础上，构建了组织间特征对跨组织应急合作关系影响的研究框架，并进一步阐述了该框架的实证研究路线。郭美和肖敏(2014)将消防、公安、医疗等部门联合起来统一调度，利用地理信息系统 GIS 进行定位，运用粗糙集解决信息不确定性问题，以达到迅速联动相应的效果。陈鹏等(2013)通过对某地的社会应急联动系统中的消防、公安、急救、交通等不同部门之间的应急联动响应的规律进行探讨分析，得出不同应急部门之间存在多级联动现象、联动响应具有时间聚集性特征、部门响应之间具有相互影响的结论。曾庆田等(2013)通过对跨组织应急联动系统的形式化建模和分析方法的研究，分析出跨组织合作过程中任务之间存在的关系，利用 Petri 网建立应急联动形式化模型，并提出形式化的解决方案。熊伟(2013)根据城市应急联动系统的建设要求，运用 UML 统一建模语言，设计城市应急联动系统模型，协助开发人员规范系统开发，加快开发进度。曾庆田等(2013)通过对跨组织应急联动系统的形式化建模和分析方法的研究，分析出跨组织合作过程中任务之间存在的关系，利用 Petri 网建立应急联动形式化模型，并提出形式化的解决方案。蒋海斌(2015)在博士论文中建立了城市应急联动体系。

1.2.5　跨域应急处置联动系统的研究

1. 国外跨域应急处置联动系统研究

国外关于跨域应急联动主要从跨域应急联动的资源优化配置问题，建模方法以及联动系统等方面展开研究。

在跨域应急联动的资源优化配置的研究方面，Calixto & Larouvere(2010)认为目前巴西的海上应急计划中的应急资源并未得到优化，因此根据美国、英国、加拿大、日本和澳大利亚等国家使用的最佳做法，为巴西区域应急计划确定新的要求，以定制最佳实践并将其应用于巴西案例。Arora et al. (2010)认为大规模的公共卫生突发事件可能导致对医疗资源的压倒性需求，而以中央库存和"资源"再分配的形式提供的区域援助可以帮助缓解由此产生的需求激增，讨论了在公共卫生紧急情况下优化区域援助的资源分配方法。

在跨域应急联动的建模方面，Mendonca(2001)通过建立以计算机为基础的系统模型，完成跨域应急管理系统协调联动中的群体决策过程。Groothedde et al. (2005)基于多中心网络的设计，通过合并这些协作中心网络可以解决降低物流成本和维持物流服务水平的需要，从而验证了各城市间相互协同的网络能在保持服务水平的前提下有效降低物流成本；Annell(2006)以联邦、州以及其他地方政府的应急指挥决策系统为研究视角，建立了以国家、地区等五个部分组成的应急联动小组协调联动模型。Kutanoglu et al. (2009)提出设置区域性仓库，以解决紧急状况下各邻近城市物资库存共享问题，通过对网络设计和库存问题进行建模，分析和开发解决方案技术；提出了基于线性化模型的精确解决方案模型，该模型将库存水平和填充率作为决策以实现系统范围的目标服务水平。

在跨域应急联动系统方面，Guoray & MacEachren(2005)探讨了以地理信息系统为研究视角的跨域应急管理协调联动。Pointo(2016)通过对在几内亚、利比里亚、塞拉利昂等地建立的突发事件应急管理系统进行调查研究发现，建立突发事件管理系统极为重要，该系统在应急联合处置、应急响应等方面效果显著。

2. 国内跨域应急处置联动研究

国内跨域应急处置联动的研究主要集中于跨域应急联动体系、跨域应急联动机制以及跨域应急的建议和措施等方面。

在跨域应急联动体系方面，佘廉(2007)认为，区域突发公共事件的应急联动体系应该包括组织架构、预测预警机制、应急联动机制和应急联动资源储备利用等方面。滕五晓(2010)在《危机应对的区域应急联动模式研究》中分析了我国现行区域应急联动模式,通过对比美国和日本的区域应急联动,对我国建立适合的区域应急联动体系提出建议。吕志奎和朱正威(2010)详细介绍了美国跨州应急管理协作制度和框架。张永领(2011)认为应急资源的区域联动是区域应急联动的核心,建立应急资源的区域联动是弥补应急资源不足、提高应急资源的利用效率、有效应对跨行政区的重大突发事件的需要。应急资源的区域联动体系主要包括信息沟通、资源共享、应急资源的联合决策、应急资源的补充和补偿四个方面。余廉和曹兴信(2012)设计了以信息化和资源化为基础、纵横交错的区域应急联动综合体;汪伟全(2012)分析了中国区域应急联动机制的不足之处,认为应该从体系构成、运行机制、技术水平等方面完善符合中国发展国情的应急联动体系;向良云(2015)指出构建区域应急联动体系需要在区域内政府间的应急协作机制上,拓展联动的主体、引导联动区域的应急认知,搭建应急平台等,实现形式上的"联"和实践中高效有序的"动"。

在跨域应急联动机制方面,谭小群等(2009)从组织机构、法律规章、跨区域应急文化、资源保障及技术支撑方面探讨跨区域应急协调机制的实现途径;滕五晓(2010)认为受地理环境和地质条件等影响,我国的一些重大自然灾害和公共危机事件大多呈现出明显的跨区域特征,事件本身跨越了多个行政区域,需要区域内政府共同应对,应依托现有区域合作资源、构建"沟通、协调、支援"的多层次、网络状区域应急联动模式和"信息互通、资源共享、相互救援"的运行机制。郭雪松等(2011)则从组织间网络视角出发,在基于跨域危机特征分析的基础上对中国传统应急管理体制中存在的"碎片化环节"进行根本原因分析。任国友(2015)从京津冀区域一体化应急管理现状出发,分析区域一体化应急管理中的脆弱性及其影响因素,发现区域自身、平行主体及应急协同情景策略等均影响协同情况。王薇(2016)分析了影响跨域府际合作应急联动的主要因素为权力资源的碎片化、利益协调机制的缺乏、制度规范的限制及外部环境的制约,并建立了跨域府际合作应急联动机制的基本框架。王宏伟(2017)分析了构建京津冀跨域应急联动机制存在的问题和障碍,最后提出了相应的解决机制。余茜(2019)以农村地区的水污染为研究背景,说明农村地区的水污染已经成为跨区域性的环境污染问题,需要构建跨区域合作治理机制共同处置水污染问题,提出了包含四个方面内容的跨区域合作治理机制。

在跨域应急的对策和建议方面,陈慧(2014)分析了区域应急联动的现状和存在的问题,并提出了建议。马奔(2008)以汶川大地震为例对中国的跨界危机治理进行了检视,认为中国应高度重视跨界治理的重要性并就中国国情提出了基于跨组织、跨区域、跨部门等制度化的"跨界治理网络"。张成福等（2012）认为跨域治理作为一种新型的治理模式，打破了狭隘的行政区划界限，超越了简单的政府单一主体，实现了政府、企业、非政府组织和公民社会的网络化互动协作治理，成为解决区域问题和实现区域可持续发展的有效治理模式；李敏（2014）以长三角城市群公共危机为研究背景，认为长三角城市间公共危机跨地域传播的风险也越来越大，面临"跨域流动""跨域污染"和"跨域监管"危机，迫切需要城市管理者在新型城镇化建设中转变对传统城市公共危机管理的认识，对长三角城市群跨域危机进行协同治理；赵新峰等人（2016）基于"一案三制"的视角，分析了京津冀在协同应对重污染天气中存在的突出问题，指出京津冀区域应从协调区域间预案、构建区域联动的应急管理体制、健全应急管理法制等方面着手；郭景涛和佘廉（2016）认为城市群重大公共安全事件的发生会对相关区域整体公共安全和经济社会的可持续发展构成严重威胁，认为可通过构建城市群重大公共安全事件应急指挥关系优化模型来实现城市群各结点城市应急指挥中心之间的有效协作。胡贵仁（2018）概括总结了跨域治理理论的三大流派，然后分析了我国跨域治理中存在的问题及其原因，最后提出了三点关于政府在建设跨域治理中的对策建议。

1.2.6　文献总结

综上所述，现有文献在农产品质量安全应急管理、农产品质量安全预警、食品召回、跨组织应急处置联动以及跨域应急处置联动等方面的研究成果较为丰富，为农产品质量安全应急管理联动系统的研究提供了理论支持，但这些文献大都针对应急联动的某一个视角开展研究，完整研究全过程应急联动的文献较为鲜见，对于农产品质量安全应急的研究大多局限于体制、机制、对策建议及框架的构建，在农产品质量安全应急预警联动系统、召回联动系统、跨组织应急处置联动系统以及跨域应急处置联动系统等方面研究不充分，具体表现在以下几个方面。

第一，在农产品质量安全应急管理方面，国外文献多是从制度、机制、供应链、消费者等角度，探讨农产品质量应急管理体系存在的问题及风险，并提出相应的应急管理措施；国内关于农产品质量安全应急管理的研究起步较晚，发展较慢，研究文献较少，主要从应急机制、应急预警、应急措施、舆情监测等单方面进行探讨研究，而且较多采用的是定性方法，定量研究较少，全面研究农产品质量安全应急联动系统的文献尤为鲜见。

第二，在农产品质量安全预警系统的研究方面，国外学者的相关研究主要聚焦于农产品产地安全、农产品供应链安全以及农产品质量安全预警技术与方法等方面；国内学者的相关研究主要集中于农产品产地安全预警、农产品产业链安全预警、农产品质量安全预警体系及架构及预警模型和方法等方面。但关于预警联动系统方面的文献较少，预警联动模型和方法研究也不充分，不能为监管部门与应急部门的预警联动提供理论支持和实践指导。

第三，专门研究农产品召回的文献很少，相关研究主要集中于食品召回研究。国外学者主要从食品召回指标、食品召回主体、召回策略、召回供应链以及召回模式等方面对食品召回展开研究；国内学者主要从食品召回制度、召回策略、召回供应链以及召回体系等方面对食品召回展开研究，尽管近几年有学者逐渐开始研究食品召回系统，但都是从某一角度展开的，鲜有系统全面地研究食品召回系统，也不适用于农产品召回系统，关于农产品召回联动系统的研究尤为少见。

第四，在跨组织应急处置联动方面，国外主要采取仿真、建模以及实证等研究方法对跨组织应急联动系统进行研究，同时还从地理信息系统和危机决策等方面对跨域应急联动系统进行探讨。国内关于跨组织应急处置联动的研究主要集中于突发公共事件应急联动系统和城市应急联动系统等方面，多以火灾、地震、水旱等突发事件为例，从影响因素、对策建议、体系法规等方面对应急联动系统进行设计或探讨，较少研究农产品质量安全事件的跨组织应急联动系统，也较少对应急联动过程中组织间各任务之间的关系展开研究；在跨组织应急联动系统的模型和方法上，鲜少将 UML 和 Petri 网的建模方法相结合对应急联动系统进行建模分析。

第五，在跨域应急处置联动方面，国外关于跨域应急联动主要从跨域应急联动的资源优化配置问题，建模方法以及联动系统等方面展开研究；国内跨域应急处置联动的研究主要集中于跨域应急联动体系架构、跨域应急联动机制以及跨域应急的建议和措施等方面，对跨域应急处置联动系统方面的研究较少，而在较少的跨域应急处置联动系统的相关文献中，重点研究了自然灾害、公共危机事件以及环境安全事件的应急处置联动，对于农产品质量安全事件跨域应急处置联动的研究尤为少见。

本书拟从农产品质量安全事件的应急特征出发，分析农产品质量安全全过程系统，设计召回联动系统，建立预警联动模型、应急处置跨组织联动系统以及应急处置跨域联动系统模型，设计算法对模型进行求解，并用实例验证模型和算法的有效性与可行性，最后提出完善应急联动系统的对策和建议。

1.3　研究思路、研究内容与研究方法

1.3.1　研究思路

本书以食品安全学、统计学、运筹学、信息科学、公共管理理论、应急管理理论以及供应链理论为基础，坚持理论联系实际、定性分析和定量分析相结合的基本原则，综合采用多种研究方法和手段解决所提出的研究问题。首先，拟在文献分析、实地调研、深入访谈的基础上，采用扎根理论对农产品质量安全的应急特征进行质性研究，并根据农产品质量安全应急的三个阶段将农产品质量安全应急联动系统分为三个子系统，即预警联动系统、召回联动系统以及应急处置联动系统；在此基础上，设计了召回联动系统，建立了预警联动系统、应急处置跨组织联动系统以及应急处置跨域联动系统的模型，并设计算法对模型进行求解；然后用实例验证了模型和算法的有效性与可行性；最后从加强预警联动系统建设，建立完善的农产品召回联动系统，以及加强应急处置联动体系建设三个方面提出了完善农产品质量安全应急联动的对策建议。研究思路和技术路线如图 1-1 所示。

1.3.2　研究内容

本书在上述研究思路及技术路线的指导下，研究了农产品质量安全应急联动系统问题，此问题被进一步细分为三个步骤：第一，梳理与分析现有农产品质量安全应急的相关研究文献，提炼相关理论，指出农产品质量安全应急联动系统包括三个子系统，即预警联动系统、召回联动系统以及应急处置联动系统；第二，先后研究了农产品质量安全预警联动系统、农产品召回联动系统以及农产品质量安全应急处置系统；第三，提出了农产品质量安全应急联动的对策建议。本书共分为八章，第一章是绪论，第二章是理论基础及相关概述，第三章到第七章先后研究了农产品质量安全联动系统的三阶段子系统，即：预警联动系统、召回联动系统以及应急处置联动系统。其中，第三章研究了农产品质量安全应急预警系统，第四章研究了农产品召回系统，第五章到第七章研究了农产品质量安全的应急处置联动系统，其中第五章和第六章分别从 UML 时序图和 Petri 网角度研究了农产品质量安全的跨组织应急处置系统，第七章研究了农产品质量安全跨域联动系统。各章节间的主要内容安排和拟解决的主要问题如下所述。

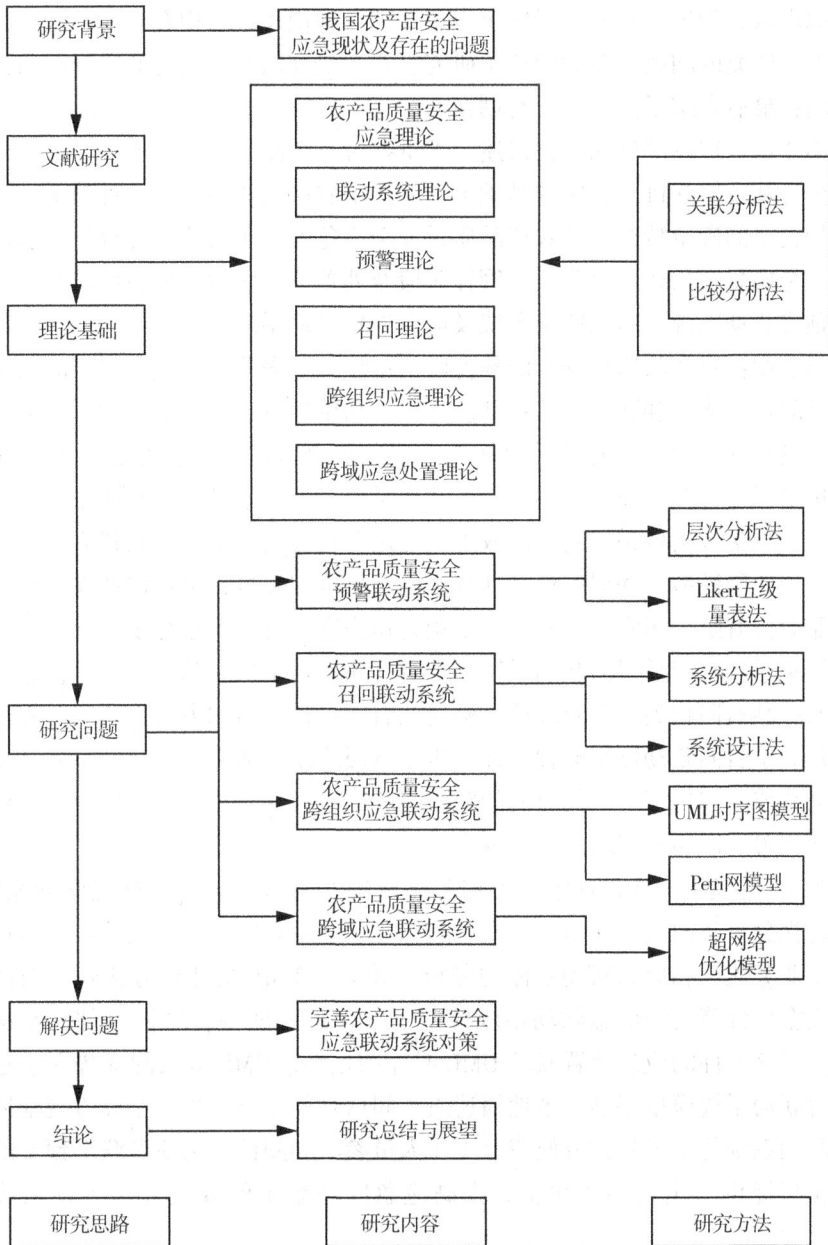

图 1-1 研究思路与技术路线图

第 1 章：绪论。本章首先介绍本书研究背景、理论意义、现实意义及国内外研究现状，指出农产品质量安全应急管理在理论及现实中存在的问题，并提出本书拟研究的问题；然后阐述了研究思路和研究内容，构建研究思路与技术路线图；最后介绍了研究方法与创新点。

第 2 章：理论基础和相关概述。本章在对农产品、安全农产品、农产品质量安全等基本概念进行界定的基础上，阐述了农产品质量安全事件特征、农产品质量安全的应急特征以及农产品质量安全应急的三个阶段，并分析了农产品质量安全应急在预防预警阶段、管控阶段及处置三个阶段的应急联动系统，即预防预警联动系统、召回联动系统及应急处置联动系统。

第 3 章：农产品质量安全的预警联动系统。首先分析了我国农产品质量安全预警的业务流程和联动主体；其次从农产品供应链角度分析影响农产品质量安全的风险性因素，在此基础上初选出应急预警联动指标，并运用 Delphi 法对预选指标进行调整完善，建立农产品质量安全预警联动的指标体系；再次运用层次分析法求出各预警指标的权重，运用多目标线性加权函数建立了农产品质量安全预警模型，并根据模型计算出的结果确定警级；最后以武汉白马头生态农业股份有限公司农产品质量安全预警作为案例对模型进行了验证。

第 4 章：农产品召回联动系统。本章首先界定了农产品召回概念，总结探究了农产品召回相关概念及理论；然后从召回条件、召回方式、召回过程三个方面建立了召回联动体系流程，并分析了召回联动主体；最后建立了农产品召回联动系统，实现了农产品召回的跨组织联动，并通过具体实施层和信息层两个方面完善农产品召回联动系统内容。

第 5 章：基于 UML 时序图的农产品质量安全跨组织应急处置联动系统。本章首先分析我国农产品质量安全跨组织应急联动系统存在的问题；然后通过对应急业务流程和应急联动主体的分析，并运用 UML 的建模方法建立农产品质量安全事件跨组织应急联动系统模型；最后通过对"瘦肉精"事件的案例分析建立了该事件的应急处置联动 UML 时序图模型。UML 方法的优势在于建立的应急联动系统模型能够清晰地描述组织间信息传递的过程，全面直观地展示应急联动系统的全过程，方便应急工作人员参考和阅读，为应急联动预案的研究和撰写提供一定的参考价值，提高应急联动系统的开发人员研发系统的效率。

第 6 章：基于 Petri 网的农产品质量安全应急处置联动系统。本章结合 Petri 网的数学方法，将时序图模型转换为 Petri 网模型，构造可达树对模型进行定性分析，验证模型的可达性、有界性、安全性和活性，从而间接证明时序图模型的正确性；并构造马尔可夫链定量分析模型的库所繁忙和空闲率、变迁利用率和各小组的平均执行时间；最后通过"瘦肉精"事件进行实例验证分析。

第 7 章：基于超网络的农产品质量安全应急处置跨域联动系统模型。本章以超网络理论作为理论基础，运用资源调配和物流路径优化等理论，考虑到路径应急流量、路径脆弱性、路径关联性和信息失真程度等变量因素，以跨域应急联动的总时间和总成本最小为目标构建跨域应急联动超网络优化模型，并运用变分不等式对模型进行求解，最后以非洲猪瘟事件对模型和算法的有效性及可行性进行了验证。

第 8 章：完善农产品质量安全应急联动系统的对策建议。本章从加强预警联动系统建设，建立完善的农产品召回联动系统，以及加强应急处置联动体系建设三个方面提出了加强农产品质量安全应急联动的对策建议，其中，加强预警联动系统建设的对策和建议包括完善农产品质量安全预警法律体系、加大对农产品质量安全的监管力度以及加强农产品质量安全信息共享机制，提高预警联动能力三个方面展开；建立完善的农产品召回联动系统的对策和建议包括建立农产品召回补偿机制、完善农产品召回联动信息系统建设以及强化政府部门召回监管力度；加强应急处置联动系统建设的对策和建议包括强化应急组织间的联动，搭建高效的应急处置联动系统，强化应急区域间的合作联动与构建科学的应急处置机制。

1.3.3 研究方法

本研究遵循"实地调查→理论研究→观察现象→探究机理→构建系统模型或设计系统→模型验证→提出对策"的逻辑，研究方法如下所述。

1. 文献研究法

通过对农产品质量安全应急管理、农产品质量安全应急联动系统方面的国内外文献的检索与梳理，把握住目前农产品质量安全应急管理及应急联动系统相关学术论点，从而为本书立意寻找切入点，找出目前我国农产品质量安全应急研究上的不足，提出本研究需要解决的问题。

2. 模型建构和算法设计

对于农产品质量安全应急预警联动系统的研究，本书在运用层次分析法求得指标的权重、用 Likert 五级量表法对指标赋值的基础上，用线性加权函数建立了农产品质量安全预警模型；对于农产品质量安全应急处置跨组织联动系统的研究，本书建立先后建立了 UML 时序图模型和 Petri 网模型，利用构造可达树的方法，求出标识集，并根据标识集和可达树，构造马尔可夫链计算模型的库所繁忙和空闲率、变迁利用率和各小组的平均执行时间；对于农产品质量安全应急处置跨域联动系统的研究，本书建立了超网络优化模型，并运用变分不等式对模型进行求解。

3. 系统论分析法

将农产品质量安全应急作为一个系统整体，系统中包含预警系统、召回系统以及应急处置系统三个子系统，设计每个子系统的流程并在此基础上设计或建立系统联动模型进行分析。

4. 案例研究法

本书通过案例验证模型的可行性和有效性。用武汉白马头生态农业股份有限公司案例对预警联动系统模型及方法法进行了验证分析；用"瘦肉精"事件对跨组织应急处置联动系统模型及算法进行了验证分析；用非洲猪瘟事件对跨域应急处置联动系统模型及算法进行了验证分析。将理论结果与实际数据进行对比分析，并通过分析结果提出了完善农产品质量安全应急联动系统的对策建议。

1.4　主要创新点

在农产品质量安全应急管理方面，现有文献大多集中在应急机制、应急体系等方面展开论述；在应急联动系统的建设上，大多文献集中探讨火灾、地震等公共突发事件的城市应急联动系统设计，很少运用建模方法研究农产品质量安全的应急联动系统。所以本书的创新之处主要有下述几个方面。

1. 选题的创新

通过文献收集与整理，发现已有文献大多是宏观层面的分析，从对策建议和框架构建的角度上来讨论如何提升农产品质量安全水平，定量的研究较少；关于应急联动系统的研究大多集中于突发公共事件应急联动系统和城市应急联动系统等方面，以"农产品质量安全应急联动系统"作为研究对象的专门研究较少，对农产品质量安全应急联动系统的整体性和关联性考虑不足。本书以农产品质量安全应急联动系统作为选题，系统全面地分析应急联动系统，在选题上具有创新性。

2. 研究内容的创新

现有文献对应急联动系统的研究基本局限于应急处置联动系统，对于预防阶段的预警联动系统及管控阶段的召回联动系统研究不足，本书系统全面地研究了农产品质量安全系统，不仅研究了应急处置阶段的应急处置联动系统，而且研究了预防预警阶段的预警联动系统以及管控阶段的召回联动系统。在构建农产品质量安全预警联动指标体系时，将工商部门执法力度、农业主管部门抽检频率、非法添加行为发生率等政府监管指标引入农产品供应链各环节中，更能体现农产品质量安全预警的跨组织联动；在研究农产品跨域应急处置时，引入城市圈概念，根据城市圈的类别将跨域农产品质量安全事件分为两类，并建立了两类跨域农产品质量安全事件应急联动的超网络系统结构。

3. 研究方法的创新

在农产品召回联动系统的研究中，运用系统分析法和系统设计法设计了农产品召回联动系统；在农产品质量安全应急处置跨组织应急联动系统的研究中，针对现有文献较少对应急联动过程中组织间各任务之间的关系展开研究的现状，将应急联动处置中涉及的应急组织作为独立对象，将统一建模语言（UML）和 Petri 网的建模方法相结合研究，既可以全面直观展示各组织应急处置的执行时间，又可以确定信息传递的时间顺序；在农产品质量安全应急处置跨域应急联动系统的研究中，针对现有文献在跨域应急联动系统模型优化中很少考虑到联动区域之间获取信息能力的差异性，因此在农产品质量安全跨域应急联动系统的建模中，加入了信息失真程度这一变量，更能体现跨域联动的真实性。

第2章 农产品质量安全应急系统概述

系统全面地梳理分析农产品质量安全应急相关概念及理论是开展本研究的基础。本章从农产品质量安全、农产品质量安全应急、应急联动系统三个方面宏观概述并分析了农产品质量安全系统。首先介绍了农产品及农产品质量安全的定义、农产品质量安全事件的特点，分析了农产品质量安全应急的特点以及农产品质量安全应急的三个阶段，即预防预警、管控及应急处置阶段，然后阐述了应急系统联动的原则，分析了农产品质量安全应急三阶段的联动系统，即预警联动系统、召回联动系统及应急处置联动系统。

2.1 农产品质量安全概述

2.1.1 相关概念

1. 农产品

在《农产品质量安全法》(2006)中，农产品的概念被明确界定：农产品是指来源于农业的初级产品，即在农业活动中获得的植物、动物、微生物及其产品，包括食用和非食用两个方面。根据该定义可知：①农产品是来源于农业生产活动的产品，即在农业种植、养殖、采摘、捕捞过程中获得的产品，因此，那些自然存在的野生动植物并不属于农产品的范畴；②农产品是直接获得的、未经加工的原始状态产品，以及经过简单清洗、切割、包装等处理的产品，如蔬菜、水果等植物性农产品，猪、牛、羊、鸡、鱼等动物性农产品，蘑菇、木耳等微生物农产品，因此，以农产品为原料进行工业再加工、再制作的产品不属于农产品的范畴。

《农业产品征税范围注释》(1995)将农产品定义为种植业、养殖业、林业、牧业、水产业生产的各种植物、动物的初级产品及初级加工品。根据传统和习惯一般把农产品划分为六大类，分别是粮油、果蔬及花卉、林产品、畜禽产品、水产品和其他农副产品，各大类产品种类复杂，品种繁多。

农产品按其产品质量，根据一定的认证标准，可分为有机农产品、绿色农产品和无公害农产品(郝建强，2006)。

(1)有机农产品。

有机农业是指一种完全不用人工合成的农药、肥料、生长调节剂和家畜禽饲料添加剂的农业生产体系。有机农产品是指根据有机农业和国家食品卫生标准、有机食品技术规范，在原料生产和产品加工过程中不使用化肥、农药生产激素、化学添加剂、化学色素和防腐剂等化学物质，不使用基因工程技术，通过有机食品认证并使用有机食品标志的农产品(张水华、余以刚，2010)。

(2)绿色农产品。

绿色农产品特指无污染的安全、优质、营养农产品。A级绿色农产品在生产过程中允许限量使用限定的化学合成物质；AA级绿色农产品在生产过程中禁止使用任何有害化学合成肥料、化学农药及化学合成食品添加剂(张水华、余以刚，2010)。

(3)无公害农产品。

无公害农产品是指产地环境、生产过程和产品质量符合国家有关标准和规范的要求，经认证合格获得认证证书并允许使用无公害农产品标志的、未经加工或者初加工的食用农产品(张水华、余以刚，2010)。

2. 安全农产品

安全农产品是指食用安全农产品，安全农产品就是指可食用农产品中不应该含有可能会损害或威胁到人体健康的有毒、有害物质或因素，从而导致消费者急性或慢性中毒或感染疾病，或产生危消费者及及其后代健康的隐患，或者是指生产者所生产的产品符合消费者对食品安全的需要，并经权威部门认定，在合理食用方式和正常食用量的情况下不会导致对健康损害的农产品。因此，要使农产品安全就要防范和消除农产品的危害因素对人的现实和潜在危害。

3. 农产品质量安全

农产品质量既包括涉及人体健康、安全的质量要求，也包括涉及产品的营养成分、口感、色香味等非安全性的一般质量指标。1974年11月，针对发展中国家出现严重的食物危机，第一次提出"食物保障"概念，即通过发展农业生产、增加粮食储备，以保证人人能够摄入足够的食物，从而在数量上满足人们基本的生活需要。90年代以后，随着发展中国家人均粮食占有量持续增长，食物保障的内涵也发生了变化：1996年FAO在食物保障的条款中特别增加了安全和富有营养等内容，首次提出"质量安全"(Food quality safety)的概念，即不仅包括食物在数量上满足人们的生活需要，更要在质量上做到要营养全面、安全卫生、无毒无害。《中华人民共和国农产品质量安全法》(2006)第二条规定，"农产品质量安全，是指农产品质量符合保障人的健康、安全的要求。"

目前对于农产品质量安全，有三种常用定义：一是把质量安全作为一个词组，是农产品安全、优质、营养要素的综合，这个概念被现行的国家标准和行业标准所采纳，但与国际通行说法不一致；二是指质量中的安全因素，从广义上讲，质量应当包含安全，之所以叫质量安全，是要在质量的诸因子中突出安全因素，引起人们的关注和重视，这种说法符合目前的工作实际和工作重点；三是指质量和安全的组合，质量是指农产品的外观和内在品质，即农产品的使用价值、商品性能，如营养成分、色香味和口感、加工特性以及包装标识，安全是指农产品有无危害人体健康的因素，如农药残留、兽药残留、重金属污染等对人和动植物以及环境存在的危害与潜在危害。这种说法符合国际通行原则，也是将来管理分类的方向。

从上面三种定义的分析可以看出，农产品质量安全概念是在不断变化发展的，在不同的时期和不同的发展阶段对农产品的质量安全有各自的理解。目的是抓住主要矛盾，解决各个时期和各个阶段面临的突出问题。从发展趋势看，大多是先笼统地抓质量安全，启用第一种概念；进而突出安全，推崇第二种概念；最后在安全问题解决的基础上重点是提高品质，抓好质量，也就是推广第三种概念。总体上讲，农产品的质量安全也就是农产品的质量不会危害人体健康，符合保障人体生命安全的标准。生产出既安全又优质的农产品，既是农业生产的根本目的，也是农产品市场消费的基本要求，更是农产品市场竞争的内涵和载体(刘冬梅，2004)。

2.1.2　农产品质量安全的衡量标准及事件的分级

我国《农产品质量安全法》(2006)中规定：凡是符合以下五种情况之一的农产品，均不准予以销售："①含有国家禁止使用的农药、兽药或者其他化学物质的；②农药、兽药等化学物质残留或者含有的重金属等有毒有害物质不符合农产品质量安全标准的；③含有的致病性寄生虫、微生物或者生物毒素不符合农产品质量安全标准的；④使用的保鲜剂、防腐剂、添加剂等材料不符合国家有关强制性的技术规范的；⑤其他不符合农产品质量安全标准的。"本书认为以上这五种情况就是农产品质量安全的衡量标准，不属于以上任意五种情况的农产品就是质量合格、可放心食用的安全农产品。

农产品质量安全事件依据危害程度、事件影响范围、死亡人数可分为Ⅰ、Ⅱ、Ⅲ、Ⅳ四级，如表2-1所示。危害特别严重、对2个及以上省份或境外国家和地区造成特别严重健康损害后果和社会影响的事件为Ⅰ级，由国务院或国务院授权有关部门处置；危害严重的、对2个及以上设区市行政区造成严重健康损害后果和社会影响的或中毒人数在100人以上并出现死亡病例的事件，或中毒事件出现10人以上死亡病例的事件为Ⅱ级，由省级政府负责组织处置为；影响范围涉及设区市级区域2个及以上县级行政区域，造成严重健康损害后果的或一起农产品中毒事件中毒人数在100人以上或出现死亡病例的事件为Ⅲ级，由市(地)级以上人民政府负责组织处置；事件造成严重健康损害后果的、中毒人数在99人以下且未出现死亡病例的事件为Ⅳ级，由县级以上人民政府负责组织处置。

表 2-1   农产品质量安全事件分级

事件等级	评估指标
Ⅰ级	(1)事件危害特别严重，对2个及以上省份(含港澳台地区)或境外国家和地区造成特别严重健康损害后果和社会影响的 (2)国务院认为需要由国务院或国务院授权有关部门负责处置的
Ⅱ级	(1)事件危害严重，对2个及以上设区市行政区造成严重健康损害后果和社会影响的 (2)一起农产品中毒事件中毒人数在100人以上，并出现死亡病例的；或一起农产品中毒事件出现10人以上死亡病例的 (3)省级人民政府认定的其他Ⅱ级农产品质量安全突发事件
Ⅲ级	(1)事件影响范围涉及设区市级区域2个及以上县级行政区域，造成严重健康损害后果的 (2)一起农产品中毒事件中毒人数在100人以上；或出现死亡病例的 (3)市(地)级以上人民政府认定的其他Ⅲ级农产品质量安全突发事件
Ⅳ级	(1)事件造成严重健康损害后果的 (2)一起农产品中毒事件中毒人数在99人以下；且未出现死亡病例的 (3)县级以上人民政府认定的其他Ⅳ级农产品质量安全突发事件

2.1.3 农产品质量安全事件特征

农产品质量安全事件是指对公众健康造成或者可能造成损害和严重损害的安全事故。重大农产品质量安全事故是指涉及人数较多的群体性中毒或者出现死亡病例的重大安全事故。农产品质量安全事故和其他的公共危机事件一样，具有下述几个特点。

1. 可预防性

与其他突发事件相比，如能及时做到质量安全预警，农产品质量安全事件往往是可预防的。农产品进入在消费环节之前，通过分析其在生产、加工、运输及销售环节的质量安全，对存在质量安全问题的农产品预先警报，生产商、初级加工商、物流商、销售商及相关政府部门联动预防预警，预防农产品质量安全事件的发生。

2. 可控性

在农产品投放到市场之后，农产品生产商或经销商在知悉销售的农产品出现或可能出现问题时，按照规定程序，对由其造成的某一批次或类别的不安全农产品，通过换货、退货、补充或修正消费说明等召回措施，及时消除或减少不安全农产品对消费者与环境造成的危害、维护消费者安全利益、稳定农产品市场。目前，农产品召回已成为控制农产品质量安全风险蔓延的有效手段。

3. 多样性

由于农产品种类多样、物种丰富，使得农产品质量安全事故呈现多样性特点。以往发生的农产品质量安全事件涉及多个领域，"多宝鱼"事件属于水产品类农产品事件，"瘦肉精"事件属于畜禽产品类农产品事件，"毒生姜"、瓯柑、草莓等农药含量超标事件属于果蔬产品类农产品事件，"镉大米"事件属于粮油产品类农产品事件，农产品种类的多样性决定了其质量安全事件的多样性。

4. 时有发生

农产品是一日三餐的必需品，其品种多样，是维持身体正产运行的物质基础，而由于农产品的高度流通性，一旦有质量问题的农产品投放到市场就容易引起农产品质量安全事故的发生。

5. 跨域性

随着我国道路交通的发展，农产品的运输愈加便捷，有质量安全隐患的农产品更易被运送到全国各地，而且我国居民的饮食结构和方式基本相同，对农产品种类的需求各地区也大同小异，因此，一旦发生农产品质量安全事故，往往涉及多个区域。

6. 群发性

由于我国居民的饮食结构和饮食方式基本相同，对农产品的需求很少呈现个体现象，农产品的供应也不是为单个个体的个性化提供定制服务，而是为一个需求整体提供供应，农产品质量安全事件一旦发生，影响的不是单个个体或组织，而是一个或多个群体，因此农产品质量安全事故的发生一般具有群体性。

2.2 农产品质量安全应急概述

2.2.1 农产品质量安全应急的特征

农产品质量安全事件的特征决定了其具有下述应急特征。

1. 过程的复杂性

农产品质量安全应急全过程包括预防预警、征兆来临时的管控及应急处置三个阶段，各个阶段的目标不同：预防预警阶段的目标是，通过风险分析，提前洞察可能引发事故的危险源和风险因素，及时发出预报预警信息，将事故扼杀在萌芽状态；征兆来临时的管控阶段的应急任务主要是农产品召回，其目标是通过换货、退货、补充或修正消费说明等方式对某一批次或类别的不安全农产品实施召回，避免危险农产品对消费者损害的发生和扩大，保护消费者的农产品食用安全及人身安全，维护农产品市场稳定，最大限度避免或减少不安全农产品对消费者与环境造成的危害；事后应急处置阶段的目标是以最快的速度应对事件，控制事件发生的态势，将事件的危害降到最低，尽量减少农产品质量安全对人们身体健康的不良影响，维护社会的和谐稳定发展。

2. 事发前的预防预警及管控尤为重要

长期以来，我国突发事件应急中普遍存在"轻预防重救援"问题，农产品质量安全事件也不例外。由于现代物流发达，农产品质量安全事故一旦发生，将会影响到大量无辜群众的健康甚至生命安全，因此，预防及管控尤为重要。在农产品进入消费环节前做好安全评估及预警工作，通过风险分析，提前洞察可能引发事故的危险源和风险因素，制定预警预报系统，可以将事故扼杀在萌芽阶段，避免农产品质量安全对人们身体健康的危害；当发现有险情征兆时，通过换货、退货、补充或修正消费说明等召回措施，及时管控、排除险情，及时消除或减少农产品质量问题对消费者与环境造成的危害。

3. 快速响应

由于农产品大多是鲜活的微生物、植物、动物及其产品，保质期较短，在采购、运输、初级加工和销售等各个环节中会持续腐坏或变质，一旦响应速度慢，很大可能会造成二次污染，使事态更为严重。因此农产品质量安全事故发生后，需要各相关部门及时响应，才能最大程度上降低事故带来的损失。

4. 多部门联动

我国农产品质量安全相关部门众多，一旦事故发生，往往涉及卫生部门、农业部门、工商部门、食品与药品监督部门、质检部门、应急部门等多个政府部门。如近年来在广东省爆发的"镉大米"事件，其应急过程不仅涉及农业部、广东省农业厅和湖南省农业厅，还需要广州市食品药品监管局、国务院食品安全办、国家食药总局等部门同时联动，及时应对。因此，在农产品质量安全事件突发后，需要多部门快速展开应急联动行动，及时作出应急联动响应，迅速有效控制事态发展，最大程度上降低事故导致的人力、物力和财力损失。

5. 多区域联动

农产品质量安全事件的跨域性特征对应急提出了更为严峻的挑战，如何实现跨域应急联动便是其中核心问题。由于鲜明的跨域性特征，其应对过程需要包括各区域政府及其相关应急职能部门等在内的多主体参与应急处置。因此，跨域应急联动水平已成为直接关系到政府应急管理能力的重要因素之一。

6. 网络化

农产品质量安全事件发生区域之间通常呈现为树状的层级关系，这样，在其应急范围内就会形成较为复杂的网络化空间结构。因此，在应对农产品质量安全事件时所建立的应急指挥组织结构也呈现出网络化的特征。

2.2.2　农产品质量安全事件应急阶段的划分

1. 突发事件应急阶段的划分

突发事件的应急有广义与狭义之分，狭义的应急是指突然发生并要求立即处理的紧急事件，即在发生突发事件时，政府要迅速做出反应，制定出有效的应急措施，以减少突发事件对人民生命安全和社会经济造成的损失。广义的应急是指在突发事件事前、事中、事后采取适当处置措施，以减少突发事件所带来的负面影响和造成的损失。因此，广义的应急不仅包括突发事件发生之后的应急处置活动，还包括事故发生之前的预防预警、征兆出现时的管控应对。本书中的应急是指广义的应急，一般分为预防预警、管控与应急处置三个阶段。

（1）预防预警阶段。

预防预警阶段一般指没有发生突发事件的阶段，其目标是提供一系列突发事件事前准备功能，包括建立应急预案、组织演练、规划应急设施地址、储备必要应急物资、以协调各种资源进行日常的预防等工作，当预警系统预测到某种突发事件发生的可能性提升至警戒点以上时，应急管理体系进入警戒状态，采取保护性措施，以预防突发事件的发生。

(2)管控阶段。

管控阶段是指某一事件已出现征兆或可能存在安全隐患时，需要采取应对措施阻止或控制事件风险蔓延的阶段。本阶段的目标是将不安全事件扼杀在萌芽状态，最大限度避免或减少不安全事件对人、财、物、环境的危害。

(3)应急处置阶段。

当没有预测到的突发事件爆发或预警系统已经预测到突发事件将要发生，但利用各种手段和方法都无法避免或阻止该事件的爆发，则应急管理就要进入了应急处置阶段。在应急处置状态下，根据突发事件的性质与级别制定并实施应对方案，一直到对突发事件处理完才结束。在突发事件出现后，以最快的速度应对，将事件的危害降低到最小。突发事件发生后，物资保障体系需要迅速判断事件发展态势，调节各种所需资源供应事件发生地，控制突发事件的态势发展，减少事件所造成的损失。

2. 农产品质量安全事件应急阶段的划分

与突发事件应急管理三阶段一致，农产品质量安全事件应急也分为三个阶段。

(1)预防预警阶段。

预警，即预先告警，具有预防和控制两层内涵。从管理学角度来讲，预警就是对事物当前状态进行分析并以此为依据对未来进行预测、指出危害的程度、制定方案和措施，通过预警能够提前发现潜在的安全隐患及早发出警示，从而便于采取控制措施的管理方式。

农产品质量安全预防预警阶段是指在农产品质量安全事故发生之前，通过预先对农产品质量进行监测的数据分析与综合比较，寻找可能导致事故的危险因素和关键生产环节，并对其可能造成的危害程度进行评价，提前洞察可能引发事故的危险源和风险因素，制定预警预报系统，在农产品安全事故发生之前防患于未然，实现对农产品质量安全事故的预先控制，有助于在事故即将发生、可能发生前将其扼杀在萌芽状态，实现从"事后被动处理"向"事前主动预防"的模式转变，在一定程度上降低农产品安全事故的发生概率，最大程度地保障人民的生命健康安全。

在此阶段，对农产品质量安全从"农田到餐桌"的全过程的风险评估及分析是进行风险预防预警的前提，是科学制定风险管理措施的基础，是保障农产品质量安全的必要手段。因此运用合理的风险评估方法、开展科学的风险评估得出合理的结论，是农产品质量安全风险预防预警工作顺利开展的关键。

(2)征兆出现时的管控阶段。

征兆出现时的管控阶段是指当已投放到市场的农产品存在或可能存在安全隐患时，需要采取应对措施阻止或控制农产品质量安全风险蔓延的阶段。最常用的有效管控措施是对问题农产品实施召回处理。

召回是国际通行的产品安全管理制度，是消除产品安全隐患的有效措施，是监管部门行使公权保障消费者不受产品缺陷伤害的最后一道防线。农产品召回是指农产品生产者或销售者按照规定程序，对由其造成的某一批次或类别的不安全农产品，通过换货、退货、补偿或修正消费说明等方式，及时消除或减少农产品质量安全危害的活动。

对问题农产品实施召回是农产品质量安全控制的后续手段，可以有效控制农产品质量安全风险的蔓延，将农产品质量安全事故扼杀在萌芽状态，最大限度避免或减少不安全农产品对消费者与环境造成的危害，保护消费者的农产品食用安全及人身安全，维护农产品市场稳定；召回实施给予了农户或农业生产基地一个自我补救的机会，免于因为生产了不安全农产品而在名声上受损，有助于提升在全社会与全行业塑造食品召回意识，积极引导农户或农业生产基地发挥社会责任，强化行业的规范性，促进我国农产品行业可持续性发展；有效地约束与抑制农产品生产者与销售者的机会主义行为，消除由于信息不对称而产生的不信任因素与维护社会诚信，促进社会诚信环境的建立。

（3）应急处置阶段。

一旦农产品质量安全事故发生，应急管理需要马上切换到应急处置阶段即战时状态，农业部门、卫生部门、食品安全委员会办公室、食品药品监督门、农产品质量安全监督部门、公安部门、质检部门以及应急部门等多个应急组织应根据农产品质量安全事件的等级、影响程度及影响范围联合制定并实施联动应对方案，以减少农产品质量安全事件对人民生命健康安全和社会经济造成的损失。

同时，随着我国道路交通的发展，农产品的运输愈加便捷，农产品（包括有质量安全隐患的农产品）更易被运送到全国各地，因此，农产品质量安全事故往往会在多个区域同时发生。这种跨域跨组织应急处置突破了既有应急管理体制，传统应急组织结构和应急管理方式在应对中产生结构性和功能性障碍（A. Boin，2009）。因此，在农产品质量安全应急处置阶段，需要各个区域的多个应急部门快速展开应急联动，及时作出应急响应，迅速有效控制事态发展，最大程度上降低事故带来的人力、物力和财力上的损失。

2.3 应急联动系统概述

2.3.1 应急系统联动的原则

1. 整合资源、互补互助的原则

构建应急联动系统，应该首先对现有资源进行有效整合、合理利用。应急联动涉及的资源主要有现有政府组织机构、现有信息系统平台、现有应急预案、现有应急物资等。将联动主体按部门性质和工作职责进行有效分工，使得各应急主体之间能相互配合，体现各自优势，弥补不足，合理利用现有的信息系统平台和应急处置资源，展开应急联动工作，最终实现应急联动的快速反应和保证应急工作的高效完成。

2. 信息互通、资源共享的原则

应急联动需要多个主体协同作业，各主体之间的信息传递渠道应该是通畅的，及时获知突发事件相关消息，展开应急工作。在农产品的预防预警联动及召回联动时，农产品供应链主体之间、政府部门之间以及供应链主体与政府部门之间信息传递要及时，应急处置联动时成立的应急指挥领导小组以及下设的各个组织之间信息也必须通畅，信息滞后或不通都会影响整个应急联动系统的效率。应急联动后期，通过电视、报纸、广播、新媒体等途径及时向社会公布事件的调查和处置结果，确保公众了解和掌握正确的权威信息。应急联动小组在运用有限的应急资源时，应合理使用优化调度，发挥资源的最大效用。在不影响小组应急联动的情况下，实现对应急资源的共享和共同运用，避免不必要的资源浪费。

3. 协调有序、高效及时的原则

应急联动就是要在最快的时间内协调有序、高效及时地将事件扼杀在摇篮中或降低事件影响，保障人民群众生命安全。在农产品质量安全预警、召回及事件发生后的应急处置中，各主体在联动过程中听从应急指挥领导小组的统一指挥，履行工作职责，和其他主体一起协同作业互帮互助，出现问题不推诿，处理事情不慌乱，井然有序地开展各项工作，有条不紊地完成任务；要及时获取信息，迅速展开联动。

2.3.2 农产品质量安全应急联动系统

应急有广义和狭义之分，相应地，应急联动系统也有广义与狭义之分。目前理论和实践中的应急联动系统大多是狭义的应急联动系统，是指事故发生之后的应急处置联动系统，即战时状态下的联动系统，该系统综合各种城市应急服务资源，采用统一的号码用于公众报告紧急事件和紧急求助，统一接警、统一指挥、联合行动，为市民提供相应的紧急救援服务，为城市的公共安全提供强有力的保障，保护人民利益减少灾害损失。也就是说应急联动系统把消防、公安、医院、交通、市政管理、监管部门等组织机构纳入到一个指挥协调系统中，为公众提供一个社会紧急救助服务的信息系统平台，用以处理各种紧急的突发事件，实现跨组织、跨区域的统一指挥、联合行动，建立快速应急的应急管理系统，保障地区的公共安全和人民权益。广义的应急联动系统除了事故发生后的应急处置联动系统以外，还应该包括预防预警阶段、管控阶段的联动系统。因此，农产品质量安全应急联动系统应该包括预防预警阶段预警联动系统、管控阶段的召回联动系统以及处置阶段的应急处置联动系统，如图 2-1所示。

1. 农产品质量安全预警联动系统

农产品质量安全预警联动系统就是以供应链中生产环节、加工环节、运输环节、销售环节的各个环节主体与相关监管部门为联动主体，以信息共享和资源共享为基础，通过风险监测和风险评估，分析农产品质量安全水平的变化趋势和规律，发布警情并且进行应急处置的系统。

农产品质量安全预警联动系统以农业生产基地、初加工企业、物流配送中心、农贸市场(超市)等供应链的各环节主体和农业行政主管部门、质检部门、食品与药品监督部门、应急部门等相关政府部门为联动主体，以信息共享和资源共享为基础。该体系旨在使供应链中的风险信息得到有效传递，减少监测数据和信息的重复与浪费，实现信息互联互通和资源共享，提高各单位、各部门之间的预警联动能力。

在农产品质量安全预警联动系统中，农产品质量安全风险评估是最关键的环节，风险评估是通过识别农产品中的有毒、有害因素，对这些具有潜在危险的农产品采取监测、跟踪和分析，预先评估农产品的风险程度，预测可能导致的危害，并及时发出预报预警信息。需要采用恰当的风险评估方法对整个指标系统进行评估，可采用多目标线性加权函数法，构建农产品质量安全预警模型。根据 Likert 五级量表法，将农产品质量安全水平的总体水平分为五个等级，农产品质量安全风险性大小与质量安全水平呈负相关，质量安全水平越高，风险性就越低，警级就越低；反之，则越高。警级分为无警、有警、轻警、重警和巨警五个级别，根据《农产品质量安全突发事件应急预案》，采取

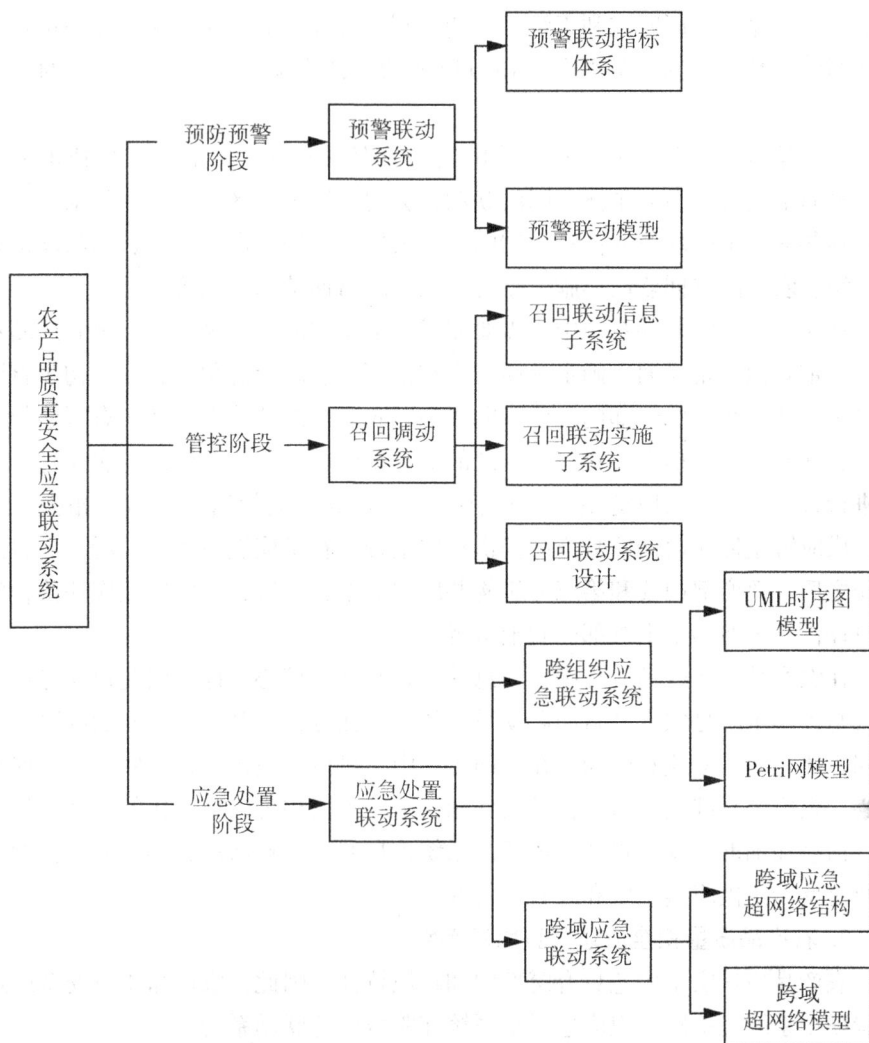

图 2-1 农产品质量安全应急联动系统

相应的应急响应措施。

2. 农产品召回联动系统

一旦发现农产品质量安全问题征兆，需要对大批量问题农产品进行召回处理，以便最大限度避免或减少不安全农产品对消费者与环境造成的危害，召回系统给予农业生产基地或农户一个自我补救的机会，免于让其生产的不安全农产品因为受到公众的质疑而在名声上受到打击，导致商品交换的阻碍，引起社会安定的无序。召回既有利于维护消费者利益及经济的发展，又能在一定程度上遏制农产品安全问题的恶化，还可以节约执法资源，避免国家权力的过早介入。

农产品召回联动系统以农产品供应链为召回基础，以信息系统技术为核心，横向上实现各召回主体之间的联动，纵向上实现各区域之间的联动。该系统包括各区域不同环节的信息反馈的二维层次子系统，即农产品召回联动信息子系统、农产品召回联动实施子系统、农产品召回信息与实施互动子系统。

在农产品召回联动系统中，需要完成以下工作流程：识别并评定农产品对象；确定召回还是撤回；确定召回类型和范围，启动应急预案，制定初步召回的措施；通知政府监督部门、已经购买问题农产品的消费者以及所有可能的销售点，并提供有效信息；对问题农产品的分布区域和影响范围内的农业合作组织进行宣传活动；供应链主体在政府指导下采取合适的措施并做好相关的记录；供应链主体向政府监督部门提供召回报告；在供应链主体完成所有的召回工作之后，政府部门要和第三方机构共同评估报告内容，并做出相应评价，然后将评价结果通知给上级部门和消费者。

在农产品召回联动流程中，信息共享是联动的核心支撑，因此建立好信息监管与控制中心是农产品召回联动系统的第一任务，有利于在召回的各阶段各召回主体之间的交流和联动。在召回主体中，供应链主体是整个农产品召回的核心，政府监管部门起监督辅助的作用，第三方机构为各项工作的开展提供有效的信息和辅助。这些责任主体通过系统信息共享实现联动，第三方机构的工作及时反馈给供应链主体和政府监督部门。

3. 农产品质量安全应急处置联动系统

农产品质量安全应急具有跨部门和跨域特征，因此，农产品质量安全应急处置联动系统包括跨组织应急联动系统和跨域应急联动系统。

(1)农产品质量安全跨组织应急联动系统。

农产品质量安全事故发生后，为健全农产品质量安全事件应急联动处置机制，响应政府号召，有效预防和积极应对农产品质量安全事件，保障人民群众身体健康和维护社会和谐稳定，按照"党政领导，部门联动，社会协同"的应急方针政策，建立以政府、农业行政部门领导的应急指挥领导小组为中心，以农业、公安、工商、卫生、质检、食药监、应急等部门组成的应急联动小组为骨架，积极履行小组工作责任，听从指挥统一行动，实现信息互通、资源共享，各小组任务无缝连接，高效有序运作的农产品质量安全跨部门应急联动系统，有效处理各类农产品质量安全突发事件，维持社会经济的正常运转秩序。

农产品质量安全跨组织应急联动系统运作流程包括报警、接警、调度及事件处置、事后处理四个阶段。当农产品质量安全突发事件发生后，应第一时间采取相应的控制措施，并及时向当地有关农业行政部门报告；当地农业主管部门在接到举报信息后，整理记录事件的相关情况，并将事件信息记录到事件信息管理数据库中，派遣工作人员赶赴问题农产品事发地，控制事态发展，并安排工作人员先对事件进行分析评估，核定等级；再根据事故等级成立相应的应急处置指挥领导小组，统一组织开展应急处置工作；然后在应急处置指挥领导小组的牵头下，分别成立事件调查组、事件处置组、专家技术组、信息发布组，各组织应服从应急处置指挥领导小组的指挥，根据事件的发生地点、时间、危害人数、发展趋势等信息，分工合作各司其职，并不断将处置情况或调查结果等报告给应急处置指挥领导小组，以便指挥领导小组获取最新消息调整应急方案和响应级别，及时组织实施应急处置措施，并随时将处置情况上报至指挥小组；最后，在应急联动完成后，应急处置指挥领导小组应将处置结果逐级上报至上级农业组织部门。

(2)农产品质量安全跨域应急联动系统。

在农产品质量安全跨域应急联动系统中，需要不同区域的政府、企业和社会组织等多主体联动。在区域联动时，需要通过一些重要的交通节点来实现应急资源的集散和中转。同时由于各区域(城市)的自然地理环境、社会经济发展水平、应急预案等存在差异，各区域(城市)处置农产品质量安全事件的应急能力也存在差异，而农产品质量安全事件往往是大范围发生的，导致在信息共享不畅、信息失真的情况下，一方面容易发生农产品物资堆积，没有及时转运至受灾点；另一方面也会出现物资运输不匹配、甚至数量过剩的情况。

由于农产品质量安全事件跨域应急联动系统具有多节点、多属性、多层级拥塞性等超网络系统的特征，因此可以运用超网络理论构建农产品质量安全事件跨域应急联动系统超网络结构，然后对联动系统超网络结构进行优化，在优化决策时需考虑应急时间、应急成本、需求满意度、路径脆弱性、路径资源流量、承灾能力等因素。

本 章 小 结

本章首先介绍了农产品及农产品质量安全的定义、农产品质量安全的衡量标准和分级标准以及农产品质量安全事件的特点，然后分析了农产品质量安全事件应急的特点以及农产品质量安全应急系统的预防预警、管控及应急处置三个阶段，最后阐述了应急系统联动的原则，并分析了农产品质量安全在应急三阶段的联动系统，即预警联动系统、召回联动系统及应急处置联动系统。

第3章　农产品质量安全预警联动系统

本章研究农产品质量安全应急联动系统在第一阶段即预防预警阶段的预警联动系统。预警是预防农产品质量安全危机的有效措施，可以提前发现农产品质量安全的潜在风险，预防农产品质量安全事件的发生。本章构建了能反映农产品供应链各环节主体与监管部门联动、全面客观的农产品质量安全预警联动指标体系，并运用层次分析法、Likert 五级量表法以及线性加权模型对农产品质量安全进行评估，然后根据警限确定预警级别、发布预警信息。本章的研究丰富了农产品质量安全预警理论体系，有助于指导农产品质量安全预警实践，通过加强农产品的跨组织预警联动协作，促使政府部门及时采取应对措施，在农产品安全事故发生之前防患于未然，实现从"事后被动处理"向"事前主动预防"的模式转变，最大限度地保障人民群众的健康安全。

3.1　我国农产品质量安全预防预警的现状及存在的问题

3.1.1　相关概念

1. 预警

根据《辞海》的解释，"预警"是指风险识别后的警告、提醒，是指在突发事件、危险或者灾难到来之前，由对当前现状分析和历史经验总结而发现或发觉出一些征兆，向相关单位或部门报告并发出紧急信号，从而可以降低或者避免危害带来的损失的行为。广义上，预警还包括针对未来状态的风险采取的应对措施。预警是能够提前发现潜在的安全隐患、及早发出警示，以便于采取控制措施的管理方式。

2. 预警系统

预警系统是指应用预警理论和其他专业数据处理工具、预测模型等来完成特定预警功能的系统，是在事故发生前，通过风险分析、评估和预测其风险程度和发展趋势，提前洞察可能引发事故的危险源和风险因素，制定预警预报系统，在事故发生之前解决农产品安全隐患，将事故扼杀在萌芽中，尽量避免事故损失。

3. 农产品质量安全预警

目前关于农产品质量安全预警定义主要有两个：一个是通过对农产品质量安全管理运行状况和发展态势的调查和分析，对可能出现的问题提前发出警告，使政府有关部门和机构、相关企业和生产者及时采取对策，解除警患，避免出现重大的质量安全事件给人民生命健康造成的损失（刘战豫，2011）；另一个是对农产品质量安全管理的运行现状和未来状态进行监测和分析，对未来可能出现的风险提前发出警告，使政府、农产品供应链上各主体等及时采取对策，解除警患，降低农产品质量安全事件发生概率（张星联等，2014）。农产品质量安全预警的实现主要依靠预警系统的建立和运行。

4. 农产品质量预警系统

农产品质量预警系统就是应用相关预警理论，根据农产品质量安全的发生、发展规律和特点，分析其危害程度和可能的发展趋势，评价各种风险状态偏离预警线的强弱程度，向决策层发出相应级别的预警信号并提前采取预控对策的系统（晏绍庆、康俊生，2007）。

5. 农产品质量安全跨组织预警联动系统

农产品质量安全跨组织预警联动系统就是运用相关预警理论，以农产品供应链中各环节主体即农业生产基地、加工商、物流商、销售商、政府检测监管部门以及应急部门为联动主体，以资源和信息共享为基础，分析农产品质量安全的发生、发展规律和特点，并通过风险监测和风险评估技术和方法，产品质量进行风险监测和风险评估，根据监测和评估结果向决策层发布警情并且进行应急处置的系统。

3.1.2　农产品质量安全预警的分类

1. 按照警度分类

农产品质量安全预警按照警度可以分为以下三类（任运河，2016）：

危机无警：出现农产品质量安全问题的风险微小，无需预警。

危机轻警：存在农产品质量安全问题的风险较小，警度为轻警，需要相应做出应急措施。

危机重警：存在农产品质量安全问题的风险级别较高，警度达到重警的级别，相关部门应当立即进行预警并采取应对措施。

2. 按照风险类型分类

农产品质量安全预警按照风险可以分为以下四类(玄冠华等, 2016):

农药残留风险预警:将农产品的农药残留监测数据与标准残留值进行比较后进行分析,若构成风险则进行预警。

重金属风险预警:根据农产品中重金属含量的检测结果与安全值进行对比,若构成风险则进行预警。

品质风险预警:根据对农产品的有关品质的各项指标的监测数据与标准值进行对比,构成风险则进行预警。

微生物风险预警:对农产品中微生物含量进行监测,若微生物含量超标,则进行预警。

3. 按照农产品供应链构成分类

农产品质量安全预警按照供应链构成可以分为以下四类(杨艳涛, 2009):

生产预警:在农产品的生产地进行监控,预防农产品在生产环节产生质量安全问题。

加工预警:从食品原料的验收到食用农产品出厂的各个环节进行监控并进行预警。

运输预警:从农产品的物流运输的各个环节可能造成的二次污染进行监测与预警。

流通预警:对于农产品供应链的销售、消费的各个环节主体进行监控与预警。

3.1.3　我国农产品质量安全预防预警的现状及存在的问题

从 2000 年我国卫生部建立了"全国食品污染物监测网络"和"全国食源性致病菌监测网络"开始,我国在逐步推进农产品质量安全保障体系建设,农产品质量安全例行监测制度,开始系统地对农产品进行抽样检测,并定期发布,开发了"食品安全快速预警与快速反应系统";通过对全国各省市质量技术监督局、国家食品质量监督检验中心的日常检查与抽查数据的采集与分析,实现了食品安全问题的准确发现、快速报告和快速处理;2008 年后我国相继成立了农产品质量安全监管局、各省(市)农产品质量安全监管机构和应急管理处,加强了对农产品质量安全的监管工作,也开展了农产品质量安全风险分析评估、风险预警和风险交流等工作。但是,我国农产品质量安全在法律法规方面、农产品质量检测方面、农产品质量监管方面、农产品质量认证方面、风险评估方面依然存在问题。

1. 相关法律法规方面

我国农产品质量安全的相关法律法规历经了从无到有、从综合法律到专门法规条例的过程。国家层面的法律条文从 1995 年颁布的《中华人民共和国食品卫生法》、2006 年颁布的《农产品质量安全法》、到 2009 年颁布、2015 年修订的《中华人民共和国食品安全法》；部门的相关规章制度包括《农药管理条例》《动物防疫法》《农产品产地安全管理办法》《农产品包装和标识管理办法》《饲料和饲料添加剂管理条例》等。这些法律法规的颁布和实施虽然使得我国的法律法规体系比较完善，但却没从根本上取得应有的规范效果。第一，很多法律条款只对食品质量和卫生方面作了一些笼统的规定，缺乏具体详细的细节规定，给违法者留下了擦边牟利的空间；第二，各法律体系之间缺乏联系和系统性，忽视了法律之间相互配合相辅相成的特性，不同的法律法规甚至无法做到规范标准统一，使得执法部门在实际操作中无从选择执法标准，可操作性不强，执行性不高；第三，法律法规所规定的惩罚标准威慑不到犯罪分子获取非法收益的贪欲，达不到镇压违法者的目的；第四，法律责任的规定尚不够明确，对于农产品质量安全监管人员的履职不当行为进行行政处分以及履职不当的认定问题没有明确规定；第五，我国农业标准低，规定少，修订周期长。我国的农业标准主要涉及农作物生产操作技术规程，对农产品农药残留安全范围、农产品分级标准和市场准入等方面的标准规定较少，有些甚至没有，同时，我国记录在案的农业标准种类也非常匮乏，有些农业标准与国际上的农业标准相差甚远，而且，我国农业标准的修订一般 10 年才会更改一次，而一些西方发达国家通常是每 2 年或 5 年就对农业标准进行修订；第六，在农业质量标准的制定和修订上，不同部门有不同衡量标准，没有形成统一的权威的安全标准，出现事故各监管部门相互推诿，监管主体混乱，权责划分不清。

2. 农产品质量检测方面

目前我国在积极地构建并完善农产品质量安全检测检验体系，检验机构的检测检验能力不断提升，对检测检验机构的投资也加大了，农产品质量的检测检验能力不断得到了提升（陈晓华，2016）。我国农产品的质量检测主要由农业部门的质检机构负责。

然而，由于农产品的生产周期较长，供应链环节多，涉及的主体也多，容易造成质量安全问题的发生。第一，目前在农产品质量安全检测检验上更重视对最终产品的检测，没有对全过程的质量监控做到全面覆盖；第二，当前对质检机构的管理不够规范化，质检机构的水平良莠不齐，难以保证检测数据的准确性；第三，质检机构之间缺乏信息交流，非本部门的检测结果常常得不到认同，较大地浪费了社会资源；第四，检测人员检测手段有限、技术水平不高，使得不安全农产品流向了市场(钱光月，2019)。

3. 农产品质量监管方面

我国的农产品质量安全监管部门由卫生部门、农业行政部门、工商行政部门、食品与药品监督部门、质检部门等部门组成，各部门分工协作，体现了"分段管理，统一协调"的特点；监管范围包含农产品生产基地、农户、加工企业、农产品批发市场、超市等单位和个人，从农业部到县级以上农业行政主管部门都要制定并组织实施农产品质量安全监测计划，以加强对农产品质量安全的日常监督，同时也有利于收集数据信息，进行风险评估。

但是，在农产品质量安全监管方面依然存在问题：第一，由于监管部门众多，部门之间存在"条块分割"的问题，导致监管部门之间协同联动程度较低；第二，尽管要求监管范围从农产品生产基地、农户、加工企业、物流企业、农产品批发市场到超市等单位和个人，但在实际监管中并没有做到全覆盖，供应链环节中存在监管缺失现象；第三，在例行监测过程中，存在抽查产品的数量和种类有限，没有实现日常化监测等问题。

4. 农产品质量认证方面

质量认证是国际通行的对产品加强质量管理的制度，同样适用于农产品。目前我国农产品质量安全认证主要由中国农机产品质量认证中心和农业部农产品质量安全中心负责，认证体系包含 GAP、HACCP 以及 ISO22000 认证等，认证门类主要有绿色食品认证、无公害农产品认证以及无公害农产品产地认证等，相关认证工作正在同步进行。

但是，"多头管理"、市场导向不明显等问题导致人们对于农产品质量认证工作的有效性产生了质疑。第一，农产品质量监管模式导致的"多头管理"现象，使得相关企业的质量认证负担较重，同时申请无公害、绿色食品和有机产品的质量安全认证，需要将农产品分别送至农业部的检测机构和特定的检测机构去认证，增加了企业的检测成本负担(李兴江，2019)；第二，无公害农产品存在着推动手段不力、市场导向不明显等问题。

5. 农产品质量安全风险评估方面

从 2014 年开始，我国开始制订并推进年度农产品质量安全风险评估计划，农业部成立了农产品质量安全风险评估专家委员会，并依托质量检测机构建立了风险评估实验室，对果蔬、肉类、生鲜奶等农产品中可能存在的农(兽)药残留、病原微生物、非法添加等安全风险进行监测与评估；在各地区推进风险评估实验站的认定工作，壮大了风险评估工作队伍。在预警信息的发布上，规定了具体的农产品质量安全风险信息上报程序与制度，农业部门定期在网站上公布农产品质量安全风险评估结果；开展了相应的专项治理工作和隐患排查工作，并形成调研报告由相关部门通报(张星联、唐晓纯、赵柳，2014)。

　　然而，由于风险的隐蔽性，我国目前风险信息监测还不能满足人们的需求；不同地区的风险评估实验站水平良莠不齐，一些风险评估实验站不能及时动态跟踪和评估风险信息。另外，信息不对称、检测设备的误差、风险评估人员的能力等因素都会影响风险评估的准确度。

3.2　农产品质量安全预警联动系统的业务流程及联动主体

3.2.1　农产品质量安全预警联动的思路

农产品质量安全预警联动的思路如图 3-1 所示。

　　具体思路是以农产品供应链中生产环节、加工环节、运输环节、销售环节等环节主体与政府检测监管部门为联动主体，以信息和资源共享为基础，对农产品在各环节的监测数据进行处理，并通过合理的风险检测与风险评估的技术和方法对农产品质量进行风险监测和风险评估，最后根据监测和评估结果发布警情并且进行应急处置的过程。

3.2.2　农产品质量安全预警联动系统的业务流程

农产品质量安全预警联动系统的业务流程包括：明确预警的对象、确定预警指标、构建农产品质量安全预警指标体系、确立预警联动指标权重及指标的赋值、构建农产品质量安全预警联动系统模型、确定预警级别。其业务流程见图 3-2。

1. 明确预警对象

分析目前我国农产品质量安全预警系统中存在的问题，明确农产品质量安全预警联动的必要性和重要性。

2. 预警联动指标的确立

在农产品在生产、加工、运输及销售环节的影响因素的基础上，结合相关政府监管部门或检测部门的监管检测状况，预选出包括生产、加工、运输、销售等各环节风险性的指标以及政府监管检测指标。考虑到预选的评价指标可能不能准确反映农产品质量安全的真实状况，运用 Delphi 法对预警指标进行调

```
┌──────────────┐  ┌──────────────┐  ┌──────────────┐  ┌──────────────┐
│   生产环节    │  │   初加工环节   │  │   运输环节    │  │   销售环节    │
│(政府检测监管部门)│  │(政府检测监管部门)│  │(政府检测监管部门)│  │(政府检测监管部门)│
└──────┬───────┘  └──────┬───────┘  └──────┬───────┘  └──────┬───────┘
       │                 │                 │                 │
       ▼                 ▼                 ▼                 ▼
┌────────────────────────────────────────────────────────────────────┐
│                   数据处理（数据筛选和计算）                          │
└────────────────────────────────┬───────────────────────────────────┘
                                 │
                                 ▼
┌─────────────────────────────────────────┐      ┌──────────────────┐
│        农产品质量安全预警联动数据库         │      │  危险因素阈值限量数据  │
└───────────────────┬─────────────────────┘      └────────┬─────────┘
                    │                                      │
                    ▼                                      ▼
┌─────────┐      ◇◇◇◇◇◇◇◇◇◇                      ┌──────────────────┐
│  算法   │─────▶  数据分析  ◀─────────────────────│  农产品预警指标体系  │
└─────────┘      ◇◇◇◇◇◇◇◇◇◇                      └──────────────────┘
                    │
                    ▼
              ┌──────────┐
              │  判断警级  │
              └────┬─────┘
                   │
                   ▼
          ┌──────────────────┐
          │  发布警报与应急处置  │
          └──────────────────┘
```

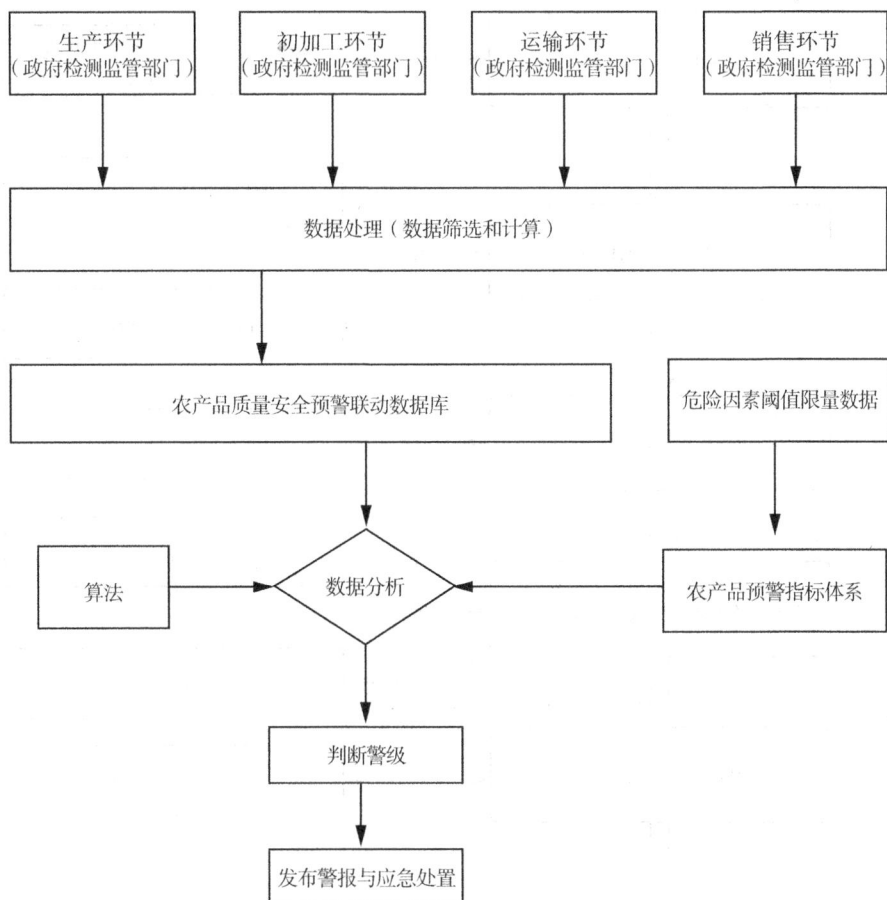

图 3-1　农产品质量安全预警联动的思路图

整完善，删除了不重要的指标，补充了重要但未考虑到的指标。

3. 农产品质量安全联动预警指标体系的构建

将第 2 点中确定的指标作为指标层，生产环节、加工环节、运输环节和销售环节的风险性作为系统层，待预警的某种农产品或某农业生产基地的质量安全水平作为目标层，构建农产品质量安全联动预警指标体系。该体系涵盖农产品在供应链各环节的风险状态及相关政府部门的监管检测状态，涉及农业生产基地、初级加工商、物流商、经销商以及农业行政部门、卫生行政部门、工商部门等相关主体，能体现出各主体之间的协调联动。

```
┌─────────────────────┐                    ┌──────────────────────────┐
│     明确预警对象      │ ◄───────────────── │ 对我国农产品质量安全现状进行 │
└─────────────────────┘                    │   分析，明确预警对象       │
          │                                └──────────────────────────┘
          ▼                                 ┌──────────────────────────┐
┌─────────────────────┐                    │   农产品质量安全影响因素    │
│    确立预警联动指标    │ ◄───────────────── └──────────────────────────┘
└─────────────────────┘                    ┌──────────────────────────┐
          │                                │     Delphi法调整指标       │
          ▼                                └──────────────────────────┘
┌─────────────────────┐                    ┌──────────────────────────┐
│  构建预警联动指标体系   │ ◄───────────────── │   目标层、系统层、指标层    │
└─────────────────────┘                    └──────────────────────────┘
          │                                 ┌──────────────────────────┐
          ▼                                │          AHP法           │
┌──────────────────────────┐              └──────────────────────────┘
│ 确立预警联动指标权重，指标赋值 │ ◄────────── ┌──────────────────────────┐
└──────────────────────────┘              │     Likert五级量表法        │
          │                                └──────────────────────────┘
          ▼                                 ┌──────────────────────────┐
┌────────────────────────────┐            │        线性加权函数        │
│ 农产品质量安全预警联动系统模型    │ ◄──────── └──────────────────────────┘
└────────────────────────────┘
          │
          ▼
   ◄── 有警 ◄── 判断 ──► 无警 ──►
        │                      │
        ▼                      ▼
   处理措施 ◄── 提出预警对策 ──► 继续监测
```

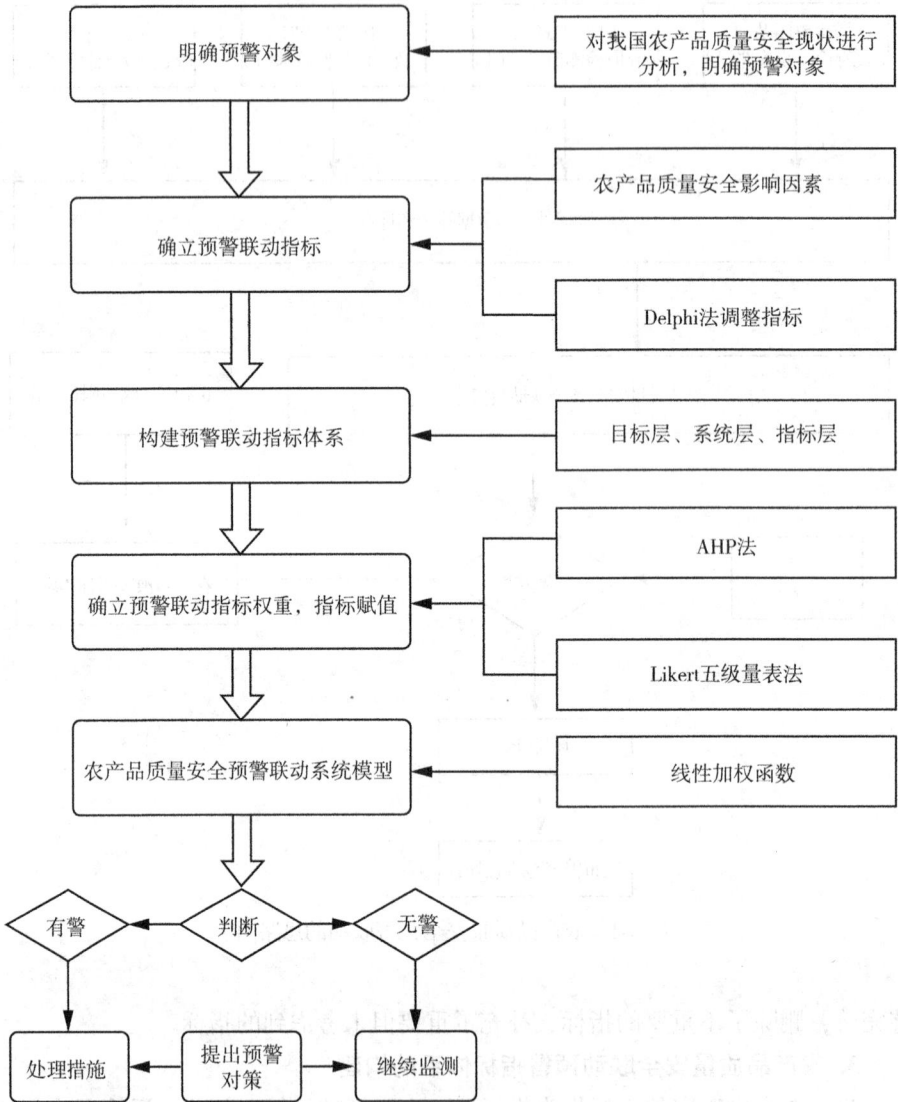

图 3-2　农产品质量安全预警联动的业务流程

4. 预警联动指标权重的确立及指标的赋值

用层次分析法（AHP）确定系统层与指标层各项指标的权重，并采用 Likert 五级量表法对指标进行赋值，为预警模型的构建及计算作好准备。

5. 预警模型的构建及计算

构建农产品质量安全预警的多目标线性加权模型，并根据第 4 点中确立的预警联动指标的权重及指标的赋值计算出目标层的风险评估结果。

6. 确定预警级别，发布警情

根据风险评估结果以及预警阈值，确定预警级别，及时发布警情，如果有警则提出预警对策并进行应急处置。

3.2.3 农产品质量安全预警的联动主体

农产品质量安全预警联动系统主体包括农产品供应链各环节主体和监管部门。

1. 供应链主体

农产品供应链是指农产品从生产到消费的各个阶段组成的一个整体。由于供应链各环节需要物资的流通和信息的沟通，因此需要一系列的组织运作让供应链处于动态平衡的流动状态。这种组织运作的体系称为供应链网络，在建立具体的供应链网络时，为更好地明确各方责任，需要在供应链网络中添加更多的信息节点，完备的农产品供应链网络应包括组织网络、信息网络和物流网络。

对于预警而言，农产品尚未进入消费领域，因此此时的农产品供应链包括除消费环节以外的环节，即生产环节、加工环节、运输环节和销售环节，相应地，农产品质量安全预警联动的主体包括农业生产基地或农户、初级加工商、物流商和销售商(包括农贸市场和超市)。

2. 政府检测监管部门

政府部门作为监管主体，是不可或缺的辅助主体。政府检测监管部门由卫生部门、农业部门、工商行政部门、食品与药品监督部门、质检部门以及商务部门等机构组成，各部门之间信息互享、联动协作。

卫生部门的主要职责是通过制定食品(农产品)相关法律法规，推动食品(农产品)卫生安全控制系统的信息化；组织开展食品(农产品)安全风险监测和风险评估；抽查监督各地区的执法情况，对重大食品(农产品)质量安全事故及时上报。

农业部门主要负责农产品生产环节的监管，重点监测监管农药、兽药、除草剂等投入品的使用情况与残留情况，以及对农产品的检验检疫工作的监测和审查。

工商行政部门负责农产品流通环节的监管。

食品与药品监督部门主要负责起草有关食品农产品监督管理的法律草案，推动监测信息共享平台的构建，综合监督、组织协调和依法组织查处重大事故。

国家质检总局负责监管农产品加工业，审核农产品加工过程和加工技术，对加工的农产品进行抽查，建立质量认证制度。

商务部门负责起草外贸的相关管理法规，也负责监管农产品进出口的相关对外贸易活动。

3.3 农产品质量安全预警联动指标体系

3.3.1 农产品质量安全问题的影响因素

农产品在供应链各环节中要经过生产、加工、运输、销售、消费等环节，在这个过程中的每个环节都存在影响质量安全问题的因素，由于预警是在农产品进入消费环节之前的活动过程，因此，本部分主要分析农产品在生产环节、加工环节、运输环节以及销售环节影响其质量安全的因素。此外，政府检测监管是否到位也会影响农产品质量安全。

1. 生产环节的风险性因素

作为农产品的源头，生产环节是决定农产品质量安全的关键环节，该环节的影响因素主要是指在农产品的种植养殖过程中可能导致农产品出现质量安全问题的因素。

(1)农田环境及设施条件。

农产品生产基地的自然环境和经济水平都应与特定种类的农产品的种植、养殖相适应，农田空气环境质量、灌溉水质、农田土壤等都会影响农产品质量安全。农产品生产基地的自然环境包括农田空气质量、农田土壤环境以及灌溉水质等，设施条件主要指水利基础设施建设状况、机械化条件等。农田环境和设施条件都会影响农产品质量安全，都应该遵循无公害农产品生产基地环境质量的国家标准，例如 GB 18406、GB/T 18407。农田环境和设施条件越好，生产的农产品质量就越高。

(2)农作物性状。

农作物性状是指由遗传基因结构、生理遗传因素等决定的农产品的性状。基因是否稳定，器官系统是否完善等因素都是引发农产品质量安全问题的因素，其中抗逆力减弱是农产品品种性退化的一种表现，一些品种经过多年的种植和生长，自身的"免疫力"下降，相比之下，病菌的入侵能力提高，植株的受感染率上升。

(3)农药、兽药、杀虫剂的使用。

农药、兽药、杀虫剂、除草剂和植物生长调节剂等农业投入品使用后，可能有部分残留在蔬菜、肉类、鲜奶等农产品中，而因为农产品只是经过简单的保鲜、切割、包装等初级加工，其加工过程不会降低农药、兽药及杀虫剂的残留量，农药、兽药残留超标的农产品被人们食用后，可能会损坏肝脏和神经系统，甚至造成食用者中毒。所以，要选择对人畜低毒或无害的农药和生物制剂；选择对人畜毒性低、杀虫活性高的杀虫剂；选择低残留、高效低毒的农药，控制施药时间，在果蔬采摘前2天严禁施药。

(4)农业生产管理规范。

农业生产管理的规范化也会影响农产品质量安全，生产管理越科学越规范，农产品质量安全水平越高。因此，需加强田间管理，避免田间积水，降低植株间湿度，及时清除病、虫、残，保持田园清洁。

(5)种植技术水平。

农业生产基地的技术的种植技术具体体现在种植、施肥、水分管理等多方面，在农作物种植之前，要深翻土壤，平整土地，深翻有利于土壤疏松，增强土壤蓄水能力；平整有助于畅通排灌水，避免植物水分过大，对农作物生长更加有益。同时要严格检查分析土壤成分，最好填充、粘壤土或肥沃冲积土，让土壤保持湿润疏松、良好排水；在农作物种植之后需要认真做到后期养护管理。一是要注意灌溉与排水，规划好一次性浇水与定期浇水，尽量在早上或傍晚进行浇水，避免在阳光照射强烈的时间段；要提高灌溉频率，保持让土壤长期湿润状态，可促进农作物生长。同时也要关注排水，疏通好园林排水沟，避免过度浇水；二是做好除草与施肥，要定期灌注肥料，做好大风大雨防护，营造好农作物的生长环境。

2. 初加工环节的风险性因素

农产品加工是指初级加工，包括对农产品的采收、储藏、保鲜、切割、包装等。在初加工环节，该环节的影响因素主要是指在农产品初加工过程中可能导致农产品出现质量安全问题的因素。

(1)果蔬采收技术水平。

在水果蔬菜采收过程中，如果受到机械损伤，就会导致保鲜期缩短，并且由于土壤中可能存在多种病原菌和寄生虫，在采摘时容易受到感染，因此果蔬采收工人应尽量掌握采收技术水平。除了采摘手段，采收时还应考虑果蔬的成熟度，过早采收，会影响到农产品的品质；过晚采收，果蔬过熟，保鲜期缩短，会增加后续成本。

（2）储藏水平。

农产品具有易腐、易损、易变质的特性，因此，农产品的储藏条件要求较高，储藏库需配备制冷设备及通风设备，以便在果蔬采收、肉禽屠宰后可以立即作预冷处理，以延缓、避免其在加工过程中的腐烂变质。

（3）加工商不道德行为。

在农产品的初加工过程中，为了保证农产品外表的美观及食用风味，不道德加工商的非法添加行为越来越多，滥用食品添加剂、防腐剂等不道德行为，都会对农产品的质量安全造成严重影响。

3. 运输环节的风险性因素

（1）外部环境条件。

农产品的生产基地一般较偏远，农产品采收屠宰后要运送至周边城市，在运输过程中的道路状况、距离远近等外部环境条件都会影响农产品质量安全问题，道路状况差，运输距离远会导致物流运输时间长，从而影响农产品的新鲜度。

（2）运输车辆条件。

农产品在运输配送过程中的保鲜和制冷问题是保障农产品新鲜度、色泽、风味的关键。为了保障农产品质量安全，农产品在运输过程中，需要采用密闭性较好的冷藏车来控制环境温度与湿度，从而有效抑制微生物生长，保持农产品的品质与风味，并降低损耗率。

（3）农产品自身特性。

运输环节中可能导致农产品出现质量安全问题的因素中，不同种类的农产品特性不同，一些农产品保鲜时间长，对保鲜和制冷技术依赖度较低，而另一些农产品保鲜时间段短，对保鲜和制冷技术依赖度高；一些农产品耐长途运输中的颠簸，而另一些农产品在运输过程中的损耗较大。

4. 销售环节的风险性因素

该环节涉及农贸市场、超市等主体。在销售环节中，主要存在以下影响农产品质量安全的风险性因素。

（1）销售者的道德行为规范。

农产品若未及时销售，销售者可能会对农产品进行浸泡处理以延长农产品保存时间，这种行为会严重损害消费者的健康安全。因此，必须对销售者的道德行为进行规范。

(2)经营者的资质。

经营者具备经营资质、证件齐全不仅是合法经营的必要条件，也是其经营销售的农产品质量安全获得消费者信任的基本保障。

(3)农产品销售市场的卫生条件。

农产品销售市场的卫生条件包括场地卫生条件及冷库设施条件。一些销售市场对生产经营人员实行卫生责任制，要求生产经营人员自觉维护管理其所在区域内的卫生，这种举措有利于农产品质量安全的保障。此外，销售市场的冷库设施条件也会影响农产品在销售环节的质量安全，冷库设施建设力度不足、数量不足等，都会影响农产品的质量安全。据统计，果蔬、肉禽类、水产品在销售环节的损耗率分别为25%、12%和15%。

(4)消费者的安全消费意识。

随着生活水平的提高，人们对农产品这种生活必需品的质量要求就越高，安全消费意识就越强，购买时对农产品质量优劣的鉴别能力也就越强，购买问题农产品的概率就越低。相应地，经营者就不得不提高其销售的农产品质量安全水平，以次充好行为的发生率就会大大降低。

5. 政府检测监管环节

政府部门作为检测监管主体，是不可或缺的辅助主体。政府检测监管部门由卫生部门、农业部门、工商行政部门、食品与药品监督部门、质检部门以及商务部门抽检频率、农产品质量安全检测技术水平、农产品质量安全相关标准规范程度、工商部门执法力度以及农产品质量认证制度的完善程度。

(1)农业主管部门抽检频率。

目前我国农产品质量检测中心定期对大型批发市场、农贸市场及超市的农产品进行质量安全抽检，农产品的监测范围扩大了，检测频率增强了，销售的农产品质量安全水平也得以提升了。

(2)检测技术水平。

农产品质量检测技术水平对于检测数据的精确性和检测效率有着重要影响，检测技术水平越高，相关检测数据越精确，检测效率就越高，农产品质量安全越能得以提升。

(3)农产品质量安全相关标准规范程度。

农产品质量安全的相关标准类别繁多，其标准化程度会直接影响到农产品的质量安全，安全标准规范程度越高，就越能推动生产者和经营者努力提高农产品的质量安全水平。

(4)工商部门执法力度。

对于批发市场、超市以及农贸市场等销售市场，需要工商行政部门市进行全面高效的监管，加大执法与惩处力度。如发现违法违规行为，应及时惩处，减少市场违法违规的发生，以保障农产品质量安全。

(5)农产品质量认证制度的完善程度。

农产品质量认证制度是国际通行的、能有效提高产品质量的制度，它同样适用于农产品。农产品质量认证制度越完善，就越能保证农产品质量安全。

3.3.2　农产品质量安全预警联动预选指标

根据对农产品供应链在消费环节之前的各环节的风险因素分析，从农产品的生产环节、加工环节、运输环节、销售环节和农业部门、卫生部门、工商行政部门等政府部门在监管环节的风险因素中预选出农产品质量安全预警联动指标，如表 3-1 所示。

表 3-1　　　　　　　　　　　农产品质量安全预警联动预选指标

生产环节	加工环节	运输环节	销售环节	政府监管环节
农田环境及设施条件	果蔬采收技术水平	外部环境条件	销售者的道德行为规范	农业主管部门抽检频率
农作物形状			经营者的资质	检测技术水平
农药使用频率	储藏库条件	运输车辆条件	农产品销售市场的卫生条件	农产品质量安全相关标准规范程度
种植技术水平		农产品性状	消费者的安全消费意识	工商行政部门执法与惩处力度
农产品生产管理规范	加工商不道德行为			农产品质量认证制度的完善程度

3.3.3　预警联动指标的调整

由于预选指标是通过个人经验和收集资料选取的，可能存在指标覆盖不全面和主观性、指标难以量化等缺点。因此，需要通过对专家进行问卷调查，根据调查结果对预选指标进行调整和完善，并对难以量化的指标进行修正。

1. 专家调查法(Delphi 法)

以国内外文献中的经典量表为基础设计好问卷，然后采用电话、电子邮件和面谈的方式向农产品相关领域的十五位专家进行调研，问卷中的调研内容主要有：

(1)调查预选指标设计的合理性。

向专家介绍影响农产品供应链各环节农产品质量安全的因素及预选指标，然后征询预选指标是否合理。如果不合理，应如何修订；是否有需要补充的指标。如果有，请专家们陈述理由。

(2)调查指标的重要性。

指标重要性分为不重要、不太重要、一般、重要、非常重要五个程度，要求专家们对每一项指标的重要性做出判断。

调查进行四轮，每轮都请专家回答农产品质量安全指标设计的合理性、重要性及修正意见、需要删除或补充调整的指标并要求他们简要陈述自己看法的理由。每轮次调查的结果经过整理后，都在下一轮调查时向所有被调查的专家公布，以便及时了解其他专家的意见，以及自己的看法与大多数专家的异同。

2. 预警联动指标的调整

(1)根据最后一轮的调查结果，政府监管的各项影响因素是在农产品供应链中除消费环节以外的各环节即生产环节、加工环节、运输环节以及销售环节中得到体现的，因此政府监管各项指标应对应在供应链环节。

(2)对各项指标进行调整。

根据专家们对各指标重要性的认定对预选指标进行调整，删除不重要和不太重要的指标，补充未考虑到但比较重要的指标。同时，为了使预警指标易于量化以及指标用词的规范化，将农田环境及设施条件指标修订为生产设备与设施合格率，将农药使用频率修订为农药、兽药残留合格率，将农产品生产管理规范修订为基地生产管理规范化程度，将消费者的安全消费意识修订为安全消费意识水平，将经营者的道德水平修订为销售者的道德行为规范。删除专家们认为不重要或不太重要的指标：农作物性状、销售者的道德行为规范、农产品自身特性，经营者三证是否齐全，检测技术水平，农产品质量安全标准规范程度、农产品质量认证制度的完善程度以及农作物产量。补充专家们认为重要但问卷中没考虑到的指标：非法添加行为发生率、包装材料合格率以及平均转运次数、农产品销售市场的卫生条件以及基地土壤气候环境条件。调整后的农产品质量安全预警联动指标如表 3-2 所示。

表 3-2 农产品质量安全预警联动指标调整表

指标修改前	指标修改后	补充指标	删除指标
农田环境及设施条件	生产基地设施合格率	非法添加行为发生率	销售者的道德行为规范
农药使用频率	农药、兽药残留合格率	包装材料合格率	农产品自身特性
种植技术水平	技术水平	平均转运次数	经营者的资质
农产品生产管理规范	基地生产管理规范程度	农产品销售市场的卫生条件	检测技术水平
消费者的安全消费意识	消费者安全消费意识水平		农产品质量安全相关标准规范程度
经营者的道德水平	销售者的道德水平	基地土壤气候条件	农产品质量认证制度的完善程度
			农作物产量

3.4 农产品质量安全预警联动指标体系的建立

3.4.1 农产品质量安全预警联动指标体系的建立步骤

农产品质量安全预警联动指标体系建立的流程图如图 3-3 所示，包括下述几个步骤。

①分析影响农产品质量安全的因素；

②根据农产品质量安全的影响因素，参阅相关文献、结合个人认知，初步选出评价指标；

③运用 Delphi 法对相关专家进行调研，根据调研结果调整和完善农产品质量安全预选指标，确定出最终预警联动指标；

④确定指标体系自上而下的三个层次：目标层、系统层和指标层；

⑤建立农产品质量安全预警联动指标体系。

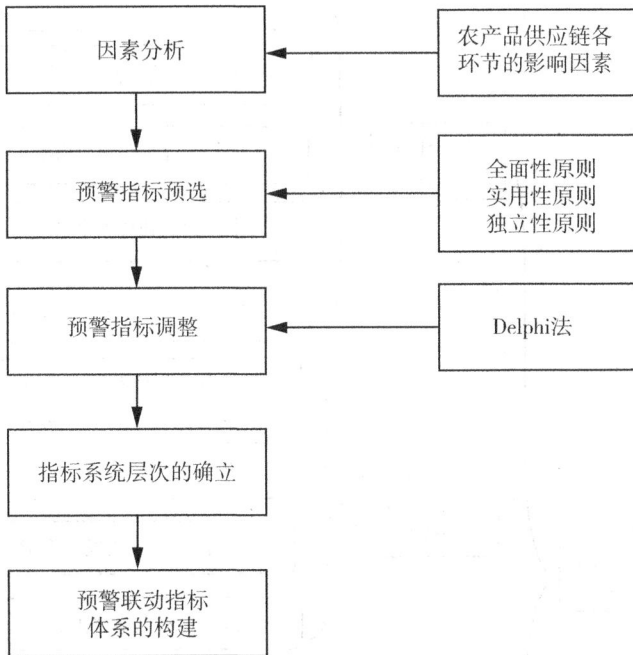

图 3-3　农产品质量安全预警联动指标体系的构建流程图

3.4.2　农产品质量安全预警指标联动体系

农产品预警联动指标体系分为三层：目标层、系统层以及指标层，涵盖农产品在生产环节、加工环节、运输环节和销售环节的风险及相关政府部门的检测监管状态，覆盖农业生产基地、初级加工商、物流商、经销商以及农业行政部门、卫生行政部门、工商部门等相关主体，能体现出各主体之间的协调联动，如图 3-4 所示。

1. 目标层(A)

目标层表示农产品质量安全风险，代表某种农产品或某农业生产基地的农产品质量安全水平。

2. 系统层(C)

系统层是指农产品供应链中除消费环节以外的生产环节、加工环节、运输环节和销售环节四个环节的风险性。相应指标为生产环节的风险性 C_1，加工环节的风险性 C_2，运输环节的风险性 C_3，销售环节的风险性 C_4。

```
                                          ┌─────────────────────────┐
                                          │ 生产基地设施合格率(P₁₁)  │
                                          └─────────────────────────┘
                                          ┌─────────────────────────┐
                                          │生产基地土壤气候环境条件(P₁₂)│
                                          └─────────────────────────┘
                        ┌────────┐        ┌─────────────────────────┐
                        │生产环节 │        │ 农药、兽药残留合格率(P₁₃)│
                        │ (C₁)   │        └─────────────────────────┘
                        └────────┘        ┌─────────────────────────┐
                                          │ 生产规模和技术水平(P₁₄)  │
                                          └─────────────────────────┘
                                          ┌─────────────────────────┐
                                          │ 基地生产管理规范化(P₁₅)  │
                                          └─────────────────────────┘
                                          ┌─────────────────────────┐
                                          │ 果蔬采收技术水平(P₂₁)    │
                                          └─────────────────────────┘
                        ┌────────┐        ┌─────────────────────────┐
                        │加工环节 │        │ 储藏条件(P₂₂)           │
                        │ (C₂)   │        └─────────────────────────┘
   ┌──────────┐         └────────┘        ┌─────────────────────────┐
   │农产品质量安│                          │ 非法添加行为发生率(P₂₃)  │
   │全风险性(A)│                          └─────────────────────────┘
   └──────────┘                           ┌─────────────────────────┐
                                          │ 包装材料合格率(P₂₄)      │
                                          └─────────────────────────┘
                                          ┌─────────────────────────┐
                                          │ 外部环境条件(P₃₁)        │
                        ┌────────┐        └─────────────────────────┘
                        │运输环节 │        ┌─────────────────────────┐
                        │ (C₃)   │        │ 运输车辆条件(P₃₂)        │
                        └────────┘        └─────────────────────────┘
                                          ┌─────────────────────────┐
                                          │ 平均转运次数(P₃₃)        │
                                          └─────────────────────────┘
                                          ┌─────────────────────────┐
                                          │销售者的道德行为规范权重(P₄₁)│
                                          └─────────────────────────┘
                                          ┌─────────────────────────┐
                                          │农业主管部门抽测频率(P₄₂)│
                                          └─────────────────────────┘
                        ┌────────┐        ┌─────────────────────────┐
                        │销售环节 │        │工商行政部门执法与惩处力度(P₄₃)│
                        │ (C₄)   │        └─────────────────────────┘
                        └────────┘        ┌─────────────────────────┐
                                          │农产品销售市场的卫生条件(P₄₄)│
                                          └─────────────────────────┘
                                          ┌─────────────────────────┐
                                          │消费者安全消费意识水平(P₄₅)│
                                          └─────────────────────────┘

   ┌────────┐          ┌────────┐              ┌────────┐
   │ 目标层 │          │ 系统层 │              │ 指标层 │
   └────────┘          └────────┘              └────────┘
```

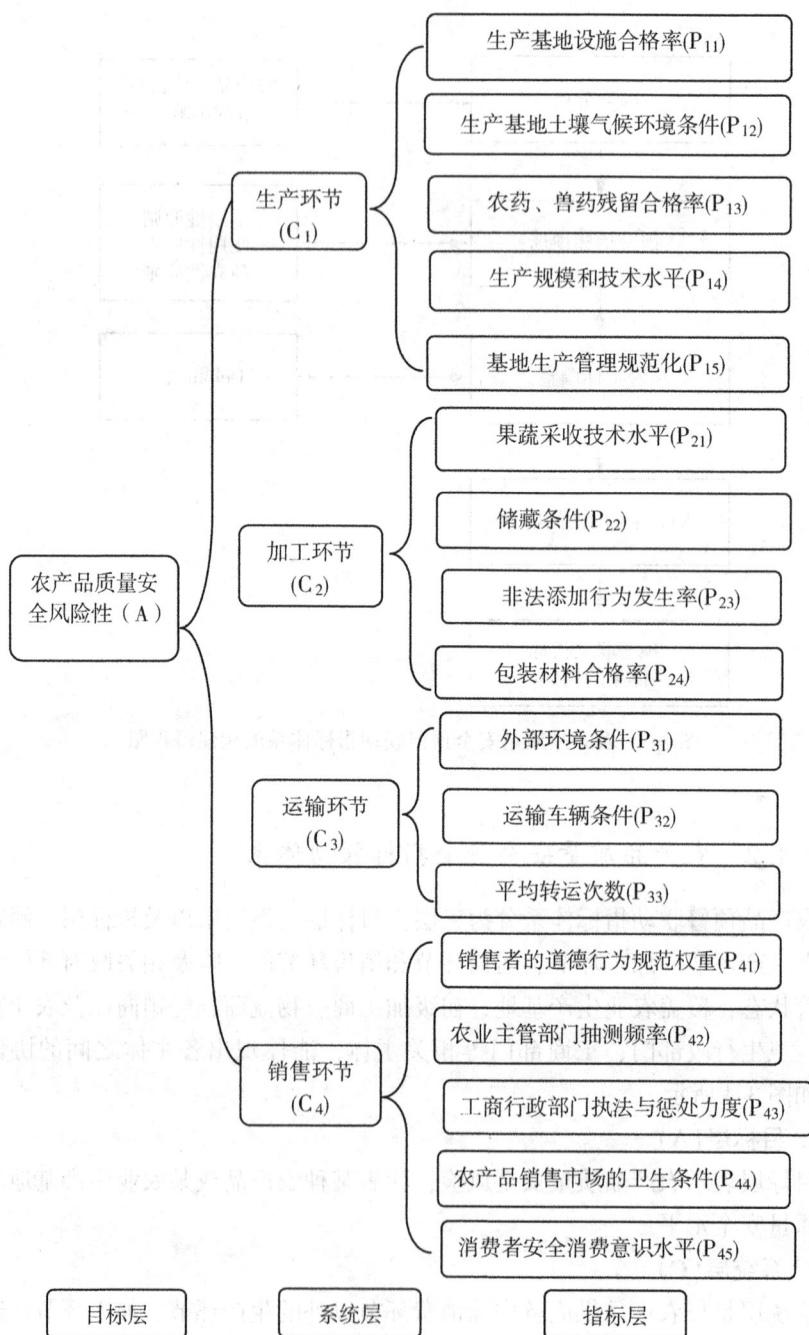

图 3-4　农产品质量安全预警联动指标体系

3. 指标层（P）

指标层包含农产品质量安全预警联动的各项具体评价指标，是指在影响农产品质量安全水平的各种风险因素决定的预选指标的基础上，通过专家调查法对预选指标进行调整和完善，同时对一些难以量化的指标进行修正，所选指标覆盖农产品供应链中除消费环节以外的各个环节即生产环节、加工环节、运输环节和销售环节的预警指标，涉及农业行政部门、工商行政部门、食品与药品监督部门、质检部门以及商务部门等政府部门的检测监管活动，相关主体包括农业生产基地、初级加工商、物流商、经销商以及政府检测及监管部门等。指标层的具体指标如下。

（1）农产品生产环节对应的预警指标。

作为农产品质量安全的影响源头，生产环节对农产品质量安全起着关键作用，其风险性指标包括生产基地设施合格率、基地气候、土壤环境水平、农药、兽药残留合格率、基地生产管理规范水平以及种植技术水平。

①生产基地设施合格率 P_{11}。生产基地设施合格率是一个相对数，是指生产基地符合条件的设施占所有设施的百分比。农产品生产基地设施合格率越高，说明该因素导致农产品质量安全问题发生的风险性越小。

②基地气候环境、土壤环境 P_{12}。生产基地气候环境、土壤环境直接影响着农产品的品质。基地气候、土壤环境越好、生产出的农产品品质越高，因此要尽量改善基地的环境。

③农药、兽药残留合格率 P_{13}。农药、兽药残留残留合格率是指抽检的农产品中农药、兽药残留在国家或行业标准范围内的农产品数量占总抽检数的百分比。农药、兽药残留合格率越高，该因素导致农产品的质量安全问题的可能性越小。

④基地生产管理规范水平 P_{14}。规范、科学的生产管理是提高生产效益的前提和保障。农业生产基地的规范管理一是要求员工的生产活动必须根据国家标准和企业规章制度；二是要求整个基地的管理与运行要根据统一的规范准则来指导、协调和组织。基地生产管理规范水平越高，农产品质量安全水平就越高。

⑤种植技术水平 P_{15}。农产品种植过程的技术水平，如施肥技术、土壤管理技术、定植方法以及水分管理技术等，都直接影响着农产品的质量安全水平。

（2）农产品加工环节对应的预警指标。

农产品加工是指对农产品的初级加工，包括对农产品的采收、储藏、保鲜、切割、包装等。在初加工环节，该环节的影响因素主要是指在农产品初加工过程中可能导致农产品出现质量安全问题的因素。

①果蔬采收技术水平 P_{21}。在采收过程中，由于果蔬容易受到机械损伤导致保鲜时间变短，因此对果蔬采收技术水平提出了较高要求。采收者对采摘方法和采摘时间要有准确的把握，把握不好就会影响农产品质量安全水平。

②储藏水平 P_{22}。农产品的储藏是保障其品质的关键要素之一，储藏水平越高，农产品质量安全越可以得到保障，因此，要尽量提高农产品的储藏条件和水平。温度会影响果蔬等农产品的呼吸强度、水分蒸发，应尽量降低储藏环境的温度，降低果蔬的呼吸强度、减少水分蒸发，延缓生理生化过程，另外，储藏环境的湿度会影响果蔬等农产品的水分蒸发，应提高储藏环境的相对湿度，降低水分蒸发保持农产品的风味和品质。

③非法添加行为发生率 P_{23}。非法添加行为由工商行政部门、农业行政部门、质检和食品与药品监督管理部门共同监管。在农产品的加工过程中，食品添加剂的用量和种类应在国家标准之内，超出标准之外就是非法添加，非法添加行为发生率的计算方法是抽查到非法添加的农产品数量占整个抽查量的比例。

④包装材料合格率 P_{24}。农产品的任何包装材料都避免不了与农产品直接接触，所以农产品的包装材料和包装标识需要符合例如 GB9681—1988、GB9683—1988 的相关规定和标准。包装材料合格率的计算方法是抽检到的合格包装材料数量占所有被抽检的包装材料数量的比例。

(3)农产品运输环节对应的预警指标。

在农产品运输过程中，运输距离、道路状况等外部条件、运输车辆条件以及平均转运次数都会影响农产品的质量安全水平。

①外部环境条件 P_{31}。运输距离、道路状况等外部环境条件直接影响到农产品的质量安全水平，运输距离长，道路状况差，农产品质量安全的水平就会随着下降。

②运输车辆条件 P_{32}。运输车辆的保鲜技术和制冷技术对于农产品新鲜度的保障起着较为重要的作用，保鲜条件、制冷条件越好，农产品的新鲜度越能得到保证。

③平均转运次数 P_{33}。农产品经采收屠宰捕获后，一般被运送至周边地区的大型农贸批发市场或大型超市批发销售，小型农贸市场或超市在此购买后再进行二次销售，甚至还有个体摊贩进行三次销售。农产品平均转运的次数越多，转运过程中出现腐败变质的可能性就越高，农产品的损耗也就越大。

(4)农产品销售环节对应的预警指标。

在农产品的销售环节中，以下指标对农产品质量安全有较大的影响。

①销售者的道德行为规范 P_{41}。销售者的道德行为通过经营行为影响其销售的农产品质量安全水平。因此，必须对销售者的道德行为进行规范。

②农业主管部门抽检频率 P_{42}。农业行政主管部门会定期对批发市场、农贸市场以及超市销售的农产品进行抽检。农业主管部门抽检频率是指农业部门多长时间抽检一次，可以用两次抽检的间隔时间表示，两次抽检之间间隔的时间越短，农产品质量安全越有保证。

③工商部门执法力度 P_{43}。工商行政部门及市场管理者对批发市场、农贸市场及超市等农产品的销售商进行全面有效的监管，发现有违法违规的销售商，将依法依规惩处。工商部门执法力度越大，农产品质量安全越能得到保证。

④农产品销售市场的卫生条件 P_{44}。农产品销售市场的卫生条件对于农产品的质量安全状况有较大影响，销售市场的卫生条件越好，农产品质量安全越能得到保证。

⑤安全消费意识水平 P_{45}。随着生活水平的提高，消费者对农产品质量安全问题越重视，安全消费水平越得到提升，对问题农产品的鉴别能力越强，对问题农产品的购买率也就越低。

3.5　预警指标重要性的专家评价

3.5.1　系统层指标重要性的专家评价

1. 系统层指标重要性的雷达图

根据对农产品质量安全预警联动体系的指标调整结果，再次对专家进行问卷调查，主要调查专家对最终确定的评价指标重要性的判断，重要程度分为五个级别：非常重要、比较重要、不太重要和不重要，对应分值分别为5分、4分、3分、2分、1分。对专家的第二次问卷调查结果用如图3-5所示的雷达图表示，雷达图的轴表示五个级别的重要性，雷达图中边的长度表示持对应重要性级别的专家人数。由图3-5可知，对于系统层指标，专家的意见主要集中于"重要"和"非常重要"。五种重要性评价中，认为非常重要的专家人数最多的是生产环节，认为重要的专家人数最多的是销售环节；认为一般的专家人数最多的是加工环节，认为不太重要和不重要的专家人数为0。

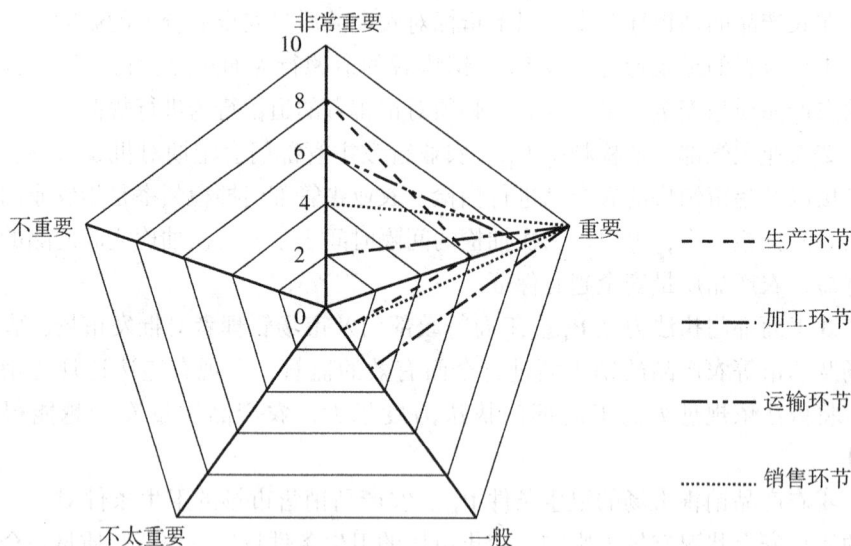

图 3-5　系统层指标重要性的雷达图

2. 系统层指标重要性的数据处理及排序

在对问卷结果的数据进行处理上，计算各个指标的均值、标准差、变异系数、满分比和综合指数（杨艳涛，2009）。

对收回的问卷结果进行数据处理，计算各指标的均值、标准差、变异系数、满分比和综合指数。

（1）均值 M_j。均值能体现专家意见的集中度。其计算公式如下

$$M_j = \frac{1}{m_j} \sum_{i=1}^{m} C_{ij} \tag{3-1}$$

（2）标准差 σ_j。标准差能反映专家意见的稳定性。其计算公式如下：

$$\sigma_j = \sqrt{\frac{1}{m} \cdot \sum_{i=1}^{m} \left(C_{ij} - \frac{1}{m_j} \sum_{i=1}^{m} C_{ij} \right)^2} \tag{3-2}$$

（3）变异系数 V_j。变异系数 V_j 能够表明专家意见之间的协调程度。变异系数越小，表明专家们对该指标的意见协调程度越高。其计算公式如下：

$$V_j = \frac{\sigma_j}{M_j} \tag{3-3}$$

（4）满分比 K_j。满分比 K_j 的数值越大，表明对该项指标打满分的专家人数越多，重要程度也就越高。其计算公式如下：

$$K_j = \frac{m_j^1}{m_j} \tag{3-4}$$

m_j^1 表示对指标 j 打出满分的专家个数，m_j 表示参与打分的专家人数。

（5）综合指数 Z_j。综合指数 Z_j 与均值 M_j 和满分比 K_j 比成正比，与变异系数 V_j 成反比，Z_j 的数值越小，表明专家们对这项指标的重要性的认识越一致。其计算公式如下：

$$Z_j = \frac{M_j K_j}{V_j} \tag{3-5}$$

根据各参数的计算方法，可求出系统层指标即生产环节的风险性、加工环节的风险性、运输环节的风险性以及销售环节风险性四个指标的均值、标准差、满分比、变异系数以及综合指数，并根据综合指数对各个指标重要性进行排序，结果如表 3-3 所示。

表 3-3　农产品质量安全预警联动体系系统层指标重要性评价及排序

系统层指标	均值	标准差	满分比	变异系数	综合指数	综合指数排序
生产环节风险性	4.467	0.618	0.533	0.138	17.200	1
加工环节风险性	3.933	0.573	0.133	0.146	3.588	4
运输环节风险性	4.333	0.596	0.400	0.138	12.597	2
销售环节风险性	4.200	0.542	0.267	0.129	8.696	3

从表 3-3 可以看出，每组数据的标准差都保持在(0，1)范围内，变异系数都小于 0.15，说明该组数据集中程度较高。从最后一列的综合指数排序可以看出，在农产品供应链四个环节中，对于农产品质量安全而言，生产环节的风险性最为重要，这是由生产环节是农产品的源头环节地位所决定的；其次是运输环节的风险性和销售环节的风险性；而加工环节的风险性相对较小，重要性相对较弱，主要是因为农产品加工不同于一般的食品加工，其程序较为简单，仅为切割、粉碎、保鲜、包装等初级加工，对农产品质量的影响相对较小。

3.5.2　指标层预警指标重要性的专家评价

1. 指标层指标重要性的雷达图

（1）生产环节对应的指标层指标重要性的雷达图。生产环节对应的指标层五个指标中，专家的意见主要集中于重要、非常重要和一般。五种重要性评价中，认为非常重要的专家人数最多的是农药兽药残留合格率，其次是基地气候土壤环境水平；认为重要的专家人数最多的是种植技术水平，认为一般的专家人数最多的是基地生产管理规范水平，认为不太重要和不重要的专家人数为0。生产环节对应的指标层指标重要性的雷达图如图 3-6 所示。

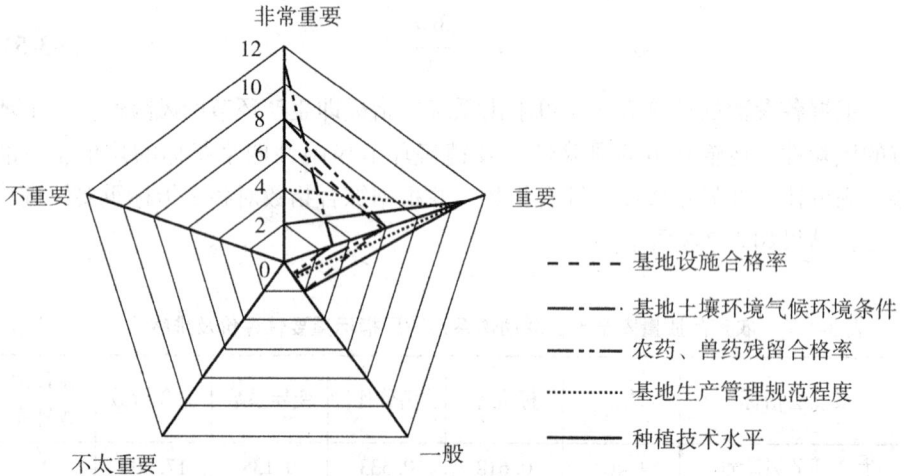

图 3-6　生产环节对应指标层指标重要性的雷达图

（2）加工环节对应的指标层指标重要性的雷达图。加工环节对应的指标层五个指标中，专家的意见主要集中于重要、非常重要和一般。五种重要性评价中，认为非常重要的专家人数最多的是储藏水平，其次是非法添加行为发生率，认为重要的专家人数最多的是包装材料合格率，认为一般的专家人数最多的是果蔬采收技术水平，认为不太重要和不重要的专家人数为 0。加工环节对应的指标层指标重要性的雷达图如图 3-7 所示。

（3）运输环节对应的指标层指标重要性的雷达图。运输环节对应指标层的三个指标中，专家的意见主要集中于非常重要和重要，一般的较少。五种重要性评价中，认为非常重要的专家人数最多的是运输车辆条件；认为重要的专家人数最多的是平均转运次数，其次为外部环境条件，而被专家认为重要程度一般的主要集中于外部环境条件，认为不太重要和不重要的专家人数为 0。运输环节对应的指标层指标重要性的雷达图如图 3-8 所示。

（4）销售环节对应的指标层指标重要性的雷达图。运输环节对应指标层的

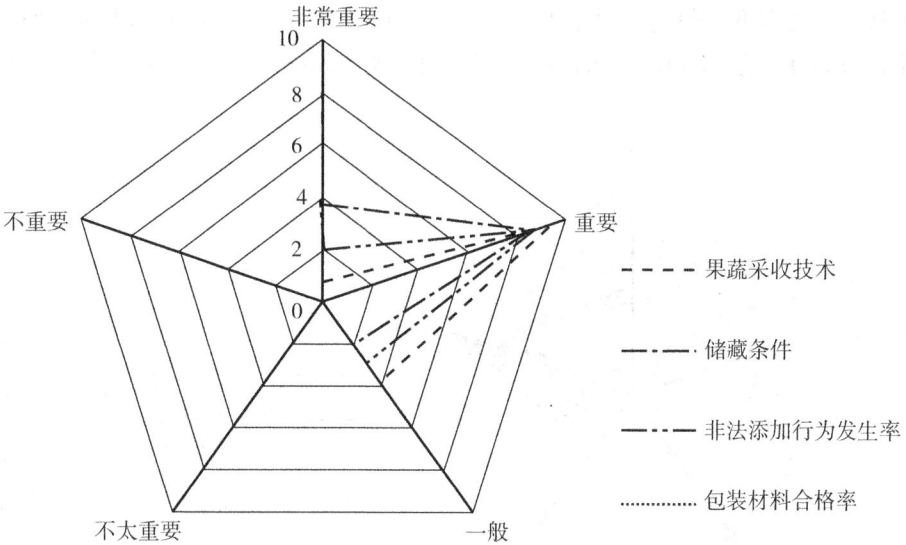

图 3-7　加工环节对应指标层指标重要性的雷达图

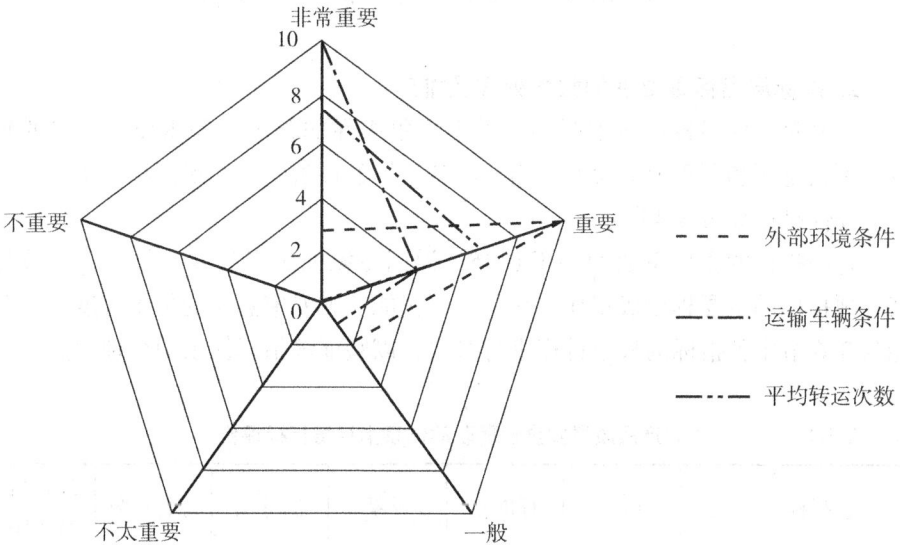

图 3-8　运输环节对应指标层指标重要性的雷达图

五个指标中，专家的意见主要集中于非常重要、重要及一般。五种重要性评价中，认为非常重要的专家人数最多的是农业部抽测频率；认为重要的专家人数最多的是销售者的道德行为规范，其次为农产品销售市场的卫生条件，而被专家认为重要程度一般的主要是工商部门执法力度，认为不太重要和不重要的专家人数为 0。销售环节对应的指标层指标重要性的雷达图如图 3-9 所示。

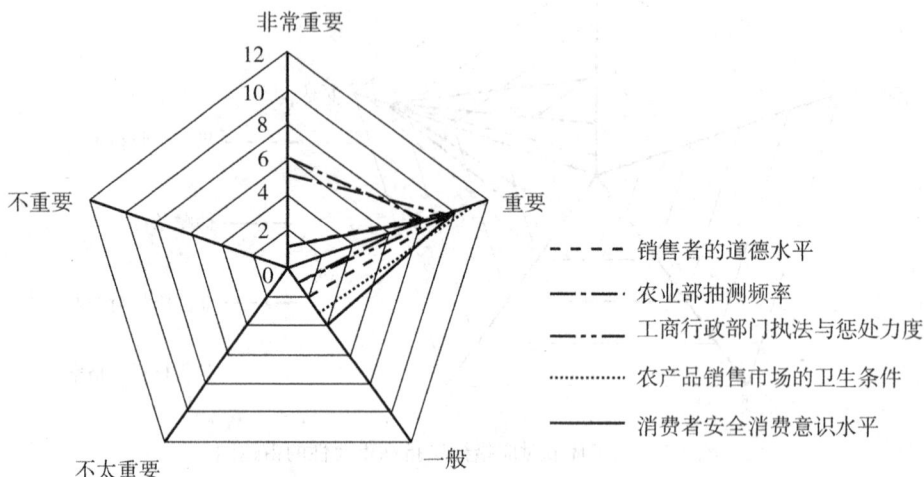

图 3-9 销售环节对应指标层指标重要性的雷达图

2. 指标层指标重要性的数据处理及排序

专家对指标层各指标重要性意见主要集中在非常重要和重要，一般的较少，不太重要和不重要的没有。指标层各指标的评价结果和根据综合指数大小的重要性排序如表 3-4 所示。

每项指标的变异系数均小于 0.15，说明专家的集中程度高。综合指数与某一项指标的重要程度成正比，该指数不仅能反映专家意见的集中程度，并且能与 3.6 节中各指标的权重排序进行对比，以验证该指标体系的合理性。

表 3-4 　　　　　农产品质量安全预警联动体系指标层指标评价

指标层	均值	标准差	变异系数	满分比	综合指数	综合指数排序
基地设施合格率	3.673	0.545	0.148	0.327	8.122	6
基地土壤气候环境条件	4.660	0.596	0.128	0.724	26.358	4
农药、兽药残留合格率	4.833	0.373	0.077	0.837	52.535	1

指标层	均值	标准差	变异系数	满分比	综合指数	综合指数排序
基地生产管理规范程度	3.230	0.442	0.137	0.235	5.541	8
种植技术水平	2.656	0.399	0.150	0.235	4.161	11
果蔬采收技术水平	1.980	0.232	0.117	0.071	1.202	16
储藏条件	2.980	0.441	0.148	0.275	5.537	9
非法添加行为发生率	2.122	0.319	0.149	0.255	3.632	12
包装材料合格率	2.130	0.315	0.148	0.194	2.792	13
外部环境条件	2.732	0.304	0.111	0.224	5.513	10
运输车辆条件	4.667	0.537	0.115	0.694	28.164	2
平均转运次数	4.667	0.430	0.092	0.531	26.94	3
销售者的道德行为规范	2.300	0.345	0.150	0.153	2.346	14
农业主管部门抽检频率	4.320	0.333	0.077	0.459	25.752	5
工商行政部门执法度	3.633	0.540	0.149	0.245	5.97	7
农产品销售市场的卫生条件	2.010	0.302	0.150	0.163	2.184	15
安全消费意识水平	1.998	0.287	0.144	0.071	0.985	17

3.6 预警指标权重的确立

上节已用雷达图和数据分析了专家们对系统层和指标层指标重要性的评价，本节进一步用层次分析法求出系统层与指标层指标的权重，并对系统层与指标层指标的权重进行排序，然后对两种排序结果进行比较。

3.6.1　系统层指标权重的计算及一致性检验

1. 构造判断矩阵

系统层(C)中全部因素之间的重要程度进行两两比较。具体来说，就是比较系统层中的四个因素，即生产环节的风险性、加工环节的风险性、运输环节的风险性及销售环节的风险性中任意两个元素 c_i 和 c_j 进行重要程度的比较，比较结果构成判断矩阵 $C = (c_{ij})_{n \times n}$，其中 $c_{ij}(i = 1, 2, \cdots, n; j = 1, 2, \cdots, n)$ 表示 c_i 对于 c_j 重要性的比较。系统层(C)的判断矩阵为：

$$C = (c_{ij})_{n \times n} = \begin{bmatrix} c_{11} & c_{12} & \cdots & c_{1n} \\ c_{21} & c_{22} & \cdots & c_{2n} \\ \vdots & \vdots & & \vdots \\ c_{n1} & c_{n2} & \cdots & c_{nn} \end{bmatrix} \tag{3-6}$$

且
$$c_{ij} = \frac{1}{c_{ji}} \quad (i, j = 1, 2, \cdots, n) \tag{3-7}$$

c_{ij} 的赋值及其含义如表 3-5 所示。

表 3-5　　　　　　　　　　　标度值含义

标度	含　　义
1	表示两个指标相比一个比另一个同样重要
3	表示两个指标相比一个比另一个稍微重要
5	表示两个指标相比一个比另一个明显重要
7	表示两个指标相比一个比另一个强烈重要
9	表示两个指标相比一个比另一个极端重要
2, 4, 6, 8	表示处于两标度之间的重要程度
倒数	比较指标 i 和指标 j 得到 c_{ji}，那么因素 j 和因素 i 的重要性之比为 $c_{ji} = 1/c_{ij}$

根据标度赋值，得到如表 3-6 所示的 $A - C_n$ 判断矩阵。

2. 计算判断矩阵的特征向量

特征向量的计算步骤如下：

表 3-6 $A-C_n$ 判断矩阵

A	c_1	c_2	c_3	c_4
c_1	1	5	2	3
c_2	1/5	1	1/3	1/2
c_3	1/2	3	1	2
c_4	1/3	2	1/2	1

首先计算判断矩阵 C 的每一行元计算素乘积

$$M_i = \prod_{j=1}^{n} c_{ij}, \quad i = 1, 2, \cdots, n. \tag{3-8}$$

然后计算 M_i 的 n 次方根

$$\overline{W}_i = \sqrt[n]{M_i} \tag{3-9}$$

若 $\overline{W}_i$ 标准化后为

$$W_i = \frac{\overline{W}_i}{\sum\limits_{j=1}^{n} \overline{W}_j} \tag{3-10}$$

则 W_i 为该矩阵特征向量的第 i 个分量。

经计算，系统层矩阵特征向量的分量依次为 0.482，0.088，0.272，0.158，组成的向量为 $W = (0.482, 0.088, 0.272, 0.158)$

3. 一致性检验

利用一致性指标 CI、随机一致性指标 RI 和随机一致性比率 CR 进行一致性检验。

（1）计算最大特征根：

$$\lambda_{\max} = \sum_{i=1}^{n} \frac{(\mathrm{A}W)_i}{nW_i} = 4.015 \tag{3-11}$$

（2）计算一致性指标：

$$CI = \frac{\lambda_{\max} - n}{n - 1} = \frac{4.015 - 4}{4 - 1} = 0.0048 \tag{3-12}$$

（3）一致性检验：平均随机一致性指标如表 3-7 所示。

表3-7   平均随机一致性指标

n	1	2	3	4	5	6	7	8	9
RI	0	0	0.58	0.90	1.12	1.24	1.32	1.41	1.45

查表3-7可知，当$n=4$时，平均随机一致性指标$RI=0.90$；

将一致性指标和平均随机一致性指标代入公式可得：

$$CR = \frac{CI}{RI} = \frac{0.0048}{0.90} = 0.0054 < 0.10 \tag{3-13}$$

经检验，该判断矩阵能够达到满意一致性，如表3-8所示，因此特征向量归一化后即为系统层的权向量，即$(AW)_i = (0.482, 0.088, 0.272, 0.158)$。

表3-8   系统层判断矩阵一致性检验结果

判断矩阵	最大特征值	特征向量 AW	一致性指标	一致性比率	结果
$A-C_n$	4.106	(0.482, 0.088, 0.272, 0.158)	0.0048	0.0054	符合

3.6.2 指标层指标权重的计算及一致性检验

1. 指标层指标在其对应系统层中的权重的计算

（1）生产环节风险性对应的指标层指标的判断矩阵及权重。与系统层同样的计算方法，在构建判断矩阵的基础上，求出生产环节风险性对应的五项指标，即生产基地设施合格率、基地土壤气候环境、农药及兽药残留合格率、基地生产管理规范水平和种植技术水平的权重，其判断矩阵及权重见表3-9。

表3-9 $c_1 - p_{1n}$判断矩阵及权重

c_1	p_{11}	p_{12}	p_{13}	p_{14}	p_{15}	$c_1 w$
p_{11}	1	1/2	1/4	3	1	0.124
p_{12}	2	1	1/2	5	2	0.239
p_{13}	4	2	7	7	5	0.468

c_1	p_{11}	p_{12}	p_{13}	p_{14}	p_{15}	c_1w
p_{14}	1/3	1/5	1/7	1	1/3	0.049
p_{15}	1	1/2	1/5	3	1	0.120

（2）加工环节风险性对应的指标层指标的判断矩阵及权重。同样在构建判断矩阵的基础上，求出加工环节风险性对应的四项指标，即果蔬采收技术水平，储藏条件，非法添加行为发生率以及包装材料合格率的权重，其判断矩阵及权重见表3-10。

表3-10 c_2-p_{2n}判断矩阵及权重

c_2	p_{21}	p_{22}	p_{23}	p_{24}	c_2w
p_{21}	1	1/7	1/3	1/2	0.071
p_{22}	7	1	4	5	0.610
p_{23}	3	4/1	1	2	0.199
p_{24}	2	1/5	1/2	1	0.120

（3）运输环节风险性对应的指标层指标的判断矩阵及权重。根据层次分析法的计算步骤，运输环节风险性对应的三项指标，即外部环境条件、运输车辆条件及转运次数的判断矩阵及权重见表3-11。

表3-11 c_3-p_{3n}判断矩阵及权重

c_3	p_{31}	p_{32}	p_{33}	c_3w
p_{31}	1	1/5	1/3	0.110
p_{32}	5	1	2	0.581
p_{33}	3	1/2	1	0.309

（4）销售环节风险性对应的指标层指标的判断矩阵及权重。同样根据层次分析法的计算步骤，销售环节风险性对应的五项指标即销售者的道德行为规

范、农业部抽测频率、工商部门执法力度、农产品销售市场的卫生条件及安全消费意识水平的判断矩阵及权重见表 3-12。

表 3-12 c_4-p_{4n}判断矩阵及权重

c_4	p_{41}	p_{42}	p_{43}	p_{44}	p_{45}	c_4w
p_{41}	1	1/5	1/4	3	2	0.107
p_{42}	5	1	1	8	7	0.411
p_{43}	4	1	1	7	6	0.372
p_{44}	1/3	1/8	1/7	1	2	0.060
p_{45}	1/2	1/6	1/7	1/2	1	0.050

2. 一致性检验

计算出指标层指标在其对应的系统层指标的权重之后，须对各判断矩阵进行一致性检验。根据系统层判断矩阵的同样的方法计算检验，相关判断矩阵的一致性检验结果如表 3-13 所示。

表 3-13 指标层各判断矩阵一致性检验结果

判断矩阵	最大特征值	特征向量 c_iw	一致性指标	一致性比率	结果
c_1-p_{1n}	5.053	(0.124, 0.239, 0.468, 0.049, 0.120)	0.0118	0.0111	符合
c_2-p_{2n}	4.054	(0.071, 0.610, 0.199, 0.120)	0.0151	0.0177	符合
c_3-p_{3n}	3.012	(0.110, 0.581, 0.309)	0.0018	0.0029	符合
c_4-p_{4n}	5.161	(0.107, 0.441, 0.372, 0.060, 0.050)	0.0389	0.0359	符合

由表 3-13 可知，判断矩阵 c_1-p_{1n}，c_2-p_{2n}，c_3-p_{3n}，c_4-p_{4n} 的一致性比率均小于 0.10，通过一致性检验，因此特征向量归一化后即为系统层的权向量，分别为：

$c_1w=(0.124, 0.239, 0.468, 0.049, 0.120)$

$c_2w=(0.071, 0.610, 0.199, 0.120)$

$c_3w = (0.110, 0.581, 0.309)$

$c_4w = (0.107, 0.411, 0.372, 0.060, 0.050)$

3.6.3 指标层指标在整个指标层中的权重及排序

根据系统层指标的权重及指标层指标在其对应系统层中的权重可计算出农产品质量安全预警指标体系中各项预警指标在整个指标层中的权重,计算方法为:某项指标在整个指标层的权重=该项指标在对应系统层中的权重×该项指标对应的系统层指标在整个系统层中的权重。其权重及排序结果如表 3-14 所示。

表 3-14 **农产品质量安全预警指标层指标的权重排序**

评价指标	权重	名次	评价指标	权重	名次
基地设施合格率	0.060	6	外部环境条件	0.030	10
基地土壤气候环境条件	0.115	3	运输车辆条件	0.158	2
农药、兽药残留合格率	0.226	1	平均转运次数	0.084	4
基地生产管理规范程度	0.058	8	销售者的道德行为规范	0.017	12
种植技术水平	0.024	11	农业主管部门抽检频率	0.065	5
果蔬采收技术水平	0.006	17	工商行政部门执法力度	0.059	7
储藏水平	0.054	9			
非法添加行为发生率	0.018	12	农产品销售市场的卫生条件	0.009	15
包装材料合格率	0.011	14	安全消费意识水平	0.008	16

3.6.4 系统层与指标层指标权重结果的分析

根据系统层指标与指标层指标的结果,可得出农产品质量安全预警指标体系层次权重图(见图 3-10),经与 3.5 节中的专家给出的重要性的数据处理后的结果(见表 3-4)比较后可发现:用层次分析法求出的系统层指标和指标层指标权重的排序与 3.5 节表 3-4 中的对专家给出的重要性的数据处理后的排序一致,说明了层次分析法在本研究中的有效性。

在系统层指标中,农产品生产环节的风险性对于农产品质量安全影响最

基地设施合格率		0.060
基地土壤气候环境条件		0.115
农药、兽药残留合格率		0.226
基地生产管理规范程度		0.058
种植技术水平		0.024

生产环节的风险性　0.482

果蔬采收技术水平	0.006
储藏条件	0.054
非法添加行为发生率	0.018
包装材料合格率	0.011

加工环节的风险性　0.088

外部环境条件	0.030
运输车辆条件	0.158
平均转运次数	0.084

运输环节的风险性　0.272

销售者的道德行为规范	0.017
农业主管部门抽测频率	0.065
工商行政部门执法力度	0.059
农产品销售市场的卫生条件	0.009
安全消费意识水平	0.008

销售环节的风险性　0.158

农产品质量安全风险水平

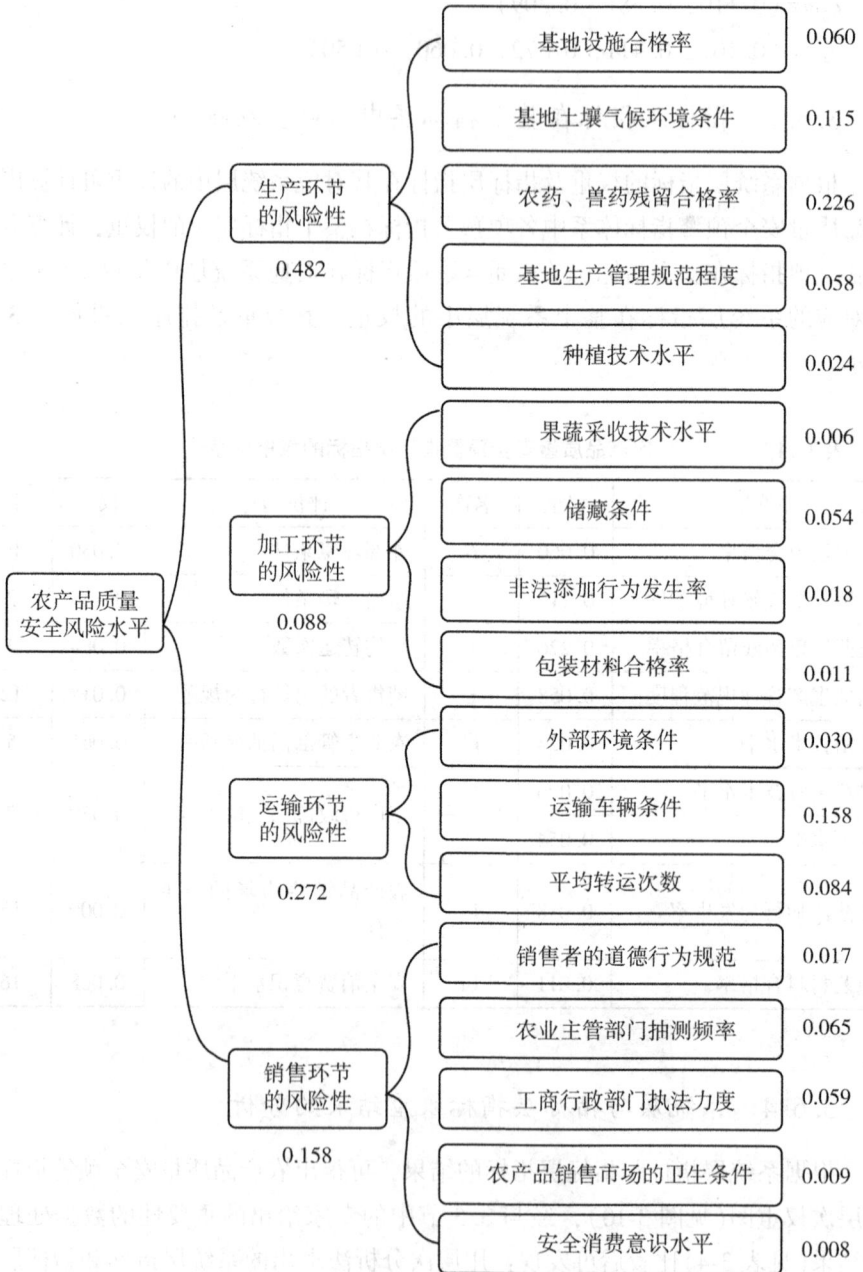

图 3-10　农产品质量安全预警指标体系中的指标层指标的权重图

大，因此，农业主管部门应当加强对农产品生产环节的监管，提高对农产品生产环节的抽检频率，及时发布抽查检测结果，通过制定相关制度对农产品的种植养殖过程进行监督，引导基地增加投入以提高生产管理的规范程度，改善基地土壤环境条件、降低农药、兽药残留率，改善设施条件，从而提高农产品质量安全水平；其次，运输环节的风险性对于农产品质量安全的影响也较大，因此，农产品在运输过程中，需要采用密闭性较好的冷藏车来控制环境温度与湿度，以保障农产品的品质。

在指标层指标中，农药、兽药残留合格率是导致农产品质量安全问题最大的风险性因素，运输车辆条件、基地土壤气候环境条件、平均转运次数、农业主管部门抽检频率对农产品质量安全问题的影响也较大，包装材料合格率、农产品销售市场的卫生条件、安全消费意识水平、果蔬采收技术水平等指标对于农产品质量安全的影响相对较小。因此，应采取措施加大对农药、兽药残留超标行为进行处罚，引导农业生产基地或农户选择高效低毒、低残留的农药，同时控制施药时间，在采摘前 2 天严禁施药。另外，改善运输环节的运输车辆条件，改善基地土壤环境，减少运输环节的转运次数，提高农业主管部门的抽检频率都可以较快提高农产品质量安全水平。

3.7　预警联动体系指标层指标的警限、警级的划分及赋值

指标警限又称为阈值，是指标警级的确定标准，常用区间数 (a, b) 表示，a 表示预警指标在某对应等级的下限，b 表示预警指标在某对应等级的上限。在警限划分时，主要依据国际通用标准、均数原则、其他行业发展水平以及专家调查等原则。国际通用标准是指目前国际上对农产品某个指标采用的标准，例如 ISO9001 标准；均数原则，即将农产品质量安全平均历史水平作为正常水平，即一般安全状态；中国其他行业的发展水平原则是指在对指标进行警限划分时，不仅依据农产品自身的发展水平，还应考虑其他行业的发展水平；专家调查原则是指通过问卷对农产品领域内的专家进行调查，然后根据调查结果来划分警限。划分时，可以采用单一原则，也可多种原则相结合统筹划分。

根据 Likert 五分量表法划分，将警级划分为 A、B、C、D、E 五个等级，分别对应非常安全、比较安全、一般安全、不安全、非常不安全，相应赋值 5、4、3、2、1，即非常安全赋值 5 分，比较安全赋值 4 分，一般安全赋值 3 分，不安全赋值 2 分，非常不安全赋值 1 分。

3.7.1 指标层指标的警级、警限及赋值

1. 生产基地设施合格率 P_{11} 的警级、警限及赋值

生产基地设备设施的合格率主要由抽检确定，须满足 GB 18406、GB/T 18407 等国家标准及 JB/T 13080—2017、JB/T 13078—2017、QX/T 261—2015 等行业标准。一般地，对于生产基地设施条件要求普遍较高，因而可将 90 作为非常安全的下限，设施合格率最低要达到70%，因而可将 70% 作为一般安全的下限，比较安全的上下限分别为 80% 和 70%，不安全的上下限分别为 70% 和 60%，60% 以下为非常不安全。该指标警级警限的划分及赋值见表 3-15。

表 3-15　　　　生产基地设施合格率的警级、警限及赋值

警级	A	B	C	D	E
警限	(90%, 100%]	(80%, 90%]	(80%, 70%]	(60%, 70%]	(0, 60%]
赋值	5	4	3	2	1

2. 生产基地气候、土壤环境水平 P_{12} 的警级、警限及赋值

根据专家的意见、资料查阅及个人认知，按照百分制，将 90 作为非常安全的下限，80 作为比较安全的下限，70 作为一般安全的下限，60 作为不安全的下限，60 以下为非常不安全。其警级、警限的划分及赋值划分如表 3-16 所示。

表 3-16　　　　基地气候土壤环境水平的警级、警限及赋值

警级	A	B	C	D	E
警限	(90, 100]	(80, 90]	(80, 70]	(60, 70]	(0, 60]
赋值	5	4	3	2	1

3. 农药、兽药残留合格率 P_{13} 的警级、警限及赋值

根据农业部的农产品例行监测结果来看，2013 年以来我国农产品农药残留合格率连续七年达 96% 以上，农产品兽药残留合格率也在稳步上升，2017 年为 98.1%，2019 年已达 99.45%。结合 2019 年新版农药 GB 2763—2019 中的限量标准、新版兽药 GB31650—2019 中的残留限量标准，将 98% 作为非常

安全的下限，95%作为比较安全的下限，90%作为一般安全的下限，85%作为不安全的下限，85%以下为非常不安全。该指标警级、警限的划分及赋值如表3-17所示。

表 3-17   农药、兽药残留合格率的警限、警级及赋值

警级	A	B	C	D	E
警限	(98%, 100%]	(95%, 98%]	(90%, 95%]	(85%, 90%]	(0, 85%]
赋值	5	4	3	2	1

4. 基地生产管理规范 P_{14} 的警级、警限及赋值

生产管理活动的规范化与落实情况也是影响农产品质量安全的因素之一。根据专家的意见、资料查阅及个人认知，将90%作为非常安全的下限，80作为比较安全的下限，70作为一般安全的下限，60作为不安全的下限，60以下为非常不安全。其警级、警限的划分及赋值划分如表3-18所示。

表 3-18   基地生产管理规范的警级、警限及赋值

警级	A	B	C	D	E
警限	(90, 100]	(80, 90]	(80, 70]	(60, 70]	(0, 60]
赋值	5	4	3	2	1

5. 种植技术水平 P_{15} 的警级、警限及赋值

根据专家的意见、资料查阅及个人认知，按照百分制，将90作为非常安全的下限，80作为比较安全的下限，70作为一般安全的下限，60作为不安全的下限，60以下为非常不安全。其警级、警限的划分及赋值如表3-19所示。

表 3-19   种植技术水平的警级、警限及赋值

警级	A	B	C	D	E
警限	(90, 100]	(80, 90]	(80, 70]	(60, 70]	(0, 60]
赋值	5	4	3	2	1

6. 果蔬采收技术水平 P₂₁的警级、警限及赋值

果蔬采收技术水平指标警限缺乏相关标准，根据专家的意见、资料查阅及个人认知，按照百分制，将 90 作为非常安全的下限，80 作为比较安全的下限，70 作为一般安全的下限，60 作为不安全的下限，60 以下为非常不安全。其警级、警限的划分及赋值如表 3-20 所示。

表 3-20　　　　　　　　　果蔬采收技术水平的警级、警限及赋值

警级	A	B	C	D	E
警限	(90，100]	(80，90]	(80，70]	(60，70]	(0，60]
赋值	5	4	3	2	1

7. 储藏水平 P₂₂的警级、警限及赋值

农产品的储藏水平是保障农产品品质的关键。是否具备制冷、通风设备及技术都会对其品质产生一定的影响，该指标警限缺乏相关标准，根据专家的意见、资料查阅及个人认知，按照百分制，将 90 作为非常安全的下限，80 作为比较安全的下限，70 作为一般安全的下限，60 作为不安全的下限，60 以下为非常不安全。其警级、警限的划分及赋值如表 3-21 所示。

表 3-21　　　　　　　　　储藏水平的警级、警限及赋值

警级	A	B	C	D	E
警限	(90，100]	(80，90]	(80，70]	(60，70]	(0，60]
赋值	5	4	3	2	1

8. 非法添加行为发生率 P₂₃的警级、警限及赋值

农产品加工中食品添加剂的添加数量和种类应当符合相关标准，超出标准即为非法添加行为。根据农业部门最近的抽检结果，食品添加剂超限量、超范围使用占不合格总样品的 23.9%，此外还存在添加过期、霉变原料的行为，综合起来，由非法添加行为直接导致的农产品质量安全问题的概率大约为 30%，故本研究将 30% 作为非常不安全的下限，20% 作为不安全的下限，10% 作为一般不安全的下限，(0，10] 表示安全，0 表示非常安全。其警级、警限的划分及赋值如表 3-22 所示。

表 3-22   非法添加行为发生率的警级、警限及赋值

警级	A	B	C	D	E
警限	0	(0, 10%]	(10%, 20%]	(20%, 30%]	>30%
赋值	5	4	3	2	1

9. 包装材料合格率 P_{24} 的警级、警限及赋值

我国农产品的包装材料须符合国家相关标准和规定。据统计，2019 年全国各地生产的农产品包装材料合格率在 95% 以上。因此，将 95% 作为比较安全的下限，98% 作为非常安全的下限，90% 作为一般安全的下限，85% 作为不安全的下限，85% 以下为非常不安全。其警级、警限的划分及赋值如表 3-23 所示。

表 3-23   包装材料合格率的警级、警限及赋值

警级	A	B	C	D	E
警限	(98%, 100%]	(95%, 98%]	(90%, 95%]	(85%, 90%]	<85%
赋值	5	4	3	2	1

10. 外部环境条件 P_{31} 的警级、警限及赋值

外部环境条件指标缺乏相关标准，根据专家的意见、资料查阅及个人认知，按照百分制，将 90 作为非常安全的下限，80 作为比较安全的下限，70 作为一般安全的下限，60 作为不安全的下限，60 以下为非常不安全。其警级、警限的划分及赋值如表 3-24 所示。

表 3-24   外部环境条件的警级、警限及赋值

警级	A	B	C	D	E
警限	(90, 100]	(80, 90]	(80, 70]	(60, 70]	(0, 60]
赋值	5	4	3	2	1

11. 运输车辆条件 P_{32} 的警级、警限及赋值

在运输过程中，为了保证农产品的质量安全，对运送生鲜农产品的冷藏车的温度与湿度都有严格控制。由于从事农产品运输业务的冷藏车的要求较高，

各警级对应警限的标准也应提高，按照百分制，将 95 作为非常安全的下限，90 作为比较安全的下限，85 作为一般安全的下限，80 作为不安全的下限，80 以下为非常不安全。其警级、警限的划分及赋值如表 3-25 所示。

表 3-25　　　　　　　　运输车辆条件的警级、警限及赋值

警级	A	B	C	D	E
警限	(95, 100]	(90, 95]	(85, 90]	(80, 85]	(0, 80]
赋值	5	4	3	2	1

12. 平均转运次数 P_{33} 的警级、警限及赋值

根据对专家的调查及农业生产基地的实地调研结果来看，可以将 2 作为平均转运次数指标一般安全的上限，将 1 作为比较安全的上限，将 3 作为不安全的上限，平均转运次数达到 5 以上的为非常不安全。其警级、警限的划分及赋值如表 3-26 所示。

表 3-26　　　　　　　　平均转运次数的警级、警限及赋值

警级	A	B	C	D	E
警限	(0, 1]	(1, 2]	(2, 3]	(3, 5]	5 以上
赋值	5	4	3	2	1

13. 销售者的道德行为规范 P_{41} 的警级、警限及赋值

销售者的道德行为规范指标的警限根据专家调查的结果及个人认知，采用百分制，非常安全的警限下限为 90，比较安全的警限下限为 80，一般安全的警限下限为 70，不安全的警限下限为 60，60 以下为非常不安全。其警级、警限的划分及赋值如表 3-27 所示。

表 3-27　　　　　　　销售者的道德行为规范的警级、警限及赋值

警级	A	B	C	D	E
警限	(90, 100]	(80, 90]	(80, 70]	(60, 70]	(0, 60]
赋值	5	4	3	2	1

14. 农业主管部门抽检频率 P_{42} 的警级、警限及赋值

一般而言，生鲜农产品每月抽检 20~30 批次。如果用每个月抽测的次数表示抽测频率，可将 25 作为比较安全的下限，20 作为一般安全的下限，4 为不安全的下限，每周低于 1 次，即每月低于 4 次为非常不安全，每天至少抽检一次即每月抽检 30 次以上为非常安全。该指标警级、警限的划分及赋值如表 3-28 所示。

表 3-28　农业主管部门抽检频率的警级、警限及赋值(单位：次/月)

警级	A	B	C	D	E
警限	30 以上	(20, 30]	(10, 20]	(4, 10]	(0, 4]
赋值	5	4	3	2	1

15. 工商部门执法力度 P_{43} 的警级、警限及赋值

工商部门主要对销售部门进行监管执法，如发现不法商家及时惩处，以降低商家的违法行为发生率。该项指标没有国家标准，根据专家调查的结果及个人认知，采用百分制，非常安全的警限下限为 90，比较安全的警限下限为 80，一般安全的警限下限为 70，不安全的警限下限为 60，60 以下为非常不安全。其警级、警限的划分及赋值如表 3-29 所示。

表 3-29　　　　　　　工商部门执法力度的警级、警限及赋值

警级	A	B	C	D	E
警限	(90, 100]	(80, 90]	(80, 70]	(60, 70]	(0, 60]
赋值	5	4	3	2	1

16. 农产品销售市场的卫生条件 P_{44} 的警级、警限及赋值

销售市场环境的卫生条件指标由于缺乏相关数据，该项指标没有国家标准，根据专家调查的结果及个人认知，采用百分制，非常安全的警限下限为 90，比较安全的警限下限为 80，一般安全的警限下限为 70，不安全的警限下限为 60，60 以下为非常不安全。其警级、警限的划分及赋值如表 3-30 所示。

表 3-30　　　　　　农产品销售市场卫生条件的警级、警限及赋值

警级	A	B	C	D	E
警限	(90, 100]	(80, 90]	(80, 70]	(60, 70]	(0, 60]
赋值	5	4	3	2	1

17. 安全消费意识水平 P_{45} 的警级、警限及赋值

安全消费意识水平指标该项指标没有国家标准，根据专家调查的结果及个人认知，采用百分制，非常安全的警限下限为 90，比较安全的警限下限为 80，一般安全的警限下限为 70，不安全的警限下限为 60，60 以下为非常不安全。其警级、警限的划分及赋值如表 3-31 所示。

表 3-31　　　　　　安全消费意识水平的警级、警限及赋值

警级	A	B	C	D	E
警限	(90, 100]	(80, 90]	(80, 70]	(60, 70]	(0, 60]
赋值	5	4	3	2	1

3.7.2　指标警限的汇总

根据上面的分析，农产品预警联动体系指标层中预警指标警限汇总如表 3-32 所示。

3.8　预警联动模型的构建与计算

3.8.1　预警联动模型的构建

运用线性加权求和函数法，构建农产品质量安全预警联动模型，如式 (3-14) 所示。

$$SA = \sum_{i=1}^{m} \left[W_i \times \sum_{j=1}^{n} (P_{ij} \times W_{ij}) \right] \qquad (3-14)$$

其中，SA——某种农产品或某农业生产基地农产品质量安全的评价值；

m——系统层预警指标个数；

n——指标层预警指标个数；

W_i——第 i 个系统层指标相对于目标层的权重；

W_{ij}——第 i 个系统层中的第 j 个预警指标相对于该系统层的权重；

P_{ij}——第 i 个系统层中的第 j 个指标的赋值。

3.8.2 模型的计算

根据各预警指标的实际情况以及 3.6 节中的各指标警限、警级的划分及其赋值方法，可以得出第个 i 系统层中的第个 j 指标的评分值 P_{ij}，然后将 3.5 节中求出的第 i 个系统层指标相对于目标层的权重 W_i，第 i 个系统层中的第 j 个指标相对于该系统层的权重 W_{ij} 以及 P_{ij} 的数值代入公式，即可求得目标层 SA 的值。汇总表如表 3-32 所示。

表 3-32 农产品预警指标层评价指标警限汇总表

指标	非常安全	比较安全	一般安全	比较不安全	非常不安全
生产基地设施合格率	(90%, 100%]	(80%, 90%]	(80%, 70%]	(60%, 70%]	(0, 60%]
基地土壤气候环境条件	(90, 100]	(80, 90]	(70, 80]	(60, 70]	(0, 60]
农药、兽药残留合格率	(98%, 100%]	(95%, 98%]	(90%, 95%]	(85%, 90%]	(0, 85%]
基地生产管理规范程度	(90, 100]	(80, 90]	(70, 80]	(60, 70]	(0, 60]
种植技术水平	(90, 100]	(80, 90]	(70, 80]	(60, 70]	(0, 60]
果蔬采收技术水平	(90, 100]	(80, 90]	(70, 80]	(60, 70]	(0, 60]
储藏水平	(90, 100]	(80, 90]	(70, 80]	(60, 70]	(0, 60]
非法添加行为发生率	0	(0, 10%]	(10%, 20%]	(20%, 30%]	(30%, 100%]
包装材料合格率	(98%, 100%]	(95%, 98%]	(90%, 95%]	(85%, 90%]	(0, 85%]
外部环境条件	(90, 100]	(80, 90]	(70, 80]	(60, 70]	(0, 60]
运输车辆条件	(90, 100]	(80, 90]	(70, 80]	(60, 70]	(0, 60]
平均转运次数	(0, 1]	(1, 2]	(2, 3]	(3, 5]	5 以上

续表

指标	非常安全	比较安全	一般安全	比较不安全	非常不安全
销售者的道德行为规范	(90, 100]	(80, 90]	(70, 80]	(60, 70]	(0, 60]
农业主管部门抽检频率	≥30 次/月	(20, 30] 次/月	(10, 20] 次/月	(4, 10] 次/月	≤4 次/月
工商部门执法力度	(90, 100]	(80, 90]	(70, 80]	(60, 70]	(0, 60]
农产品销售市场的卫生条件	(90, 100]	(80, 90]	(70, 80]	(60, 70]	(0, 60]
安全消费意识水平	(90, 100]	(80, 90]	(70, 80]	(60, 70]	(0, 60]

3.9 目标层警级与警限的划分

根据目前普遍采用的 Likert 五级量表法，将某农产品或农业生产基地的安全水平分为五个等级：非常安全(A)、比较安全(B)、一般安全(C)、比较不安全(D)、非常不安全(E)；农产品质量安全水平越高，农产品质量安全问题的风险就越低，警级也越低；反之，则越高。警级与警限的划分如表 3-33 所示。

表 3-33　　农产品质量安全水平、风险性、警级与警限的划分

质量安全水平	非常安全	比较安全	一般安全	比较不安全	非常不安全
风险性	极低	较低	一般	较高	极高
警级	A	B	C	D	E
警限	(4, 5]	(3, 4]	(2, 3]	(1, 2]	(0, 1]

如表 3-33 所示，预警级别划分为五级，当农产品质量安全的警限处于区间数(4, 5]时，农产品质量非常安全，质量安全问题产生的风险极低，警级为 A，即危机无警；当农产品质量安全的警限处于区间数(3, 4]内时，农产品质量比较安全，质量安全问题产生的风险较低，警级为 B，即危机有警；根

据《农产品质量安全突发事件应急预案》，应采用四级应急响应；当农产品质量安全的警限处于区间数(2，3]内时，农产品质量一般，产生质量安全问题的风险性也一般，警级为C，即危机轻警，应采用三级应急响应；当农产品质量安全的警限处于区间数(1，2]内时，农产品质量比较不安全，产生质量安全问题的风险性较高，警级为D，即危机重警，应采用二级应急响应；当农产品质量安全水平处于区间数(0，1]内时，农产品质量非常不安全，发生质量安全问题的风险极高，警级为危机巨警，应采用一级应急响应。

3.10 实 例 分 析

3.10.1 案例信息

武汉白马头生态农业股份有限公司，创建于2007年8月，注册资本为1103万元，地处武汉市江夏区金口街鲁湖旁，紧邻环(鲁)湖高速公路，基地距京珠高速、沪蓉高速仅数公里，山水环绕，交通便利；该公司现拥有水域面积2000亩，耕地面积3400亩，山地面积1200亩，建有1500亩名优水产基地，1200亩优质雷竹、茶叶、楠竹、板栗、苗木生产基地，2000余亩蔬菜种植及加工基地，是一家集名优水产养殖、药食蔬菜、林、果、茶种植以及垂钓休闲于一体的现代农业企业，是武汉农业重点龙头企业和农业重大科技型项目单位。

成立至今，该公司坚持发展"精品农业、有机农业、休闲农业、创汇农业"。凭借规模化的生产基地以及多年丰富的种植经验，该公司与科研院校，如武汉华中农业大学、湖北省农科院、洪山菜薹协会等达成了长期战略合作协议，研发种植市场需求大、营养价值高的差异化产品，如黄秋葵、紫山药、洪山菜薹等药食蔬菜，观赏性花卉栽培，名优水产养殖，实现精品化农业生产。为保证农产品质量，该公司一方面在生产中使用无公害有机化肥，并严禁使用高毒农药，培养种植绿色、天然药食用有机蔬菜，另一方面专门成立专家小组对土壤的成分进行检测，对土壤中的微量元素和有机成分严格把关，并配有产品生产全过程监控系统以及农产品二维码溯源系统，真正实现了"生产有记录、过程留痕迹"的农产品质量安全管理模式。

凭借优质的产品、多年的品质口碑，该公司产品除了面向武汉及周边城市，其生产的黄秋葵、紫山药等高档药食蔬菜也运送到北京、上海等一线城市销售。该公司还与简朴寨、艳阳天等大型商务酒店、白沙洲大市场、海吉星市场和汉口四季美农贸城签订了长期合作协议。作为传统农业企业，该公司与时俱进，紧紧把握"互联网+"的机遇，借助江夏区农贸搭建的"农业互联网+"平台以及淘宝、京东等果蔬销售平台，宣传产品、拓宽销售渠道，销售业绩逐年攀升。

由于该公司在促进当地社会经济发展做出的突出贡献，先后荣获"武汉市农业科技重点项目实施单位""武汉市农业科技重大科技项目单位""武汉市科技示范基地""武汉市农业产业化经营重点龙头企业"等荣誉称号。

随着我国社会的发展，城市化进程的加快，农业的未来势必会向机械化、规模化的方向发展。为此该公司在完善公司治理能力的基础上引进管理人才，引进先进的农机设备，降低农业生产中的人才消耗，将现有的钢架大棚改造成农业光伏大棚，提升产能；利用现有的先进技术团队，深挖农产品价值，实现农产品深加工。在精品农业、有机农业的基础上，该公司充分利用政府建立"江夏农业大公园"的政策机遇，建立白马头农业生态园，采用生态园模式进行观光园内农业的布局和生产，将农业生产、自然风光、科技示范、休闲娱乐、环境保护等融为一体，实现生态效益、经济效益与社会效益的统一，打造武汉市东南部一座以时尚、健康、休闲、娱乐为经营理念的生态农业观光园。

通过对该园区的调研，听取了园区负责人、质量安全监管员对该园区的相关情况介绍，并参阅了该园区的相关资料，确定了该园区农产品质量安全各预警指标的数值，根据农产品预警指标层评价指标警限汇总表（表 3-32），可以确定白马头生态农业股份有限公司农产品质量安全各项预警指标对应的等级及赋值，其结果如表 3-34 所示。

表 3-34　白马头生态农业股份有限公司农产品质量安全预警指标数值

指标	数值	所属区间	等级	赋值
生产基地设施合格率	93	(90, 100]	A	5
基地土壤气候环境条件	88	(80, 90]	B	4
农药、兽药残留合格率	99.2%	(98%, 100%]	A	5
基地生产管理规范程度	92	(90, 100]	A	5
种植技术水平	87	(80, 90]	B	4
果蔬采收技术水平	85	(80, 90]	B	4
储藏条件	92	(90, 100]	A	5

指标	数值	所属区间	等级	赋值
非法添加行为发生率	3%	(0, 10%]	A	5
包装材料合格率	99%	(98%, 100%]	A	5
外部环境条件	82	(80, 90]	B	4
运输车辆条件	84	(80, 90]	B	4
平均转运次数	1.5	(1, 2]	B	4
销售者的道德行为规范	85	(80, 90]	B	4
农业主管部门抽检频率	21	(20, 25]	C	3
工商部门执法力度	87	(80, 90]	B	4
农产品销售市场的卫生条件	88	(80, 90]	B	4
安全消费意识水平	85	(80, 90]	B	4

3.10.2 模型及计算实证

根据农产品质量安全预警指标体系中各个指标的数值和表 3-10 中系统层与指标层指标的权重，该模型可以进行如下计算：

$$SF = 0.482 \times (5 \times 0.124 + 4 \times 0.239 + 5 \times 0.468 + 4 \times 0.049 + 5 \times 0.120) + 0.088$$
$$\times (4 \times 0.071 + 5 \times 0.610 + 4 \times 0.199 + 5 \times 0.120) + 0.274 \times (4 \times 0.110 + 4 \times$$
$$0.581 + 4 \times 0.309) + 0.149 \times (4 \times 0.107 + 3 \times 0.411 + 5 \times 0.372 + 4 \times 0.060 + 4 \times$$
$$0.050)$$

$$= 4.374$$

由此得出该农业园的质量安全水平的评分值为 4.374，根据表 3-32 中农产品质量安全水平、风险性、警级与警限的划分标准，该园区农产品质量非常安全，农产品质量安全风险发生的可能性极低。这个评价结果与该园区成立十几年来尚未发生 起质量安全事件的实际相 致，说明了该预警方法的有效性。

本 章 小 结

本章首先分析了我国农产品质量安全预防预警的现状及存在的问题，指出了农产品质量安全预警联动系统的业务流程及联动主体；其次分析了农产品质量安全问题在生产、初级加工、运输、销售环节的影响因素，预选出预警指标，并运用 Delphi 法对预选指标进行调整，将政府监管指标纳入到供应链各环节中，构建了农产品质量安全预警联动指标体系；然后运用层次分析法求出了系统层与指标层指标的权重，给出了警限与警级的划分方法，运用 Likert 五级量表法对指标赋值，建立了农产品质量安全预警模型，求出了目标层的安全水平，并根据目标层的安全水平以及警限，确定预警级别，发布警情。最后，以武汉白马头生态农业股份有限公司的农产品质量安全预警作为案例对预警模型和方法的有效性和可行性进行了验证。

第4章 农产品召回联动系统

本章研究农产品质量安全应急在第二阶段即管控阶段的召回联动系统。召回是国际通行的产品安全管理制度，实施农产品召回能够排除农产品质量安全隐患，避免危险农产品对消费者与环境造成的危害，保护消费者的健康甚至人身安全，并维护农产品市场稳定。目前我国农产品召回的各项制度都正在完善中，各地不断开始尝试建立完善的质量追溯制度和农产品召回制度，农产品召回已成为控制农产品质量安全风险蔓延的有效手段。但是，在农产品召回的实践中，存在相关实施主体联动协作不紧密、主动召回实施不力、责令召回效率不高的问题。本章分析了我国农产品召回联动流程和联动主体，设计了农产品召回联动系统，实现了农产品召回的跨组织联动，并从信息层和实施层两个层面分别对召回联动系统展开研究。

4.1 农产品召回概述

4.1.1 召回定义

在2003年的《缺陷汽车产品召回管理规定》中，召回的概念在我国被首次提出：按照本规定要求的程序，由缺陷汽车产品制造商选择修理、更换、收回等方式消除其产品可能引起人身伤害、财产损失的缺陷的过程(2012)。之后在《缺陷汽车产品召回管理规定》《儿童玩具召回管理规定》《食品召回管理规定》《药品召回管理办法》《缺陷汽车产品召回管理条例》《铁路专用设备缺陷产品召回管理办法》《缺陷消费品召回管理办法》中，先后给出了召回定义，如表4-1所示。

表 4-1 我国召回法规与召回的定义

实施时间	法规名称	发布机关	召回定义描述
2004-10-01	《缺陷汽车产品召回管理规定》	国家质量监督检验检疫总局四部门	按照本规定要求的程序,由缺陷汽车产品制造商选择修理、更换、收回等方式消除其产品可能引起人身伤害、财产损失的缺陷过程
2007-08-27	《儿童玩具召回管理规定》	国家质量监督检验检疫总局	按照规定程序和要求,对存在缺陷的儿童玩具,由生产者或者由其组织销售者通过补充或修正消费说明、退货、换货、修理等方式,有效预防和消除缺陷可能导致的损害活动
2007-08-27	《食品召回管理规定》	国家质量监督检验检疫总局	食品生产者按照规定程序,对由其生产原因造成的某一批次或类别的不安全食品,通过换货、退货、补充或修正消费说明等方式,及时消除或减少食品安全危害的活动
2007-12-10	《药品召回管理办法》	国家食品药品监督管理局	药品生产企业按照规定的程序收回已上市销售的存在安全隐患的药品
2013-01-01	《缺陷汽车产品召回管理条例》	国务院	汽车产品生产者对其已售出的汽车产品采取措施消除缺陷的活动
2016-01-01	《铁路专用设备缺陷产品召回管理办法》	交通运输部	生产企业对其已销售的产品采取措施消除缺陷的活动
2016-01-01	《缺陷消费品召回管理办法》	国家质量监督检验检疫总局	消费品生产者对存在缺陷的消费品采取措施消除缺陷或降低、消除安全风险的活动
2017-05-01	《医疗器械召回管理办法》	国家食品药品监督管理总局	医疗器械生产企业按照规定的程序对其已上市销售的某一类别、型号或者批次的存在缺陷的医疗器械产品,采取警示、检查、修理、重新标签、修改并完善说明书、软件更新、替换、收回、销毁等方式进行处理的行为

以上召回定义中，规定了召回主体、客体、措施和目的。

1. 召回主体

召回的主体大都指的是义务主体，即由哪个主体承担召回义务并完成召回活动。上述规章制度、条例办法等对召回主体的表述不完全相同，但是本质上较为明确，即生产者，但在实际的召回活动中，召回主体还包括政府监管部门、物流运输商、销售商、消费者等相关主体，各种主体在召回过程中需要相互协作联动，以便达到召回的高效实施。这是因为，在界定"召回"定义中，只需要明确主要的义务实施主体，也就是说，生产者是召回实施的法律义务承担者，同时，在经济上和技术上，生产者也是召回活动实施的最直接的主体。

2. 召回的客体

召回的客体是指存在缺陷的产品、存在安全隐患的产品或不安全的产品，后两者也可以涵盖在"缺陷产品"范畴内。各种特定产品召回规章制度、条例办法都明确了缺陷的标准与评判依据，目前我国将"不符合国家标准、行业标准"及"存在不合理危险"作为产品缺陷的判定标准。

3. 召回的措施

不同类型缺陷产品召回条例、办法或规定也是不完全相同的，有的比较抽象，如在《缺陷汽车产品召回管理条例》《缺陷消费品召回管理办法》和《铁路专用设备缺陷产品召回管理办法》中，召回的措施只是采取措施而没有指明具体的措施；有的比较单一，如在《药品召回管理办法》中，收回是召回的唯一措施；其他的则较为具体，如修理、更换、收回是缺陷汽车产品召回的措施；儿童玩具召回的措施是补充或修正消费说明、换货、退货、修理；食品召回的措施是换货、退货、补充或修正消费说明；而医疗器械召回的措施是警示、检查、修理、重新标签、修改并完善说明书、软件更新、替换、收回、销毁。可以发现，在上面的条例、办法和规定中，"收回"一词出现的次数最多，尽管"修理""换货""退货"等措施对消费者权益更有保障，但必须以"收回"为前提。

4. 召回的目的

在《缺陷汽车产品召回管理规定》中，召回的目的是消除其产品可能引起人身伤害、财产损失的缺陷；在《儿童玩具召回管理规定》中，召回的目的是有效预防和消除缺陷可能导致的损害；《食品召回管理规定》召回的目的是及时消除或减少食品安全危害；《缺陷汽车产品召回管理条例》消除缺陷《铁路专用设备缺陷产品召回管理办法》消除缺陷，在《缺陷消费品召回管理办法》中，召回的目的是消除缺陷或降低、消除安全风险。

4.1.2 农产品召回相关理论

1. 定义

农产品召回在我国尚未形成成熟的制度体系，也没有明确的定义。为了更好地研究农产品召回系统，本章参考《食品召回管理规定》以及其他相关法规及管理办法中给出的召回定义，并结合我国农产品管理的实际情况，给出农产品召回定义：农产品召回是指农产品生产者或销售者按照规定程序，对由其造成的某一批次或类别的不安全农产品，通过换货、退货、补偿或修正消费说明等方式，及时消除或减少农产品质量安全危害的活动。

这一定义同样涵盖了农产品召回的主体、客体、措施、目的等内容。

（1）主体。

在农产品供应链中，农户、销售商、物流商都可以成为农产品召回的主体，但最主要的义务主体是农产品的生产者，即农户或农业生产基地，销售商包括农贸市场和超市，传统的农产品一般集中在农贸市场销售，随着"农超对接"的实施，超市及社区销售点更受消费者青睐。

（2）客体。

农产品召回是由于某类农产品被发现存在安全隐患或者已有安全问题，因此召回的客体是具有安全问题的缺陷产品，即不安全农产品，包括不安全的初级农产品和初加工农产品。不合格农产品基本包括四类：含有违禁物质的、有毒有害物质超标的、含致病微生物细菌的、适用其他材料不符合国家规范的。

（3）召回措施。

农产品采取的召回措施主要有换货、退货、补偿或修正消费说明，具体操作时需要引导消费者选择正确的处理方法和途径。

（4）目的。

农产品召回的基本目的是避免危险农产品对消费者的损害，保护消费者的健康甚至人身安全，并维护农产品市场稳定。

2. 农产品召回基本原则

（1）安全原则。

农产品召回必须以保障公众安全和身体健康为首要目标，在进行各方利益权衡的时候首先应当考虑缺陷食品的危害性，抛弃相关的经济效益；其次，农产品召回过程要严格遵守流程、规则和要求；最后，农产品召回处理要尽可能减少危害，达到监管控制的作用。

（2）预防原则。

农产品召回的目标不仅限于已经发现问题的农产品，更重要的是对农产品安全隐患的排除，将风险降到最低。因此，作为征兆出现时的管控手段，预防是农产品召回与的一个基本原则。

（3）及时原则。

问题农产品一旦处理没及时处理，容易导致更严重的二次伤害和次生伤害，而这种情况会发生在召回的任何一个环节。因此，及时处理不安全农产品是有必要的。

（4）诚实信用原则。

由于农户或农业生产基地比政府更加了解市场中的农产品安全问题或隐患，在召回过程中，农户或农业生产基地应保持诚实信用；相关主体、政府、消费者应相互信赖、相互配合，提高召回效率。

（5）召回最大化原则。

召回的目标是让消费者远离不安全农产品，尽可能降低农产品风险，把安全事故发生概率降到最低，避免二次伤害。

（6）信息精确原则。

农产品质量关系到消费者的健康甚至生命安全，消费者很关心农产品的信息动态，因此，农产品质量信息一定要精确，否则将会干扰正常的社会生活秩序。

（7）市场稳定原则。

农产品对消费者的基本生活有着巨大的影响，一旦发生农产品质量安全事故，对事发地市场和消费者基本生活都有负面影响，因此，稳定事发地市场，是农产品召回的又一个原则。

3. 农产品召回特点

农产品召回特点需要结合农产品的自身特点以及召回中的实际状况考虑，这些要素需要结合农产品召回的基本原则来严格分析。农产品召回具有以下特点。

（1）农产品召回的多样性和复杂性。

由于农产品受各种物理、化学、生物因素的影响，而且农产品供应链上的主体复杂和客体对象复杂多样，而农产品召回涉及供应链的各个环节，因此，农产品召回涉及范围广、召回难度大、影响大以及难以控制等特点，具有多样性和复杂性。

（2）农产品召回具有潜在性。

由于市场的供应方式和消费者对农产品的消费习惯，农产品问题一旦发生往往潜伏期较长,这将可能导致农产品质量安全评估更加困难,实际情况往往比严重于统计数据。另外这种潜伏性会呈现恶性循环态势,即在市场销售—农产品消费—农产品生产三个环节都出现滞后,会进一步导致更严重的农产品质量安全问题。

(3)农产品召回在时间上具有更加的急迫性。

农产品召回更需要警惕的是微生物威胁,一旦出现安全问题,经过一定的时间,任何问题农产品都可能引发一定范围的微生物灾害。另外,一些潜在的微生物威胁尚未得以认知和判断,经过一定的潜伏期,就可能迎来传染性病毒的爆发。另外,召回本身的执行效率滞后、消费者和相关主体的不配合、信息的不透明等因素都加剧了时间的紧迫性。

(4)农产品召回具有关联性和相互影响性。

所有的供应链环节都是环环相扣的,在农产品召回中,就其中的某一条供应链来说,任一环节导致农产品召回的发生,对供应链的其他环节都会产生影响;同样的,周围任一环节出现问题,对本供应链也会产生影响。这种紧密的联系就要求在分析问题时必须从宏观系统角度考虑农产品召回的关联性及相互影响性。

4. 农产品召回方式

农产品召回的种类有主动召回和责令召回两类。

(1)主动召回。

主动召回一般是指,当出现农产品质量安全问题或安全隐患的时候,由相关责任主体主动负责实施召回,从理论上来说,这种召回方式更便捷更有效。根据召回所处的环节,主动召回分为贸易召回和消费者召回,如图 4-1 所示。

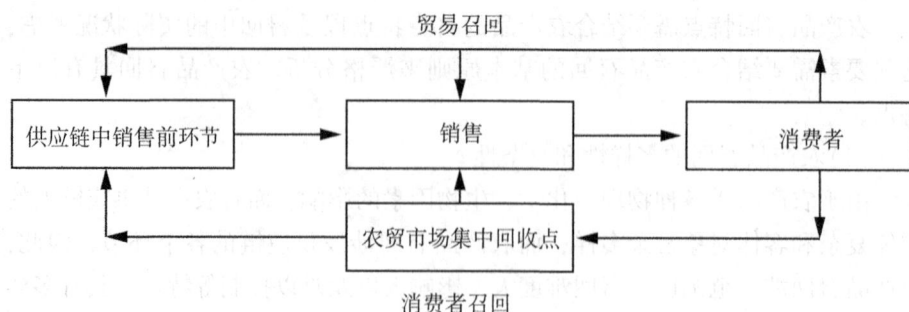

图 4-1　农产品贸易召回和消费者召回

农产品贸易召回一般是指传统的主动召回方式；农产品消费者召回是指当在主体缺乏时，由政府主导，以农贸市场为媒介，集中回收危害农产品的召回方式。这两种方式在召回处理措施等方面并无差异，区别主要在于是否有明确的责任主体，前者是不同的主体针对各自范围内的农产品召回相互配合，后者是由众多主体的集合体完成区域性的统一召回工作。

（2）责令召回。

因为相关责任主体安全责任意识不足、生产成本较低、流转成本提升有限、市场需求大以及有关机构没有做好相应的指导宣传措施等，相关主体往往会选择回避责任，因此，在实际农产品召回中，责令召回是我国当前的主要召回方式。

责令召回是指在主动召回效果不明显或相关主体逃避责任时，政府采取强制措施迫使相关主体采取召回和补救措施，从理论上来说，这种召回方式是对主动召回方式的补充。

责令召回手段强硬、执行性高、效果明显、易于管理。在责令召回中，政府部门已经发挥着监督作用，但农产品召回的各环节仍需要政府部门发挥以下几个方面的主动性：第一，政府积极做好相应的应急工作，以防意外发生时的紧急应对。第二，政府应当发挥指导宣传作用。召回工作是供应链主体和消费群体相互配合的过程。在责令召回中，政府起到监督或监控的作用，这就要求政府对所有的面向群体负责。第三，政府具有权威性和强制力，在紧急情况下能够做出最及时有效的评判，同时，也能加强各方之间的配合，让召回工作更加顺利。

综上所述，我国农产品召回方式分为主动召回和责令召回两种，其中主动召回又分为消费者召回和贸易召回，如图 4-2 所示。

（3）农产品召回方式的选择。

在农产品召回中，如果有完整的农产品供应链，有独立的责任主体承担召回责任，有能力完成召回工作，并且在管理上是有一定秩序且比较容易被追溯，消费者在农产品召回问题的追偿和送回时是能够容易找到责任方并且问题是可以得到解决的，就采用贸易召回；反之，如果没有责任主体，问题农产品在追溯系统中难以追溯和管理，需要由政府主导，以农贸市场为媒介，集中回收问题农产品，就须采用消费者召回。

当贸易召回和消费者召回都难以进行或处于停滞状态时，就需要政府加强召回力度，采取责令召回的方式了。需要注意的是，政府部门作为召回的监管者在任何召回方式中都需要发挥监督作用，只是在不同的召回方式中，政府的

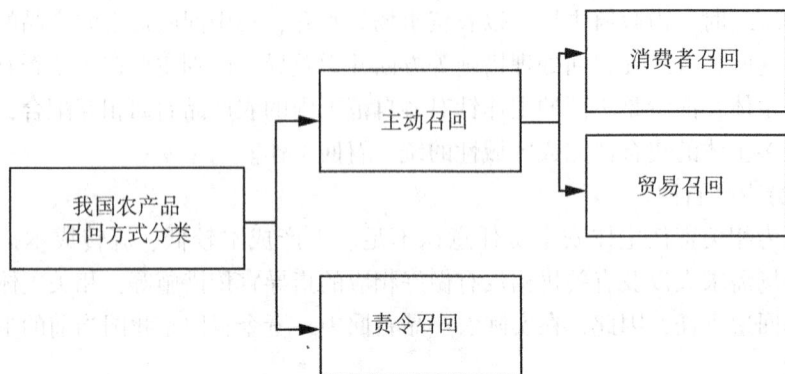

图 4-2 我国农产品召回方式分类

召回内容、召回任务、召回责任、监管职责等方面稍有不同，如图 4-3 所示。

4.1.3 我国农产品召回的现状及存在的问题

目前，我国在产品召回、汽车召回领域形成相对完善的体系，而在食品召回、农产品召回尚未形成统一的体系，在 2013 年后才开始尝试建立农产品质量追溯系统和追溯管理运行制度，搭建信息化追溯平台。2013 年 9 月，盘锦市建立全国首家稻米质量追溯系统；2014 年 2 月，甘肃省出台农产品质量追溯办法；2014 年 6 月，吉昌州在绿色食品上使用二维码追溯；2014 年 11 月，宁德市试点建立农产品质量安全可追溯系统；2015 年 4 月，东莞市企业建立家禽产品二维码溯源系统，要求屠宰企业严格管理制度，生产区应采取封闭式管理，整体流程实施溯源管理；同月，河南省启动"水产品养殖质量监控与追溯体系建设试点项目"；2016 年 6 月，农业部发布加快推进农产品质量安全追溯体系建设的通知；2016 年 11 月，安徽省要求搭建省级统一的追溯管理信息平台，制定追溯管理技术标准，开展追溯管理试点应用；2017 年 3 月，天津滨海新区启动肉制品安全追溯体系建设，实现肉制品食品安全来源可查、去向可追、风险可控、责任可究。

在农产品召回制度上，2014 年 12 月，湖北建立"问题肉"召回制度，禁止生鲜乳添加任何物质；2015 年 10 月，辽宁省制定新食品安全法，明确了食品安全全程可追溯，强化了问题食品的召回力度；2016 年 1 月，国家食药监发布食用农产品市场销售质量安全监督管理办法，对问题食用农产品的处理做出了具体要求；同年，国家粮食局在《关于加快推进粮食行业供给侧结构性改革

问题农产品识别

对象有引起公共健康安全风险吗?
包括
1. 微生物污染
2. 化学或其他污染
3. 未确认的过敏原

是　　不确定　　否

在统一一致时开始召回

与检测机构或其他第三方机构商讨并（或）寻求专家建议

需要采取预防措施让危险农产品避免二次销售吗？情形包括：
1. 对危险因素的判断
2. 在问题农产品上做上标记
3. 提供优质或合格的对象

是否存在实际的责任主体？

是　　否

贸易召回　　消费者召回

是　　否

当需要且和主要第三方机构协商一致时开始撤回

采取其他合适的方式

政府监管

当以上所有方式都难以进行召回工作时

责令召回

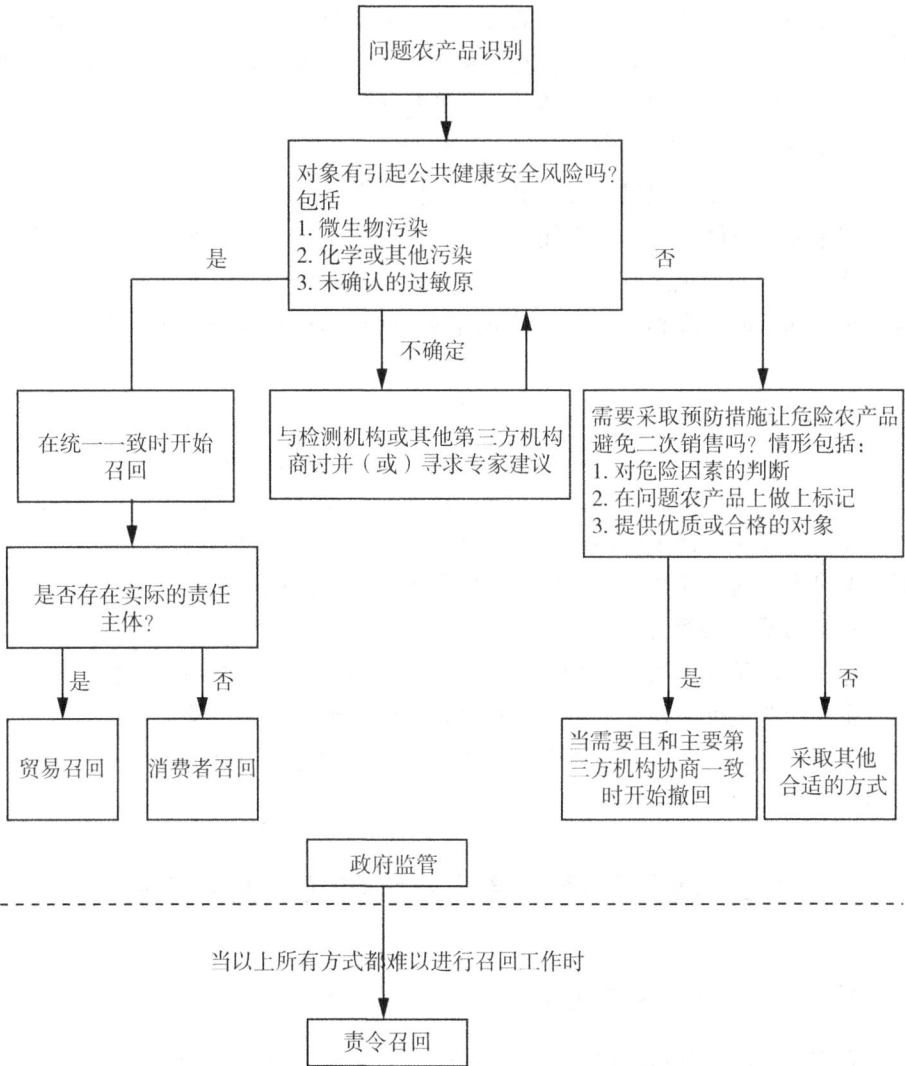

图 4-3　我国农产品召回方式选择

的指导意见中明确指出，加强粮食流向监管，坚决防止不符合安全标准的粮食流入口粮市场，同时，完善粮食质量安全保障机制，探索建立问题粮食召回制度。

我国农产品召回现状表明，当前农产品质量安全召回存在以下不足：

1. 政府和企业、消费者之间沟通不足

由于缺乏行业性或政府主导的农产品召回信息支撑平台，导致召回信息不全，主体之间的协调沟通不足，政府和企业、消费者之间沟通不足，监督管理不全面，后续追踪与召回监管缺乏完整性与系统性。

2. 相关法律法规不具体

虽然相关法律法规提出过"当出现问题农产品时及时采取召回措施"，但这些规定尚不具体，对召回责任主体、召回方式、召回产品处理、政府企业各方责任等方面的细规定较为模糊。在实际的召回工作中，由于各地方、各企业没有统一的召回标准和方案，导致不同的召回产品有不同的处理方式，影响了召回的效率。

3. 主动召回实施不力

主动召回是当出现农产品质量安全问题或安全隐患的时候，由相关责任主体主动负责实施召回，从理论上来说，这种召回方式更便捷高效，但在实际召回工作由于相关责任主体的安全责任意识不强、召回意识薄弱、召而不回、召回成本过大、尚无完整的监管措施，导致主动召回占比过低。

4. 责令召回效率不高

责令召回是我国当前处理农产品召回的主要方式，但是由于违法成本过低、企业回避或推卸责任、监督成本过高、监督难度过大、没有有效的监管和治理措施等，导致各责任主体没有发挥应尽的职责与作用目前的责令召回效率不高。

4.2　我国农产品召回流程和联动主体分析

4.2.1　农产品召回流程

农产品召回流程包括以下十步，如图 4-4 所示。

第一步：识别农产品对象并评定，即从问题农产品的危险程度、问题农产品的数量范围、问题农产品的分布范围、问题农产品的剩余价值四个方面判断农产品召回对象是否符合召回条件。

第二步：确定召回还是撤回。根据农产品对象是否面向社会消费者决定召回还是撤回。撤回不同于召回，农产品召回是将不安全农产品远离物流分布、销售和消费三个环节，而农产品撤回是将农产品远离整个供应链直到确保供应链上没有农产品安全质量风险。由于撤回面对的问题农产品是处于严格的可控

供应链主体	政府监管部门	第三方机构

1. 识别召回对象并评定 ← 事件发生

第三方机构会提供一些建议帮助召回对象的评定和确定是否需要召回

2. 做出召回还是撤回的决定 ←

政府部门拟定召回文件以协助供应链主体认清自己的责任
政府部门和供应链主体、第三方机构一起核实所有召回信息
政府部门拟定召回方案

第三方机构和政府部门商议召回细节

3. 如需召回,确定召回水平(贸易召回还是消费者召回)和范围

4. 启动应急预案,制定初步召回措施

5. 通知政府监督部门,并提供现有有效信息

横幅部门发布召回通知至相关方,包括:
1. 各地区政府工作人员
2. 关联政府部门(农业部、质监局等)
3. 同行业其他主体联系
4. 消费者通知(注意:这并不能替代责任方联系消费者的要求)

第三方机构提供实时数据,并及时反馈到各体系中

6. 社会通知

7. 对问题农产品的分布区域和影响范围内的公共组织进行宣传活动(包括报纸、广告、电台广播、电视新闻、新媒体等平台)

8. 供应链主体做出改正、采取合适的措施并做好相关的记录 ← 政府部门要求供应链主体提供召回报告

9. 供应链主体需向政府提供召回报告以证明此次召回已经合格完成 → 政府部门和第三方机构确认报告内容并做出此次召回是否合格的评价 → 第三方接收召回报告,如果有必要的话将和供应链主体一起采取下一步的行动

10. 政府监督部门通知上级部门和消费者此次召回的结果(包括合格或不合格)

如有必要

不合格之后,提出整改措施并处罚,并返回第8步

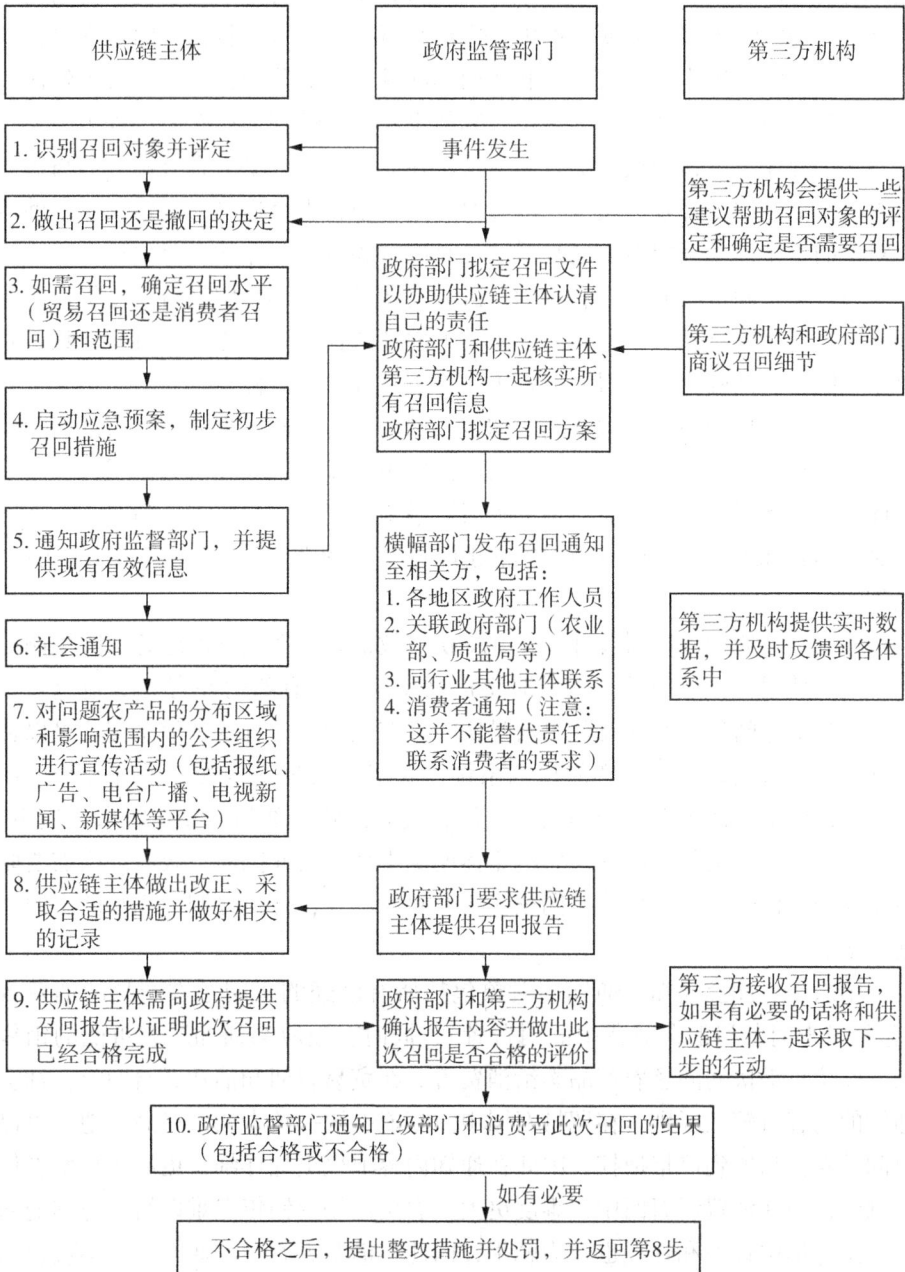

图4-4 我国农产品召回流程图

范围之内，因此，在管理难度上比召回相对容易。尽管将撤回和召回的问题农产品进行集中处理较为方便，但由于农产品召回处理过程较长、因素众多、环节复杂，在实际操作中常将召回和撤回的问题农产品分开，首先对可控的撤回农产品先进行处理，然后将处理结果和效果及时反馈到该次召回过程中，及时调整相关程序，以达到最佳的召回效果。在此过程中，第三方机构会参与提供实时数据活动中，并及时反馈到该次召回过程中，也会提供一些建议以帮助召回对象的评定以及确定召回还是撤回，是配合和调整工作的主要力量。

第三步：确定召回类型和范围。区分消费者召回还是贸易召回是很重要的判断，将直接影响到农产品召回模式的方向性选择。确定之后，再统计数量和分布范围，为做好充分的召回准备工作打下基础并核定标准。

第四步：启动应急预案，制定初步召回的措施。此过程需要政府部门和供应链主体相互配合才能完成，其中政府部门主要发挥监督和引导作用，供应链主体为主要责任方，负责应急预案和召回措施的制定，制定应急预案和召回措施时应当征求各方意见，比如曾经处理过类似事件、有相关经验主体的意见等。

第五步：通知政府监督部门，并提供有效信息。在基本的应急保障机制已经建立的情况下，供应链主体及时将信息反馈给政府部门并有效实施应急预案，这种信息间的交互和有效更新是实时且有效的，并且这种信息交流可以关联到农产品追溯系统、农产品检测系统、农产品质量安全管理系统等相关系统。当供应链主体采取措施提供有效信息之后，政府部门需要及时做出决策，拟定详细的召回文件以协助供应链主体明确责任。与此同时，政府部门需要联系供应链主体和第三方机构共同核实所有召回信息，并最终制定完整的召回措施方案。

第六步：社会通知。通知的对象包括所有已经购买问题农产品的消费者（包括尚未消费和正在消费中的消费者），同时，还应当通知所有可能的销售点，以防止潜伏的问题农产品卖给消费者。在贸易召回和消费者召回上，社会通知的内容有较大区别。在贸易召回中，有能够统一负责的农产品产地，可以对问题农产品做到严格把控，因此在通知内容上也更加详细，更易于消费者作出判断；而在消费者召回中，难度更大，农贸市场等销售点难以给出详细的通知信息，集中管理和处理也较为棘手，因此，消费者召回的通知信息不仅包括问题农产品的相关信息，还应包括问题农产品集中点、价格调整以及补偿方式等一系列信息。

第七步：对问题农产品的分布区域和影响范围内的农业合作组织进行宣传

活动(包括报纸、广告、电视新闻、电台广播、新媒体等平台)。无论是贸易召回还是消费者召回这种宣传都是必要的,从消费者健康安全的角度,这种宣传需要遍及问题农产品的所有分布区域,同时对影响范围内的农业合作组织也加强相应的宣传教育,从源头上尽可能降低农产品质量安全风险。

第八步:供应链主体在政府指导下采取合适的措施并做好相关的记录。政府在完成一系列工作之后,要积极发布召回通知。通知对象包括:各地区的政府工作人员、关联政府部门以及同行业内其他主体。除此之外,政府部门还应当利用政府的权威性辅助通知社会消费者,以达到更好的通知效果。通知各地区的工作人员以及时准确把握实际召回工作内容,通知关联政府部门便于积极配合农产品召回的工作,通知同行业内其他主体目的一是为了更好的协助召回工作,二是平衡整体的农产品消费市场环境,避免社会问题。

第九步:供应链主体向政府监督部门提供召回报告。召回报告主要从对消费者的健康安全水平的影响和对社会环境的影响以及对农产品供应链体系的影响三个方面来综合考量本次农产品召回处理是否达标。提供召回报告是供应链主体的义务,也是政府监督部门的责任。在政府部门接收召回报告并做出评价之后,第三方机构将数据实时输入已有的系统内,提出相关建议,并与供应链主体一起商议农产品质量安全方面的细节问题。

第十步:在供应链主体完成所有的召回工作之后,政府部门要和第三方机构共同评估报告内容,并做出相应评价,然后将评价结果通知给上级部门和消费者。如果合格,汲取经验,完善农产品应急预案和现有系统中的部分数据;如果不合格,提出整改措施并处罚。

4.2.2　农产品召回联动主体分析

农产品召回主体分为三类:供应链主体、政府监管部门和第三方机构。其中供应链主体是整个农产品召回的核心,政府监管部门起监督辅助的作用,第三方机构为各项工作的开展提供有效的信息和辅助。农产品召回流程中,各责任主体应当积极配合,主动按照相应程序完成责任,政府部门的监督辅助作用要及时到位,第三方机构的工作要合理、有效,并且能够及时反馈于供应链主体和政府监督部门。

1. 供应链主体

农产品供应链是指农产品从生产到消费的各环节组成的一个整体。由于供应链各环节需要物资的流通和信息的沟通,因此需要一系列的组织运作让供应链处于动态平衡的流动状态。这种组织运作的体系称为供应链网络,在建立具体的供应链网络时,为更好地明确各方责任,需要在供应链网络中添加更多的信息节点,完备的农产品供应链网络应包括组织网络、信息网络和物流网络。农产品供应链可分为传统的供应链和市场集中式供应链两类。与市场集中式供应链相比,传统的供应链具有完整的供应链主体和沟通渠道,各方责任相对完备。

(1)传统供应链主体。

在传统的农产品供应链(见图4-5)中,农产品生产资料供应商为农户或农业生产基地提供生产资料,农产品生产出来后,初级加工商根据不同的要求对部分农产品原材料进行初级加工;然后将农产品或经初加工的农产品分派到各销售商;最后流入到消费者手中。从整体上来看,在各方力量的协作下,传统的农产品供应链网络便于集中管理,也更系统化和制度化。生产资料供应商、农户或农业生产基地、初级加工商、销售商、消费者,构成一条完整的农产品供应链,同时,在供应链系统中,物流商是连接供应链各环节必不可少的主体。因此,传统的农产品供应链主体应包括农户或农业生产基地、初级加工商、销售商、物流商、消费者。

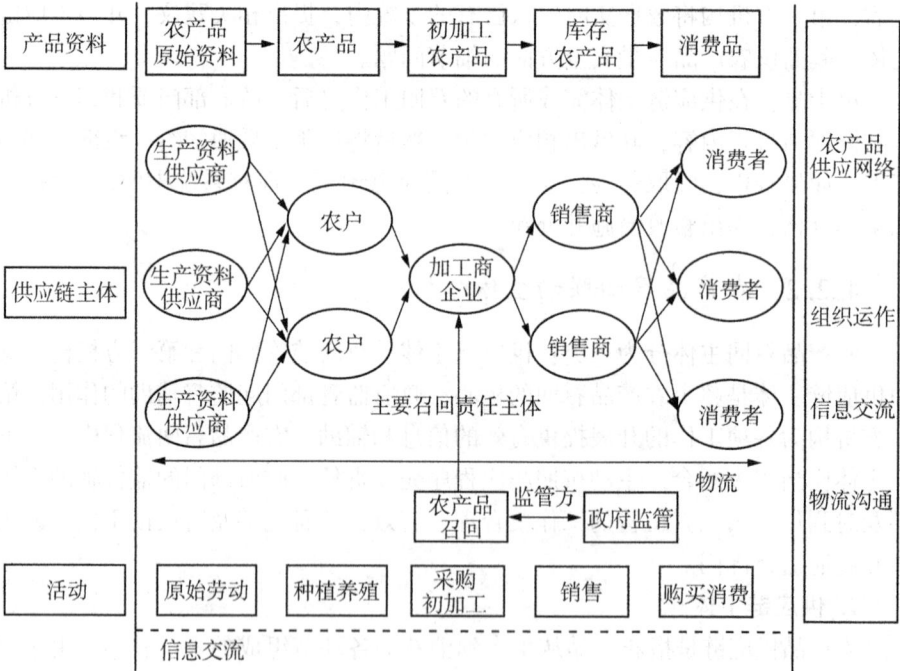

图4-5 我国农产品传统供应链

（2）市场集中式供应链主体。

目前市场集中式供应链主要有以下三种。

①农户—农贸市场—消费者。从本质上来说，农贸市场不属于传统理论中的任何一个责任主体，但由于农贸市场具有集中性，政府对此也很关注。因此可以将农贸市场作为一个第三方的辅助主体，通过这种辅助主体让本无能力处理问题的自产自销经营方式有了解决问题的可能。该供应链主体包括农户、消费者以及农贸市场。

②农户—消费者。除极少数自由贸易外，这种情况较少，可以归为第一种供应链的特殊情况。该供应链主体包括农户和消费者。

③农户—经销商—农贸市场—消费者（见图 4-6）。其中经销商包括初级加工商和销售商。这种模式较为常见，也有经销商采购并集中销售的情况，当前城市社区的"生鲜便利点"就属于这种。此种模式中的农贸市场和农产品仓储起着很重要的作用。农贸市场是一个第三方的辅助主体，通过这种媒介消费者可以直接面对销售商，农产品仓储作为农产品运输枢纽和调配中心，不直接面向消费者。因此，该供应链主体包括农户（或农业生产基地）、初级加工商、销售商、农产品储蓄仓库、农贸市场以及消费者。

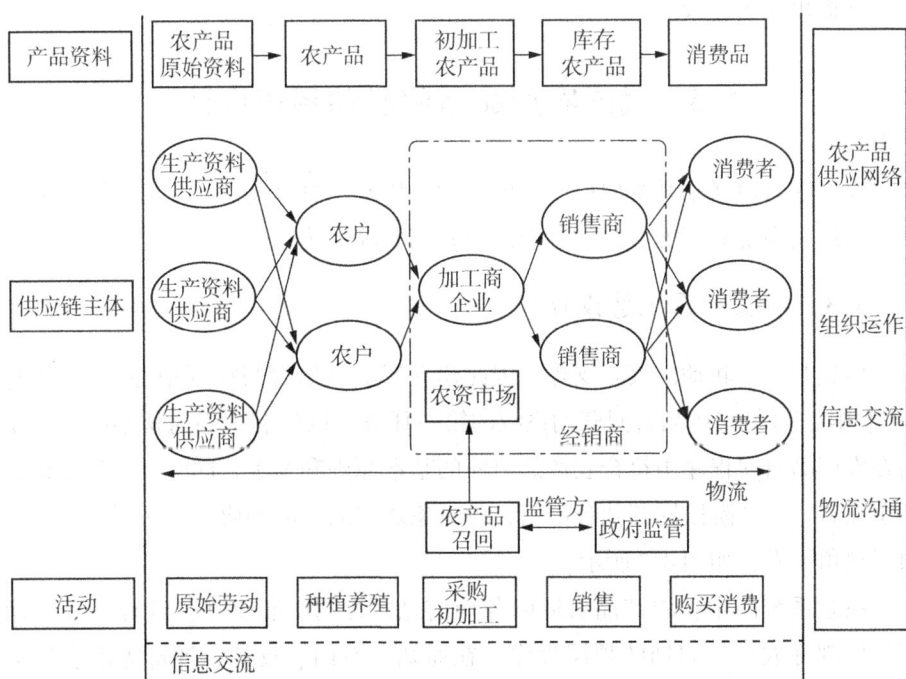

图 4-6　我国农产品市场集中式供应链

2. 政府部门

在召回过程中，政府部门起着监督指导作用。当供应链主体采取措施提供有效信息之后，政府部门需要及时做出决策，拟定详细的召回文件以协助供应链主体明确责任。与此同时，政府部门需要联系供应链主体和第三方机构共同核实所有召回信息，并最终制定完整的召回措施方案；完成上述工作之后，政府部门要积极发布召回通知给政府工作人员、关联政府部门、同行业内其他主体以及消费者。通知政府工作人员以便及时准确把握召回工作内容，通知关联政府部门便于积极配合农产品召回工作，通知同行业内其他主体目的一是为了更好地协助召回工作，二是平衡整体的农产品消费市场环境。在供应链主体完成所有的召回工作之后，政府监督部门须要求供应链主体提供召回报告、评估报告内容，并及时将评估结果通知给上级部门和消费者。

3. 第三方机构

在召回过程中，第三方机构起着辅助作用：第三方机构提供实时数据，并及时反馈到各环节中；第三方机构会给供应链主体提供一些建议；在政府部门接收召回报告并做出评价之后，第三方机构需要将数据实时输入已有的系统内，并提出相关建议。

4.3　我国农产品召回联动系统设计

农产品召回联动系统要以召回流程为基础和信息来源，本节在图 4-4 的基础上，运用系统模型方法，设计农产品召回联动系统。

4.3.1　联动系统总设计

信息共享是联动的核心支撑，因此建立好信息监管与控制中心（以下简称"控制中心"）是农产品召回联动系统的第一任务。以控制中心为核心的体系架构在农产品召回程序中符合农产品召回的基本原则和要求，同时，这种结构有利于在召回的各阶段同其他各部门、各对象之间的交流和协作。从系统设计的顶层视角来看，如图 4-7 所示。

在总系统图中，农产品召回的各种信息同控制中心交互，这种交互作用不仅体现在农产品召回的顶层程序，在通知、召回、反馈、评价等落实环节中也同样会有信息的交互和协作，可以实现农户、初级加工商、销售商、消

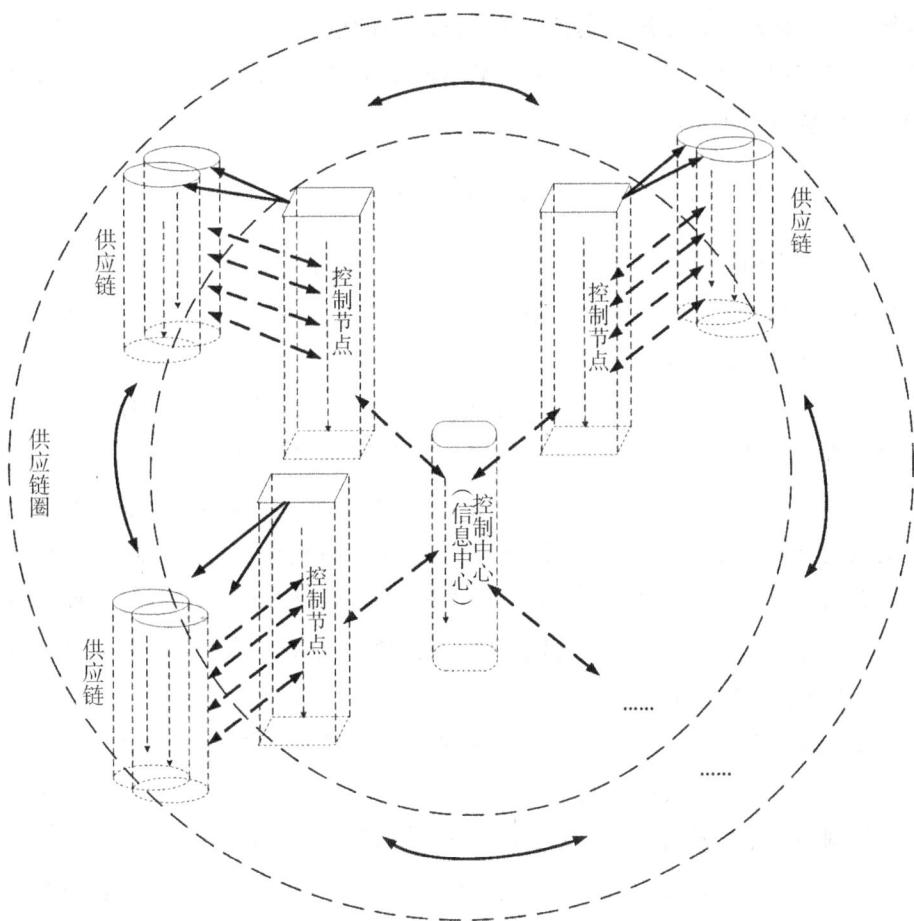

图 4-7 农产品召回联动系统设计图

费者、政府部门以及第三方机构等召回主体之间的信息共享。同时，为合理控制成本，在控制中心和供应链条之间添加临时的控制节点，其目的是在控制中心的指挥下，完成具体的监控和调整工作。在供应链条上，各供应链主体在供应程序上是从底至上的，而召回工作是从顶至底完成的，另外，为区别贸易召回和消费者召回，在结构上是具有相交关系的供应链圈实际上仅代表一条供应链。

总体上来看，农产品召回联动系统设计图以农产品供应链为召回基础，以信息系统技术为核心，横向上实现了各召回主体之间的联动，纵向上实现了各区域之间的联动。该系统包括各区域不同环节的信息反馈的二维层次子系统，即农产品召回联动信息子系统、农产品召回联动实施子系统、农产品召回联动信息与实施互动子系统。

4.3.2　农产品召回联动信息子系统设计

农产品召回联动信息子系统在总系统设计中处于核心地位，是控制中心在信息方面的具体措施。由于控制中心是以信息系统为支撑的，该信息子系统设计实质上就是指控制中心的具体功能。

农产品召回联动信息子系统，简单地说就是将农产品召回的程序利用信息模块的方式对各段进行区分，并将各信息模块的具体操作和协作联动系统反映在流程图上。就可参考的流程来看，基于功能模块划分的角度，将农产品召回联动系统分为信息采集模块、判断模块、缺陷分析模块、预警模块、追溯模块、召回实施模块、处理模块、评价反馈模块、监督模块九大模块，以便于分层管理、分阶段实施召回以及分区域把控召回联动信息。农产品召回联动信息运作流程如图 4-8 所示。

基于流程图 4-8，得出如图 4-9 所示的农产品召回信息联动系统架构图。

在功能上，这九大模块具有先后关系。当发现农产品质量安全问题征兆后，控制中心需要及时收集相关信息并将收集到的信息与有关方及时报告的信息相结合，对召回方式、召回预案进行初步判断和选择，在已选择的召回的背景下对辨识对象判断分类，对召回对象进行缺陷分析，同时开展预警工作，将预警信息转化为问题成因。在经过缺陷分析和判断后，若符合相关条件，触发召回，从溯源和实施两个方面配合召回工作。在完成上述所有工作之后，对召回评价进行评估和结果发布工作，同时将此次召回工作结果转化为管理经验从而调整应急预案、完善召回制度。另外，在整个过程内，各大模块都需要统一的监督平台来控制召回程序和召回信息的流动。

在系统中，各大模块需要有机集成，在多个功能模块分别执行各自任务时，需要统一集成于农产品召回信息监管与控制中心，实现分离运作和统一管理的结合。各功能模块的作用及实施具体如下。

事故发生

信息库 ← 信息反馈

控制中心

对象判断是否需要召回 —否→ 撤回系统 → 处理 → 能否二次销售 —能→ 二次销售

对象判断是否需要召回 —是↓

案例库 ← 是否有先例或可参考经验 —是→ 确定召回

是否有先例或可参考经验 —否↓

缺陷预警知识库 ← 缺陷分析

召回预警 ← 是否缺陷 —否/不确定→ 第三方/专家 → 是否缺陷 —否→

是否缺陷 —是↓　　是否缺陷 —是↓

召回

召回追溯系统 ← 追溯

召回实施系统 ← 召回实施 [方案设计 逆向物流]

召回处理系统 ← 处理 —重新实施召回→ 销毁处理 再利用

召回评价 ← 评价

能否二次销售 —否→ 销毁处理 再利用

是否合格 —否→

是否合格 —是↓

结束

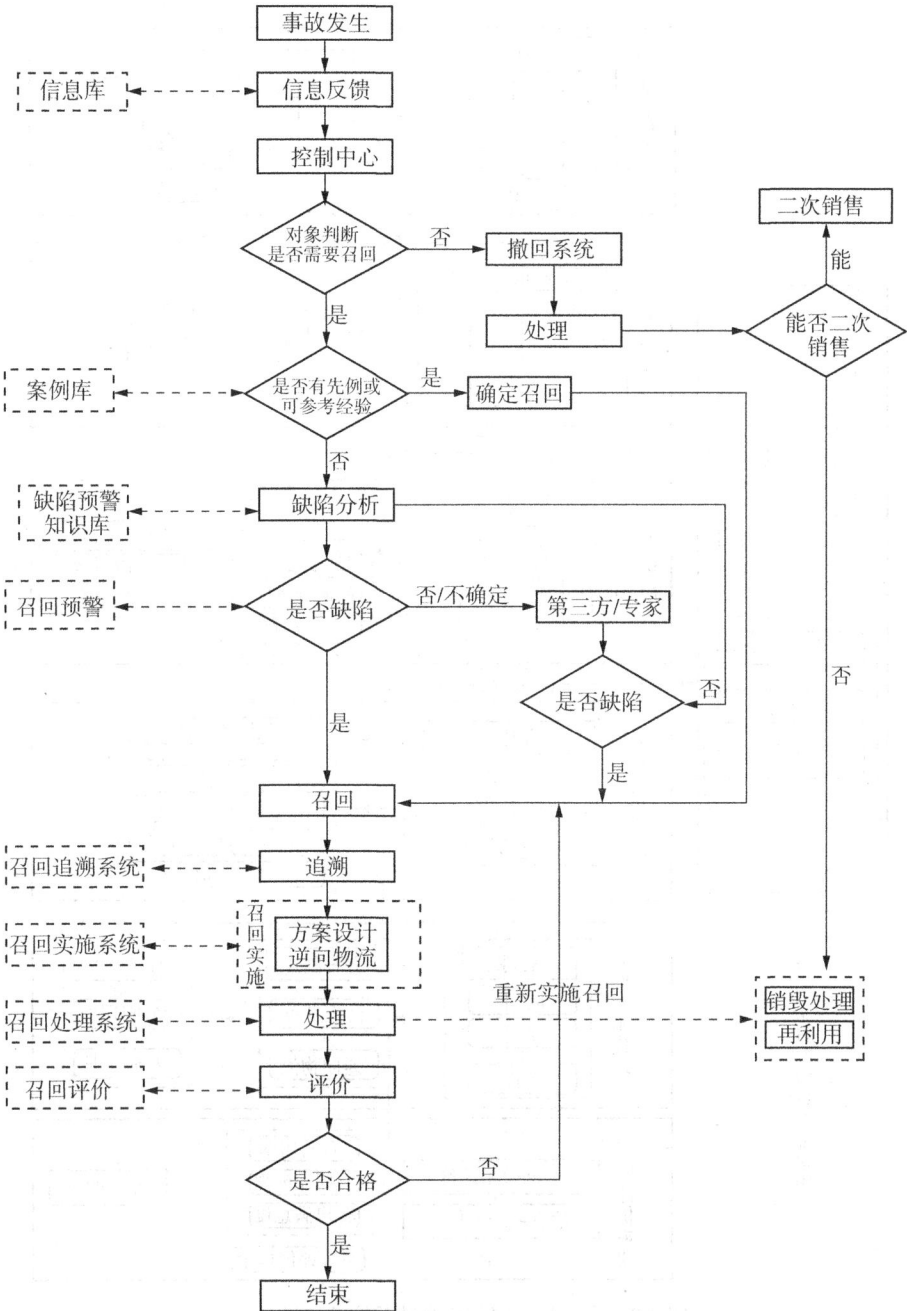

图 4-8　农产品召回联动信息运作流程图

111

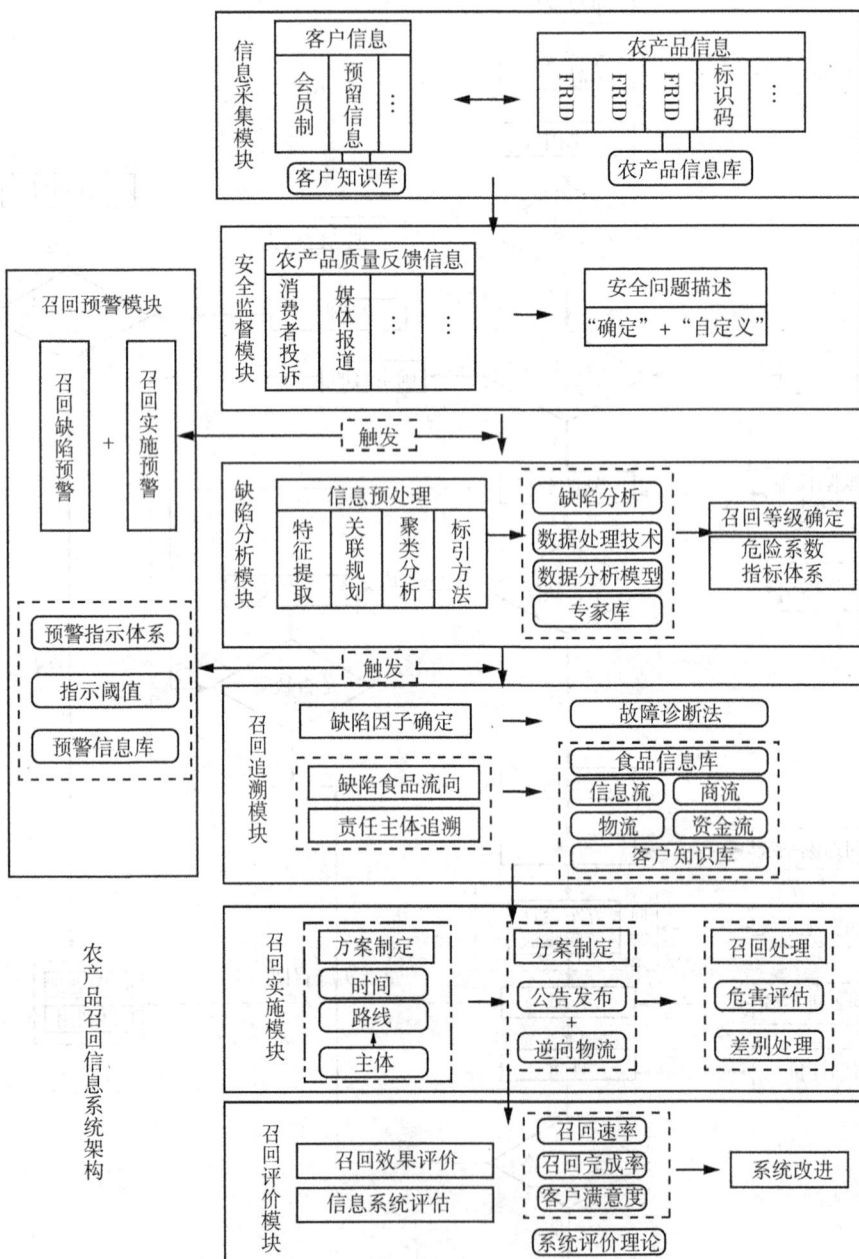

图 4-9　农产品召回信息联动系统功能设计图

1. 信息采集模块

信息采集模块包括农产品信息采集和供应链主体信息采集，其功能是对问题农产品及其供应链信息的采集，这个模块在依靠农产品追溯信息系统和农产品质量安全管理系统的条件下，为农产品召回的其他模块提供依据和来源。

供应链主体信息包括农户、初级加工商、物流商、销售商的以及消费者的信息。农户、初级加工商、物流商、销售商的信息在政府系统内依法可以查询，这些信息包括行政信息以及在农产品质量安全检查、物流检查、大型农产品交易集散点的农产品流通信息。消费者信息包括具体和模糊两个方面的信息。具体个人信息可以通过大型商贸中心的会员信息查找到，如因农产品质量安全问题导致消费者住院治疗的，其信息也可在医疗机构查找到；模糊信息包括消费者的分布范围、消费者的消费方式等。农产品信息采集同消费者及其他供应链主体信息采集具有关联性，具体来说，农产品信息采集包括数量、质量、缺陷、分布范围等方面的信息。

2. 判断模块

判断模块是将信息有效利用的重要模块，其功能是将问题对象进行分类，并采用各自合适的召回途径，目的是最小化召回成本以及简化召回流程。

判断模块主要包括召回方式的判断。召回撤回判断和召回预案的判断。召回方式判断主要是判断采用贸易召回还是消费者召回；召回撤回判断是根据可能问题对象是否面向大众；而召回预案的判断选择是在综合考虑召回方式的判断以及召回撤回的判断来判断选择召回预案，以保证预案能最大程度符合实际要求。

3. 缺陷分析模块

缺陷分析模块是召回程序的关键。主要任务是通过统计对农产品质量安全问题分析评价，确定缺陷因素，评估缺陷的危害系数，确定农产品的召回等级。这部分模块由专家库和农产品质量安全分析系统组成，其过程可以分为两个阶段：预处理和缺陷分析。预处理包括对信息的统计和整合，并通过简单的比对做出性质上的判断；缺陷分析是指在上述基础上，利用现代信息数据处理技术和各种分析模型(包括 FTA 故障诊断算法、Bayes 统计分析模型、指标对比分析模型、变化和偏差分析模型)，按照缺陷因子的危害系数作出对应的处理。

4. 预警模块

预警模块分为召回缺陷预警和召回实施预警两个子模块，模块主要功能是：分析农产品缺陷的因素和启动召回的因素，并将其指标化，构建相应的缺陷和召回预警指标体系，同时构建预警及相关信息库，避免同一因子进行重复分析。

召回缺陷预警模块。监督模块出现质量问题时，缺陷预警模块触发，首先进行缺陷信息量的检测，观察是否有分析的必要，阈值由农产品缺陷分析专家组设置，不同类别农产品的阈值会有所差别。缺陷信息量达到阈值，触发缺陷分析模块，将农产品缺陷信息传送至缺陷分析模块；否则，缺陷信息重新返回监督模块。

召回实施预警模块。缺陷分析模块将农产品分析信息转入召回实施子模块，根据指标化的召回启动指标阈值，当某一指标达到召回要求时，由专家组进行研判后确认召回实施；若没有达到召回要求或者分析未果，直接由专家组评估缺陷信息和农产品，最终决定是否实施召回，并将评估信息上传至预警信息库。

5. 追溯模块

召回追溯模块是追溯缺陷因子、追踪缺陷流向、追究缺陷责任主体的主要过程，是决定召回效率的关键因素。农产品召回追溯体系在接收到召回实施预警模块传达的召回信息时启动，根据预警模块所确定的缺陷农产品，从该原材料生产地出发，对农产品供应链的整个过程进行追溯。

6. 召回实施模块

召回实施模块包括：召回方案制定子模块、召回实施子模块。召回方案制定子模块是指基于召回预警子模块评判出相应的缺陷食品的召回等级后，结合追踪到的农产品所在市场位置，来进行召回方案的设计。召回实施子模块考虑缺陷农产品的危害程度，根据召回等级确定采用何种方式进行召回公告。公告发布后进入召回实施阶段，根据召回方案实行逆向物流。

7. 召回处理模块

召回处理在整个召回系统中非常重要，处理结果会直接影响召回效果，如果缺陷农产品再次流向市场，导致的危害将异常严重。召回处理时应首先由专家组对召回的农产品进行危害评估,确定缺陷因子是否可修复或弥补,再进行下一步处理。针对不同问题的缺陷农产品采用不同的处理方式:对于可修复的缺陷因子,及时修整后返还客户;对于那些不可流向市场但依旧有剩余价值的农产品,需要有关部门统一组织,严格管理深加工或转化过程;对于那些不可修复且无法在此利用的农产品缺陷因素,政府相关部门应该监督企业统一销毁,防止缺陷农产品再次流向市场。

8. 评价模块

召回评价模块分为召回效果评价以及召回信息系统评价。一方面,综合召回时限、召回范围,以及政府机构、消费者、社会公众对召回的满意度等多个指标评价召回结果,判断召回是否有效,如果确定召回无效,政府相关部门需展开二次召回。另一方面,由专家组担任评价责任人,运用系统评价理论,把信息系统中的各个模块和子模块看成一个个子系统,对各个子系统及其内在联系结合召回效果影响因子作出客观评价,供应链主体或政府依据评价结果对各召回模块进行改进和调整,不断提高系统的召回效能。

9. 监督模块

监督模块包括信息监督、缺陷分析监督、追溯系统监督、实施监督、处理监督、评价监督等包含所有程序的监督内容,在整体上实施的是监控和反馈的措施,目的是及时调整召回方案和措施,以达到最合理的召回效果。

最终完善的农产品召回联动信息子系统功能如图4-10所示。

4.3.3 农产品召回联动实施设计

农产品召回实施架构在总设计图中处于操作层次,在召回实施中,要以信息架构的程序为指导来完成具体的召回工作。

农产品召回实施架构层次在内容上基本涉及两个分层次:农产品召回程序和农产品供应链。其相互关系为"以农产品供应链为召回基础,以农产品召回程序为召回平台,以平台层的步骤影响基础层的农产品走向,并及时反馈给平台层"。为简化实施架构层次,将农产品召回联动程序简化如图4-11所示。

为更好地发挥信息层次架构的作用,实施层次的架构设计依旧采取模块化的方式。简单地说,就是将农产品召回程序按不同的功能分区,划分出不

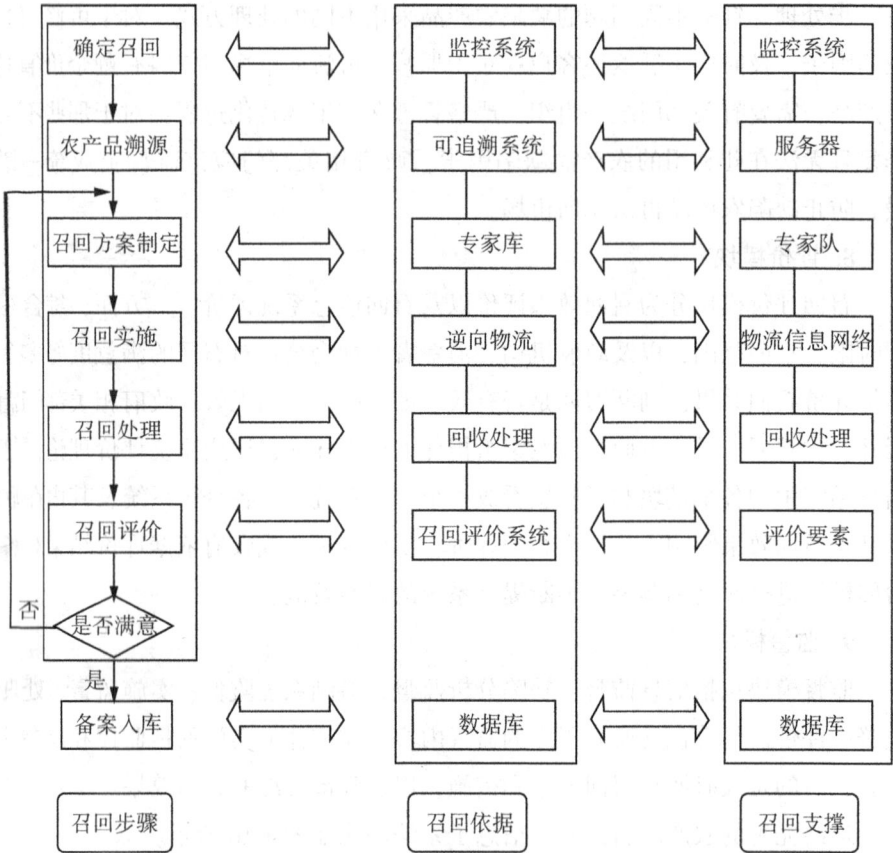

图 4-10 农产品召回联动信息子系统

同的功能模块，利用不同的连接点建立步骤关系，使所有的程序具有可操作性。这些模块基本可以分为农产品召回实施层次关系和农产品召回实施信息步骤两个方面来说明。农产品召回实施架构层次及各分层次之间的关系如图 4-12 所示。

在农产品召回实施程序中，程序的分离不代表两种模式，而是针对农产品召回模式下的不同情况，这两种情况在程序上和相互关系上各有利弊，在设计该层次时应加以分开、明示。

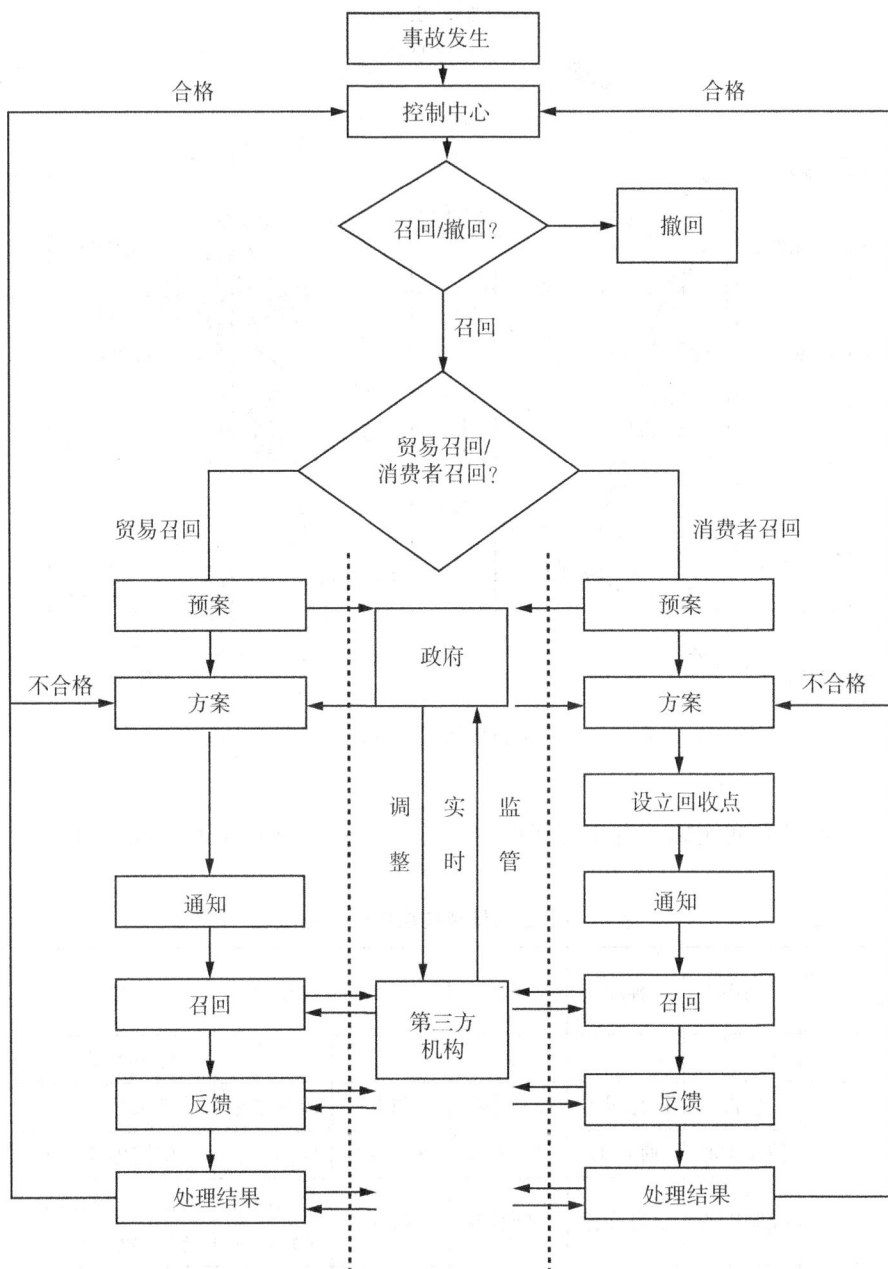

图 4-11 农产品召回简化过程

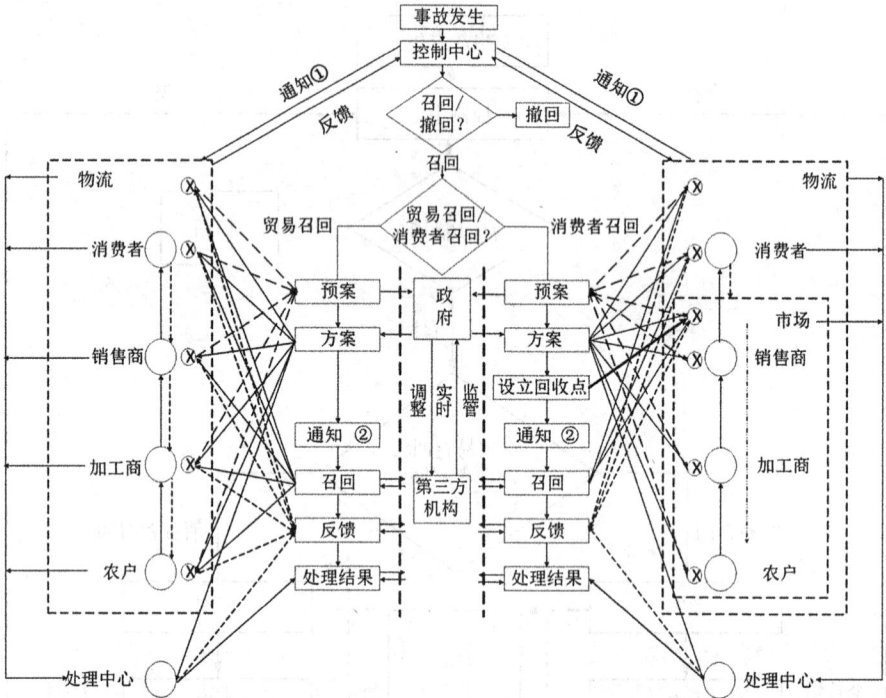

图4-12 农产品召回实施架构层次及各分层次之间的关系

农产品召回实施信息步骤层次及各分层次之间的关系如表4-2所示。

表4-2 农产品召回实施架构层次信息程序

步骤\环节	输出	程序	输入	程序	输出	效果
0	/	/	/	/	/	供应链流动(+1)
1	事件	采集/集中	控制中心	调查	调查结果	信息采集
2	控制中心	通知①	供应链	执行情况	控制中心	供应链停滞(0)
3	控制中心	信息交流	判断模块	判断方式	召回路径(4/4'?)	召回方式的区分和选择(贸/消)
4	预案模块	传递	政府和第三方机构	综合	方案	召回方案确定

续表

步骤＼环节	输出	程序	输入	程序	输出	效果
5	方案	通知	供应链主体	实际情况	实际方案	各主体有实际执行方案
6	实际方案	通知②	公众	信息	召回	可以展开实质性召回
7	召回	通知	供应链主体	召回工作	集中处理	供应链逆向流动（-1）
8	处理站和各主体	总结报告	反馈模块	综合分析	结果模块	召回结果反馈并总结
9	结果模块	通知	控制中心	反馈	供应链/召回程序4	合格时供应链流动（+1）/不合格时返回步骤4并调整
4′	预案模块	传递	政府和第三方机构	综合	方案	召回方案确定
5′	方案	选址	市场	反馈	方案优化	市场回收点的选取
6′	实际方案	通知②	消费者	信息	召回	可以展开实质性召回
7′	召回	通知	消费者	召回工作	市场回收点	集中性回收
8′	市场回收点和消费者	回收	处理站	处理信息	反馈模块和结果模块	供应链加市场的逆向流动（-1）
9′	结果模块	通知	控制中心	反馈	供应链/召回程序4′	合格时供应链流动（+1）/不合格时返回步骤4′并调整

表4-2中，通知①是指在事件发生后的社会通知以期供应链停止，通知②是指在做好措施层工作后通知开展正式的召回工作，⊗表示在接收到通知①后停止供应链流通的操作和供应链状态，在所有的召回工作中均针对停滞状态而非正常的供应链。

4.4 农产品召回信息与召回实施互动架构

在日常工作中做好农产品信息的有效管理,在召回过程中应用好农产品信息,在召回工作后总结分析实际经验,是做好农产品召回工作、提升农产品召回效率、保障农产品质量安全的关键。前面部分已将农产品召回系统架构中核心指导部分和关键实施部分两方面做了基本研究,但在实际召回中,将分系统紧密联系有机统一起来才能体现农产品召回联动系统的价值。为此,基于供应链核心模块和信息核心模块,综合分析召回信息与实施两个分系统的相互关系,得出图 4-13。

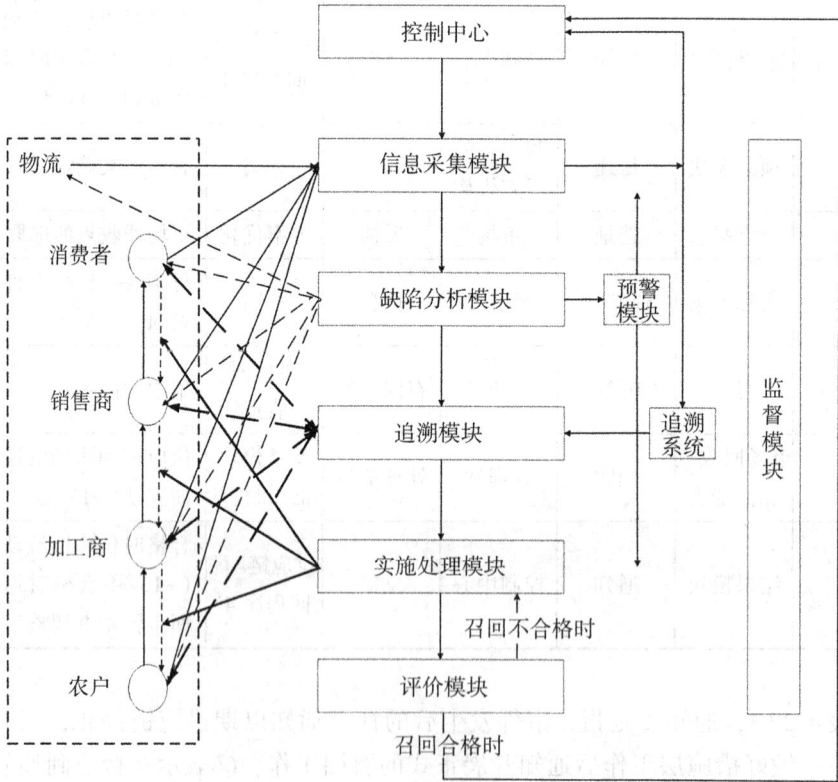

图 4-13 农产品召回信息与实施互动架构层次

在农产品质量安全管理中,农产品信息系统和农产品追溯系统要保持高度的灵活性。从图 4-13 可以看出，召回系统中的所有模块都是以这两个系统的信息为前提的。因此，当农产品质量安全征兆发生之后，在保证农产品召回工作按照图中流程顺利开展的同时，也应当基于系统安全的角度，为类似对象或其他供应链对象提供并共享有效信息。不仅如此，信息与实施互动架构可以在系统内采集日常检查数据进行模拟，并将模拟结果用于农产品质量安全管理系统和农产品追溯系统。

本 章 小 结

本章首先概述了农产品召回的相关理论、现状，在此基础上，设计了农产品召回系统的流程，分析了农产品召回的联动主体即供应链主体、政府部门及第三方机构；然后，按照不同的层级部门和层次要求设计了二维的农产品召回联动系统，在此基础上从信息层和实施层两个层面分别对联动系统进行研究；最后，分析了实施层和信息层之间的层次关系，进一步丰富了农产品召回系统。

第5章　基于 UML 时序图模型的农产品质量安全跨组织应急处置联动系统

本章至第七章研究农产品质量安全应急系统第三阶段即应急处置阶段的联动系统即应急处置联动系统。本章运用 UML 时序图的建模方法建立了农产品质量安全事件跨组织应急联动系统模型。UML 时序图又称为序列图或顺序图，主要是用来描述若干个对象之间的动态交互过程，能反映完成某一任务的该对象与其他对象之间信息传递的顺序。本章建立的应急联动系统 UML 时序图模型能够清晰地描述组织间信息传递的过程，全面直观地展示应急联动系统全过程，方便应急工作人员参考和阅读，为应急处置联动预案的研究和撰写提供一定的参考价值，也可提高应急联动系统的开发人员研发系统的效率。

5.1　应急处置联动系统的实现条件及构成要素

5.1.1　应急处置联动系统的实现条件

"联动"是指若干个相互关联的组织，如果一个组织发生变化或运动，其他的组织也跟着这个组织变化或者是运动。随着计算机技术、信息技术的广泛应用，从中央政府到地方各级政府构建了应急指挥平台，应急组织单元间可实现信息共享，这就为实现联动创造了条件(郭景涛，2016)。具体来说，应急联动系统的实现条件包括以下两点：

1. 信息共享

信息共享是实现应急联动的核心，也是实现共享感知的前提。信息共享可以有多样化的表现形式。当两个或多个协作单元的地理位置非常接近时，可通过声音面对面地交换信息，也可利用肢体语言交换信息；当实体单元之间的距离较远时，需要利用某种技术实现共享信息，例如利用电话、数据终端、电子邮件等。所以说，应急联动是一个信息集聚的过程，需要各应急主体之间的协同合作，汇聚各参与主体的智慧，形成一种协同式群决策机制，尽量克服决策者非完全理性的限制。

2. 知识共享

知识共享是各应急联动主体决策的基础。有效地获取知识、传播知识、应用知识和共享知识是提高应急决策能力的关键。在实现联动过程中，不同主体均存在某种程度的知识共享，使得应急响应更快、信息传递更透明、决策更科学、联动更有效。因此，需要在最恰当的时间，以最恰当的方式，将最恰当的知识传递给应急指挥决策者，使得应急决策知识得以最大限度地共享。

5.1.2 应急处置联动系统的构成要素

在应急联动系统中，由于应急组织单元分布空间区域的广泛性，必须建立一个具有层次性的应急指挥组织，以便能实施指挥和控制各方的应急行动，高效处理复杂的危机态势，完成应急目标和任务。其中，应急信息源、应急设备和应急指挥系统的完备程度很大程度上决定应急指挥组织协同的高效与否。例如，在信息不畅通的情况下，应急指挥者只能实施开环指挥，即按照预定的指挥原则指挥应急救援行动。当各应急指挥结点信息畅通时，应急指挥者可实施闭环指挥，充分调配人力、物资等应急资源，从而实现联动目标和任务（郭景涛，2016）。由此，应急联动系统构成因素主要有六个，即联动主体、应急信息、联动结构、联动目标、联动技术和方法以及联动决策。

1. 联动主体

联动主体主要是指参与应急联动的单位或个人，事故发生后，这些联动主体会共同成立一个应急指挥中心，应急指挥中心的指挥者是是决策人，负责实施各自组织单元中的联动行动，其认知能力很大程度决定了应急联动的效果。

2. 应急信息

作为重要的决策要素，应急信息是实现应急联动的基础，来源于各应急指挥平台的汇报、应急中数据库或其他信息源，可为应急指挥者提供决策支持，应急信息的获取与流动贯穿于应急联动系统的全过程。

3. 联动结构

联动结构是指参加联动的应急组织实体单元，依据应急指挥协同目标组建的，具备完成一定应急任务而构成的结构。在实施应急指挥协同的过程中，联动对象应遵循一定的结构，由于其各自承担不同的应急救援任务和目标，因此其组成构造及发挥的功能也存在不同。

4. 联动目标

这是指由最高应急指挥中心确立的、参与联动的应急指挥组织实现共同的目标，如最大限度降低人员的伤亡或使得财产损失达到最低等。协同目标根据应急的不同阶段而变化，具有一定的时间性。在农产品质量安全应急处置中，按照"党政领导，部门联动，社会协同"的应急方针政策，建立以政府、农业行政部门领导的应急指挥领导小组为中心，以公安、工商、卫生、质检等机构组成的应急联动小组为骨架，积极履行小组工作责任，听从指挥统一行动，实现信息互通、资源共享，各小组任务无缝连接，高效有序运作的农产品质量安全应急联动系统，有效处理各类农产品质量安全突发事件，维持社会经济的正常运转秩序。

5. 联动技术和方法

联合应急指挥及一体化应急救援行动是信息化时代应急指挥的典型，数据链技术是其联动的主要手段，通过数据链技术可直接连通相关的应急指挥系统，并在立体空间构建数据传输交巧和信息处理网络，这样就为应急系统联动提供技术支持。另外，应急联动系统的优化方法可以提高联动效率。

6. 联动决策

联动决策是在应急联动技术和方法的指导下的一种主观行为，决策的好坏反映了应急指挥者自身的素质，反映了指挥者对客观效果的认知能力。

5.2　我国农产品应急处置联动中存在的问题

5.2.1　缺乏应急联动权威组织

突发事件发生时，往往需要各方面的力量和资源支持和调配，特别是在发生大规模突发事件和危机事件时，更需要应急组织具有快速的反应能力、资源调配能力和综合协调能力，这将大大减少突发事件造成的财产损失和人员伤亡。根据我国的《突发事件应对法》，目前我国的应急管理体制是统一领导、综合协调、分类管理、分级负责、属地管理，即突发事件的处置过程由当地政府领头成立临时的应急领导小组指挥各组织展开应急救援，当救援工作完成后，领导小组回归正常工作，这种形式缺乏持续性。尽管有些地方设立了应急办公室，但是权力不足、结构单一、综合性不够，在真正需要时无法发挥时效，不能快速调动和组织各方资源，浪费黄金救援时间。政府牵头组织的临时应急小组虽然节约了资源，比较机动灵活，但也存在诸多问题。临时应急小组缺乏实际经验，在实际指挥时，存在浪费应急资源和应急时间的可能，缺少信服力和权威性。同时临时应急小组的成员来自不同部门，需要时间磨合，短时间内实现有条不紊的合作比较困难，有可能会出现政出多门的现象，影响救援效率。缺乏应急联动权威组织不仅会影响救援效率还会大大浪费应急资源，影响应急管理的时效。

5.2.2 应急信息无法实时共享

应急联动系统最主要的是要实现应急资源共享，保证信息沟通顺畅。但目前我国在各地建立的应急管理信息系统尚未形成统一的技术规范，缺乏统一的交换格式和数据标准。同时，各地应急信息系统平台无法互通互连，相互分割不统一，地区之间信息传递不畅。且多地的应急联动系统缺乏对灾害的综合评估和预警这方面的信息平台，无法做到灾前预测和灾后评估。这些使得应急信息无法实现实时共享，一旦形成"信息孤岛"，就会使得应急各部门之间无法正常沟通，资源调度和协调合作均不能顺利展开，加大了人民群众生命财产的损失，影响应急联动部门应急救援的时效性。

5.2.3 应急处置机制不完善

我国的应急处置机制由于目前行政体制的原因，在快速应急反应机制方面，各地区、各组织和各单位之间很难达成无缝隙连接，信息传导决策命令的传达总有一定的延误，短时间内还不能完全建立高效互通的信息共享制度、有效科学的预警监测制度、完善灵活的决策时限制度；在应急决策机制方面，尚未建立完成的信息共享系统、应急专家信息库等影响了整个应急处置过程，没有明确的规定选取专家参与应急救援的适用条件范围和比例造成了整个应急救援专家咨询库中专家人员数量较少、专业领域介绍不全，大大拖慢了应急救援决策方案的商定和实施。虽然贵州省、京津冀等地区陆续举办食品安全事故应急联动演练，但举行应急演练的地区仍属少数，并没有在全国范围内实现定时定量的应急演练，也没有相关规则对应急演练进行明确规定，且针对农产品质量安全事故的应急演练尚未举行，农产品虽属于食品范围，但与食品还存在具体差异，因而应急救援所涉及的部门组织也会有所不同，应急救援方案也存在差别。同时，针对农产品方面的应急预案的拟定过于笼统概括，没有针对性的拟出适合当地农产品的特点和应急环境的预案，发生农产品质量安全事件后，影响应急联动效率。各地对农产品质量安全事件的分级标准也各不相同，没有形成统一规范，不利于国家统一化管理，造成农产品质量安全事件扩大蔓延，危害社会和谐稳定。

5.3　业务流程和主体分析

5.3.1　应急处置联动业务流程分析

当农产品质量安全事件发生时，应第一时间采取相应的控制措施，并及时向当地有关农业行政部门报告，当地农业行政部门根据事件事态发展、影响范围、受害人数以及危害程度等情况评估事件等级，启动应急预案，展开应急处置，并及时向同级人民政府和上级农业行政主管部门报告，同时通报同级食品安全监管和卫生行政主管部门。Ⅱ级及以上农产品质量安全突发事件由省农业行政主管部门在省级人民政府的领导下，成立应急处置指挥领导小组，统一指挥各应急小组应急处置工作；Ⅲ、Ⅳ级由市县农业行政主管部门在同级人民政府的领导下，成立应急处置指挥领导小组，展开应急联动工作。若在应急处置过程中，农产品质量安全事件随着时间的推移没有被控制或事态在进一步扩散，应将应急响应升级，报上一级应急处置指挥领导小组处置；若随着应急处置工作的进行，危害得以控制和情况逐渐恢复，应该降低事件响应级别。以应急处置指挥领导小组的领导为核心，设立事件调查组，事件处置组，专家技术组，信息发布组，统一指挥，联合行动，开展应急处置工作。各组织根据事件的发生地点、时间、危害人数、发展趋势等信息，分工合作各司其职，并不断将处置情况或调查结果等报告给应急处置指挥领导小组，以便指挥领导小组获取最新消息调整应急方案和响应级别。当此次农产品质量安全突发事件的安全隐患和危害因素完全消除后，本次应急响应工作结束。而后开展农产品质量安全突发事件的善后处置工作，关注对受害人员的赔偿、安置等问题，对污染土地、水资源等的治理、整改，对相关涉事人员的行政处罚、刑事责任追究，对相应监管机构的监督、管理等。在农产品质量安全事后处理工作完成后，召开总结大会，汇报事件处置全过程和调查结果，总结经验和教训，最后各组织回归正常工作。整个应急联动业务流程如图 5-1 所示。

5.3.2　应急处置联动主体分析

根据《农业部农产品质量安全突发事件应急预案》《吉林省农业委员会农产品质量安全突发事件应急预案》《嘉定区重大农产品质量安全事故应急预案》等法律、法规和预案，在农产品质量安全突发事件发生后，由当地农业行政部门工作人员先对事件进行分析评估，核定等级；再根据事故等级成立相应的应急

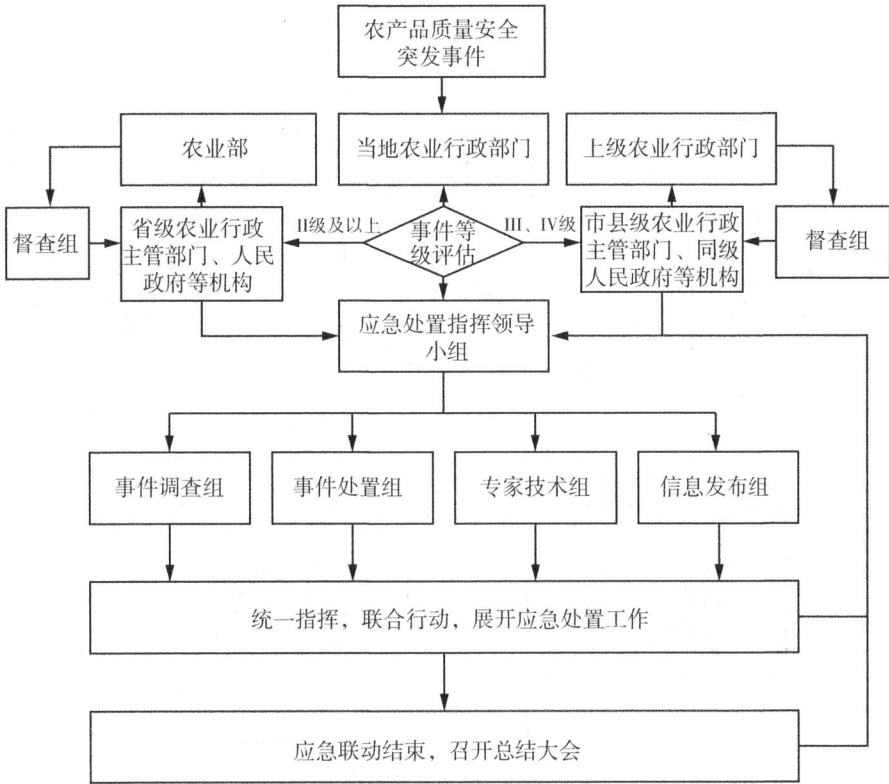

图 5-1 农产品质量安全事件应急业务流程图

处置指挥领导小组，统一组织开展应急处置工作；然后在应急处置指挥领导小组的牵头下，分别成立事件调查组、事件处置组、专家技术组、信息发布组应急组织部门，各组织应服从应急处置指挥领导小组的指挥，及时组织实施应急处置措施，并随时将处置情况上报至指挥小组；最后，在应急联动完成后，应急处置指挥领导小组应将处置结果逐级上报至上级农业组织部门。因此，应急处置联动主体主要有：应急处置指挥领导小组、事件调查组、事件处置组、专家技术组以及信息发布组。如图 5-2 所示。

1. 应急处置指挥领导小组

Ⅰ级、Ⅱ级农产品质量安全突发事件由省农业委员会成立应急处置指挥领导小组，Ⅲ级、Ⅳ级突发事件由市（州）、县级农业行政主管部门在地方政府的领导下，成立应急处置指挥领导小组。一般由省农业委员会主任担任组长，

127

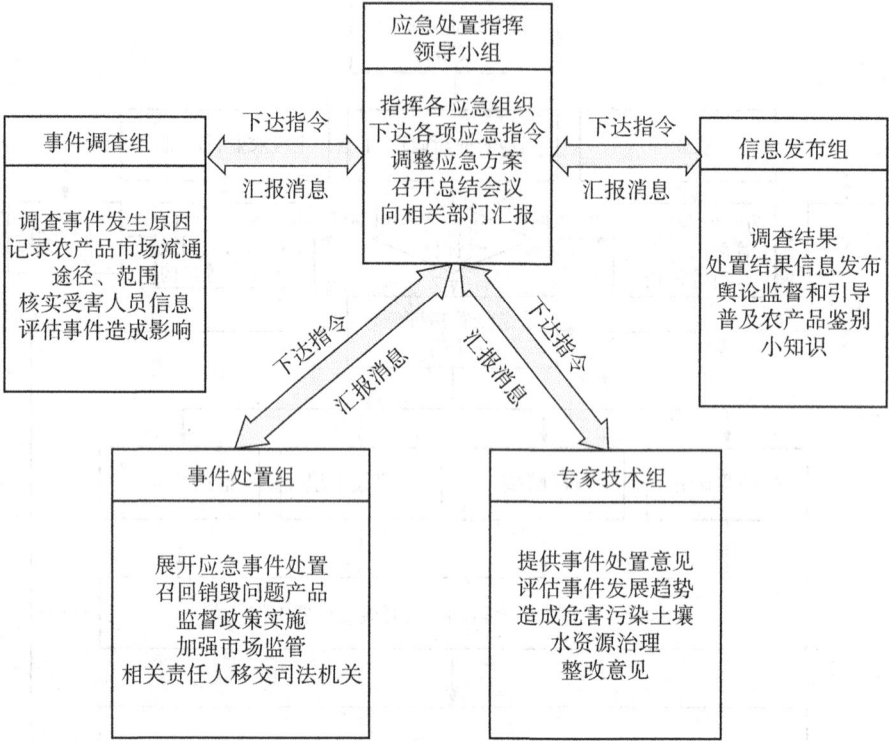

图 5-2　应急主体分析

由分管副主任担任副组长。工作职责主要是指挥各应急组织部门，组织实施应急处置工作。及时启动有关应急预案，统筹全局，控制事态发展，协调各组织部门有条不紊地开展救援工作；研究并解决应急处置过程中遇到的具体问题，下达各项应急处置指令；救援工作完成后，开总结会议，听取各方工作汇报，在确认救援任务全部妥善完成后，以文字形式书面将该次农产品质量安全突发事件向上级政府、农业部、食品安全委员会及有关部门汇报。

2. 事件调查组

由应急处置指挥领导小组根据事件的性质、范围、发生原因等指定某个相关部门牵头负责该小组，并抽调相关工作人员和专家组成事件调查组。主要工作职责是调查事件发生的原因，找出引发该次突发事件的有害农产品，深度调查该批次农产品的具体生产产地、销往地区，对在销的农产品收缴追回；记录本次受害人员的人数，健康情况，区域分布等信息；对该次突发事件作出调查结论，并评估事件造成的影响，提出后续防范措施。

3. 事件处置组

主要由具有监管职能的部门人员组成。具体工作职责是展开应急事件处置工作，依法实施行政监管工作，对问题农产品尽快召回、处置，监督相应政策是否贯彻落实，并将突发案件移交至相关司法部门，依法追究案件责任人责任。

4. 专家技术组

主要由省内外农产品质量安全及应急管理相关专家等组成。工作职责是根据事件现况、事件性质等情况综合分析与评价，找出事件发生原因，同时预估事件的发展趋势、造成影响、产生危害等，为制定现场应急处置方案提供技术支持和指导意见。

5. 信息发布组

由应急处置指挥领导小组根据农产品质量安全突发事件的性质、级别等情况，从相关行政部门中抽调工作人员组成该小组。具体工作职责是及时召开新闻发布会，或通过微博、政府网站等官方媒体平台向公众公布此次农产品质量安全突发事件始末、事故原因、人员伤亡情况、现阶段事故发展情况等，杜绝虚假信息的传播，误导群众引起恐慌；同时监控事件舆情，协调新闻媒体做好舆论引导。

5.4　农产品质量安全跨组织应急处置联动系统的 UML 时序图模型

5.4.1　时序图模型

1. 时序图的组成

时序图又称为序列图或顺序图，主要是用来描述若干个对象之间的动态交互过程，也就是说它是反映完成某一任务的该对象与其他对象之间信息传递的顺序。时序图主要由以下几个基本元素组成(王艳，2009)：

(1)对象。

时序图中的对象位于时序图的顶部，图形表示上是使用矩形将对象包含起来，这表示在系统交互开始的时候对象就已经被建立起来了。如果对象位置不在顶部，表示对象是在交互过程中被建立的。

(2)生命线。

时序图中的生命线位于对象矩形底部中间的下面，是一条垂直的虚线，这表示时序图中的对象在一定时间内是存在的。生命线也就是时间线，时间长短取决于系统的交互时长。

（3）执行事件。

执行事件在时序图中用矩形条表示，位于对象的下面，覆盖了对象的生命线，即覆盖了虚线。执行事件是指对象在交互期间所执行的各种事件。

（4）消息。

从一个对象到另一个对象的信息传递就叫做消息，它在时序图中用箭头表示，消息传递过程表示方法为从一个执行事件矩形条指向另一个执行事件矩形条。

2. 时序图的结构关系

时序图是一个二维图形，水平方向表示对象维度，垂直方向表示时间维度。随着时间推移，各对象在执行系统任务过程中，相互之间会发生信息交换，即对象之间消息传递有先后顺序。因而，若用 UML 时序图表示系统活动过程，则为：用一条垂直的虚线表示每一个对象，并在线上方注明对象名，每一个对象下均有一个矩形条，矩形条表示该对象随着时间推移的一系列活动过程，矩形条应与虚线相重叠，对象之间的消息传递用箭头表示，箭头从一个对象的活动矩形条指向另一个对象的活动矩形条。其他注释说明放在图形的边缘部分。UML 时序图的绘制如图 5-3 所示。

UML 时序图共有四种结构关系，分别是：并发关系、同步关系、选择关系、汇合关系。

（1）并发关系。

定义 1　若一个对象发送给其他几个对象的消息在执行上不存在因果关系，互相之间都不影响，则称这些消息之间的关系是并发关系（周长红，2004）。

为了更好的区分并发关系和选择关系，在用图形来表示并发关系时，将并发消息用实线连接起来，如图 5-4 所示。其中，对象 Object1 把消息 Msg1 发送给对象 Object2 与把消息 Msg2 发送给对象 Object3 这就属于对象 Object1 的同一个消息的并发，且 Msg1 与 Msg2 之间是没有因果关系，互不影响的，也就是说消息 Msg2 不需要等到消息 Msg1 返回才能发送（杨喜刚，2009）。

（2）同步关系。

定义 2　若当且仅当其他几个对象发送给某一对象的消息都执行完成以后，该对象的后续动作才能执行，那称这些消息之间的关系是同步关系，且在

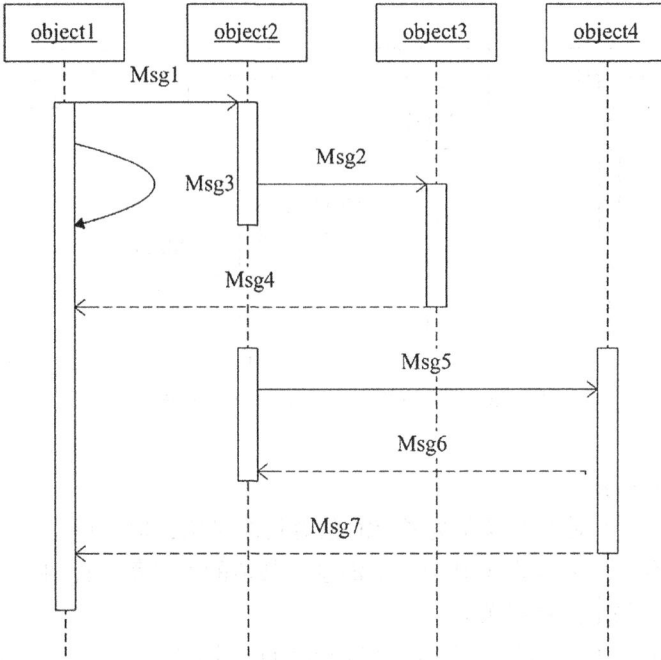

图 5-3　UML 时序图

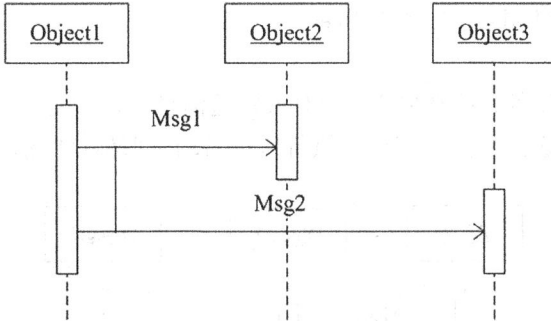

图 5-4　UML 时序图中的并发关系示例图

该对象处同步。

　　为了更好的区分同步关系和汇合关系，在用图形来表示同步关系时，将同步消息用实线连接起来，如图 5-5 所示。其中，只有当对象 Object3 已经接收完对象 Object1 发送给对象 Object3 的消息 Msg1，和对象 Object2 发送给对象

Object3 的消息 Msg2 后，Object3 才会向对象 Object4 发送消息 Msg3。

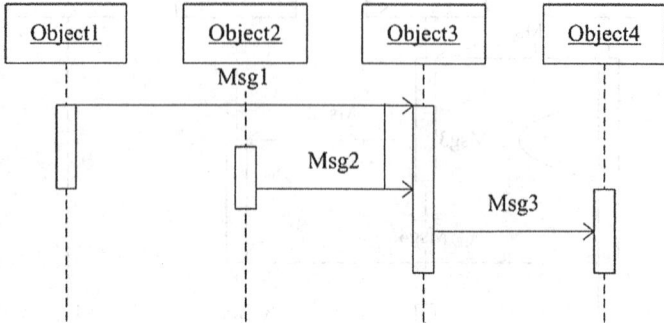

图 5-5　UML 时序图中的同步关系示例图

（3）选择关系。

定义 3　一个对象可以发送多个消息给其他对象，但这些消息之间互相排斥，不能共存，只要发送了其中一个消息，其他的消息都不能再发送，则称这些消息之间的关系是选择关系。

在用图形来表示选择关系时，将选择消息用虚线连接起来，如图 5-6 所示。其中，如果对象 Object1 发送 Msg1 给对象 Object2，那么它将不能再发送 Msg2 给 object3，或者如果对象 Object1 发送消息 Msg2 给对象 Object3，那么它将不能再发送消息 Msg1 给对象 Object2。

（4）汇合关系。

定义 4　若有多个对象对某一个对象发送消息，这个对象只要接收到其中任何一个对象发送的消息，就可以执行后续活动，那称这些消息之间的关系是

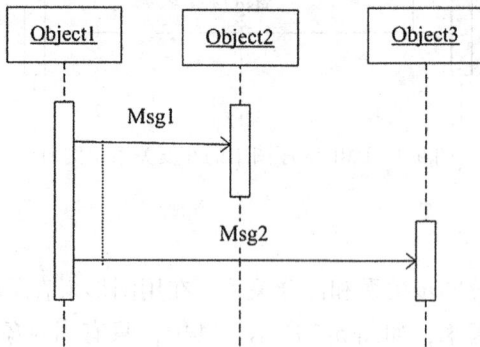

图 5-6　UML 时序图中的选择关系示例图

132

汇合关系。

用图形来表示汇合关系，如图 5-7 所示。其中，只要对象 Object3 接收到对象 Object1 发送给对象 Object3 的消息 Msg1，或者对象 Object2 发送给对象 Object3 的消息 Msg2 中的任意一个，Object3 就可以向对象 Object4 发送消息 Msg3。

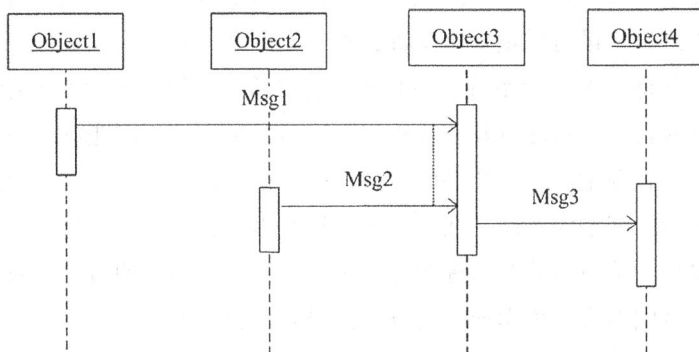

图 5-7　UML 时序图中的汇合关系示例图

5.4.2　农产品质量安全跨组织应急处置联动系统的 UML 时序图模型

1. 农产品质量安全跨组织应急处置联动过程的四个阶段

在对整个农产品质量安全事件应急联动过程进行详细分析后发现，可以将应急联动过程分为报警、接警、调度及事件处置、事后处理四个阶段描述。

（1）报警。

单位或个人发现某类农产品农药含量超标，或使用了剧毒农药，或群众在食用后出现不良身体反应等，将此事件上报给相关农业主管部门的过程。

（2）接警。

当地农业主管部门在接到举报信息后，整理记录事件的相关情况，并将突发事件信息记录到突发事件信息管理数据库中，派遣工作人员赶赴问题农产品事发地，控制事态发展。综合分析各类突发事件消息，预估事态发展趋势，分析判断此次农产品质量安全突发事件级别，报至相应政府机构和农业主管部门。

(3)调度及事件处置。

政府机构和农业主管部门在接到突发事件通报后，根据此次农产品质量安全突发事件的性质、类别等情况成立应急处置指挥领导小组，并下设事件调查组、事件处置组、专家技术组和信息发布组。应急处置指挥领导小组派遣事件调查组和事件处置组赶赴问题农产品发生地，展开应急处置工作。事件调查组成员迅速搜集不同种植户出产的该类农产品以及种植地土壤、水等相关样品，送交质量检测机构进行质量安全检查，查明农产品内残留农药成分，分析农药成分来源，并将结果入录系统。事件调查组人员根据与种植户的谈话咨询情况、登记的农药使用情况以及质检机构的质检结果，分析问题农产品农药含量超标原因，调查登记问题农产品的经销途径、销往地区、市场分布等，报告至事件处置组召回问题农产品。在综合各类调查报告和调查原因分析后，将最终的调查结果反馈给应急处置指挥领导小组。事件处置组立即对问题农产品生产地种植场以及剧毒农药售卖地进行查封，对农药含量超标农产品、剧毒农药予以没收，对正在市场销售的问题农产品进行销毁，对该地区各大超市、批发市场、菜场等农产品市场每天轮番监控，将涉事的相关负责人移交公安机关等司法机构依法刑事拘留。事件处置组还应对全市该类农产品种植和农药使用情况进行排查，随机抽取此类农产品样品送到相关质检机构检测。除此之外，还应对全市的瓜果蔬菜的农药使用情况进行排查，随机抽取种植地块、瓜果蔬菜样品送检，检查农药贩卖经营单位，对检查出的违规、不合格产品全部封存没收，并对相关负责人依法严肃处理。

(4)事后处理。

根据农业部农药使用规定以及专家技术组提出的挽救整改意见，事件处置组督促问题农产品种植地块翻种其他不受影响农作物，或对污染地块、水资源进行维护和治理。关注后续受害人员赔偿问题，安置和慰问相关受害群众，平息舆论影响。信息发布组根据调查结果和处置结果向公众发布官方公告，以遏制谣言和"夸大其词"新闻的传播，并向公众普及科学知识，缓解公众的紧张和恐慌，维护社会和谐稳定。最后，应急处置指挥领导小组应对此次事件认真总结，反思应急处置过程中存在的问题，总结应急处置经验和教训，将结果上报至省农业厅，并入录农产品质量安全事件应急处置信息数据库中。各地农业部门应对此次农产品质量安全事件高度重视，反思总结，进一步加强对本省市农产品质量安全的监管工作，切实维护好本省农产品的良好形象。

2. 农产品质量安全突发事件跨组织应急处置联动系统的 UML 时序图模型

根据农产品质量安全跨组织应急处置联动过程拖四个阶段，可对整个农产品质量安全突发事件应急联动系统建立 UML 时序图模型，如图 5-8 所示。

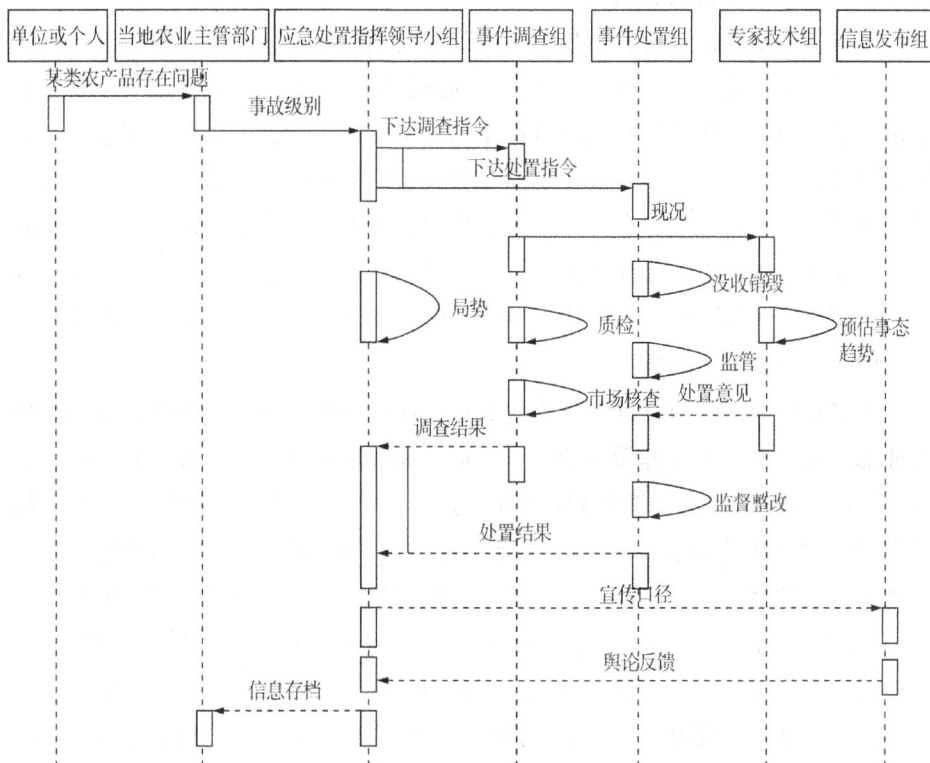

图 5-8　农产品质量安全突发事件应急联动系统的 UML 时序图模型

5.5　案例分析

5.5.1　"瘦肉精"事件描述

2011 年 3 月 15 日，中央电视台《每周质量报告》节目曝光了猪肉中含有"瘦肉精"的问题，新闻报道中明确指出南京市建邺区市场销售含有"瘦肉精"

的猪肉，并且著名的河南济源双汇集团所屠宰的生猪在养殖时也添加了"瘦肉精"。该消息一经曝光，立即引起社会各界的广泛关注，各大媒体竞相报道，群众关注点被迅速聚焦在农产品质量安全问题上，各种谣言不实消息一时之间在网络上闹得沸沸扬扬，公众对政府的公信力和执行力产生怀疑，群众满意度持续降低，不利于社会和谐稳定。

此次事件牵涉面广泛，从生猪养殖到经营销售这一系列生猪供应链各个环节中，涉及事发地江苏南京、事件源头河南济源、双汇产品销售地等多省多个地市，危害波及全国各地；且事件产生负面影响巨大，涉事企业双汇集团是我国的知名企业，销售区域广泛，群众基数大，事件发生后使消费者产生心理恐慌和不安，对政府权威形象产生质疑，造成恶劣的社会影响。国务院领导对此事处置高度重视，下达多次批示，要求严惩违法行为，加强行政监管。中央各部门和河南省各级人民政府坚决贯彻国务院的指示，采取一系列应急措施处理此次农产品质量安全事件。

生猪养殖地河南省立即启动 I 级农产品质量安全事件应急预案，会同中央农业部、商务部、公安部派出的督查人员一起成立应急处置指挥领导小组，全权指挥协调此次"瘦肉精"事件应急联动过程。河南省工商部门和市场监管局负责对此次事件的应急处置工作，排查市场上销售猪肉是否含有"瘦肉精"，对查出的问题猪肉实行销毁掩埋措施，加强对超市、农贸市场、蔬菜批发市场的质量监管工作，对相关违法操作的人员送交司法机关追究责任，整顿生猪养殖市场、销售市场、批发市场风气，维护消费者合法权益。河南省公安局、卫生局、农业部、食安办等多个部门抽调人员组成事件调查组，调查生猪养殖阶段、售卖阶段是否存在违法违规操作，核查某些企业和个体商贩是否存在非法经营的情况，质检猪肉制成的食品中是否使用了"瘦肉精"猪肉，检查生产企业在生产销售过程中是否钻法律漏洞，检查相关监管部门人员是否滥用职权以权谋私。河南省内外各专家人士组成专家技术组，对"瘦肉精"事件的事态发展进行预估，"瘦肉精"事件的处置措施提出相关意见。河南省政府、新闻办等工作人员及时对外公布"瘦肉精"事件的调查和处置结果，向公众传递权威事件信息。

截至 28 日，河南省出动相关工作人员 20 余万人次，对全省大约 15 万个50 头以上养殖规模的生猪养殖场进行排查，基本已完成该省内所有生猪的抽检工作，发现的问题生猪数目已基本查实，违法售卖"瘦肉精"和问题生猪的犯罪嫌疑人已依法送交司法机关，主要责任人已得到初步处理。未来还会继续加强对农产品质量安全工作的监管，各部门联合展开专项整治工作，以防止"瘦肉精"事件再次发生，保护公众身体健康，切实维护消费者合法权益。该事件跨组织应急联动任务图如图5-9所示。

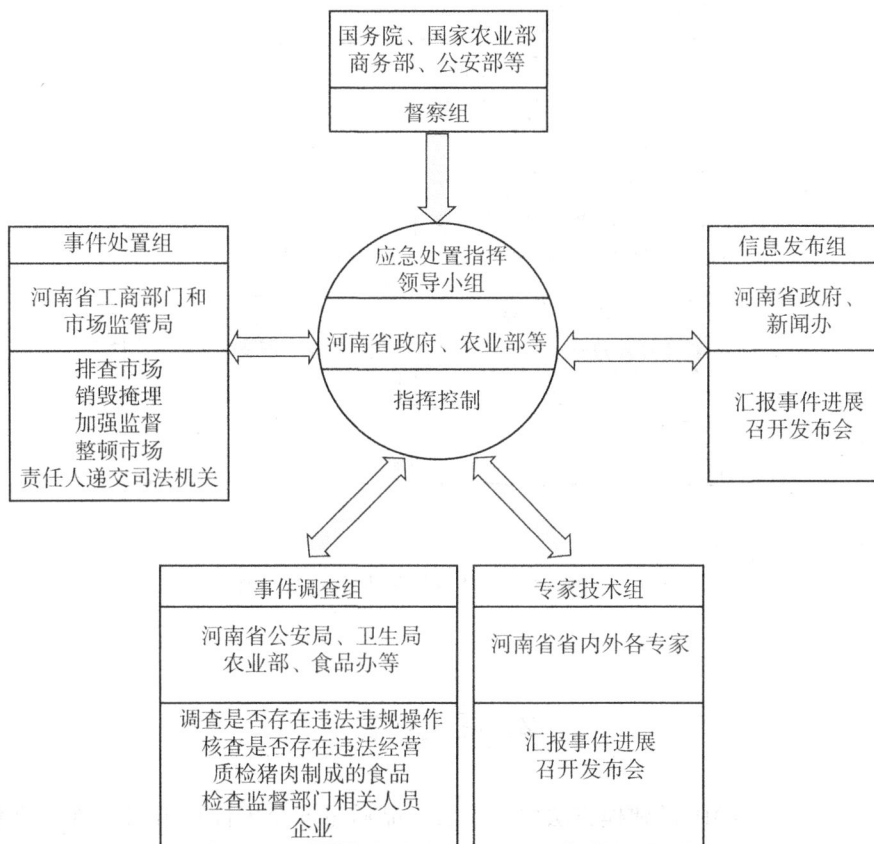

图5-9 "瘦肉精"事件跨组织应急联动任务图

5.5.2 "瘦肉精"事件应急处置联动的 UML 时序图模型

针对上述案例，根据前面介绍的 UML 系统模型，可建立"瘦肉精"事件应急联动系统 UML 时序图模型，如图5-10所示。

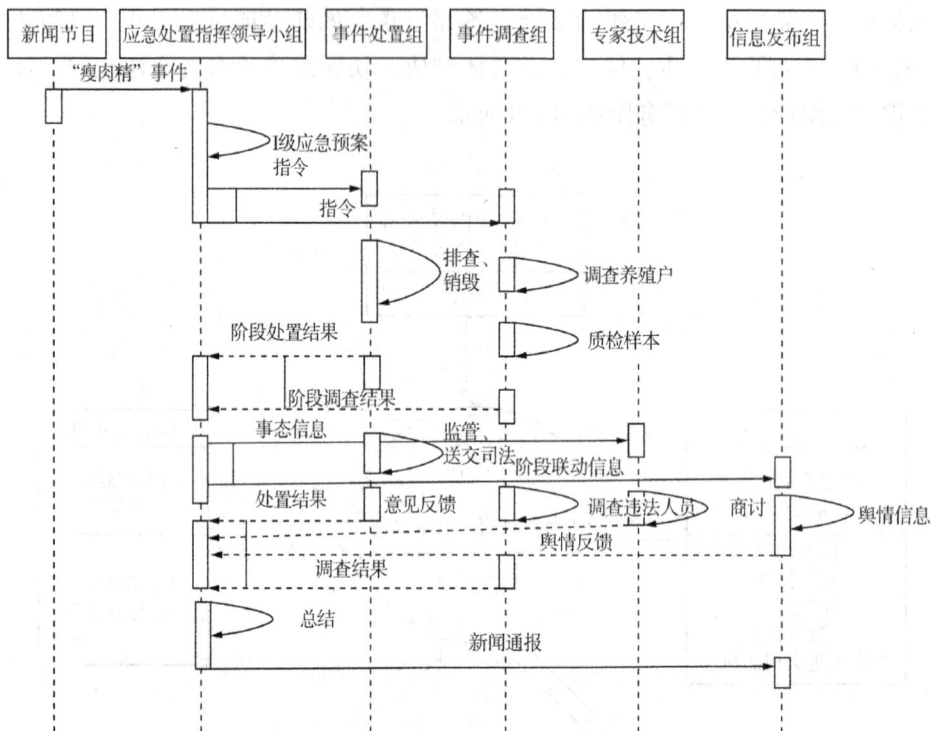

图 5-10　"瘦肉精"事件应急联动系统时序图模型

本 章 小 结

本章运用 UML 的建模方法建立了农产品质量安全事件跨组织应急联动系统模型。首先阐述了应急处置联动系统的实现条件及构成要素，然后对应急联动系统的业务流程和应急主体进行分析，并运用 UML 的建模方法建立了农产品质量安全应急处置的 UML 时序图模型，最后通过对"瘦肉精"事件的案例分析建立了该事件的应急处置联动 UML 时序图模型。用 UML 方法建立的应急联动系统模型能够清晰地描述组织间信息传递的过程，全面直观地展示应急联动系统的全过程，方便应急工作人员参考和阅读，为应急联动预案的研究和撰写提供一定的参考价值，也可提高应急联动系统的开发人员研发系统的效率。

第6章 基于 Petri 网模型的农产品质量安全跨组织应急处置联动系统

第五章运用的 UML 方法作为一种面向对象的建模语言,为系统建模提供了可视化的图形模型,能对应急联动的全过程进行直观全面展示,易被用户、应急人员和开发人员理解,为后续系统开发做好准备。但使用 UML 最大的弊端是无法对模型进行量化分析,模型的有效性也无法得到验证。本章基于 Petri 网模型建立了农产品质量安全跨组织应急处置联动系统,与 UML 方法相比,Petri 网有严谨的模型分析方法,完善的模型验证体系,既可对模型进行量化分析、验证模型的有效性,还可以提高应急处置联动系统的效率,缩短应急联动时间,避免信息流通不畅,资源分配不公的风险。

6.1 从时序图到 Petri 网的模型转换

6.1.1 时序图到 Petri 网的映射规则

1. Petri 网

1962 年德国 Carl Adam Petri 的博士论文《用自动机通信》首次运用网状结构描述通信系统,后来该网状结构系统模型便被称为 Petri 网。经过不断地发展,现在的 Petri 网不仅指这种模型,还表示以该模型为基础发展起来的理论,可以用来描述系统内部的结构特征和动态性能。Petri 网是一种图形化的建模工具,有严格的语义语法定义模型,能够描述系统运行过程中同步、冲突、并发和顺序、资源争用等关系,适用于描述复杂系统的动态过程,并运用数学方法和工具对系统模型进行验证(聂晶晶,2014),在电子机械、计算机、能量、物理等方面都有广泛的运用,目前已成为工作流建模的主要工具之一。

Petri 网的主要元素有库所(place,用〇表示)、变迁(transition,用口表示)、弧(arc,用→表示)、托肯(token,用 ● 表示)。在一个系统中,库所表示局部状态,变迁表示改变状态的事件,弧表示局部状态和事件之间的关系。

（窦桂琴，2008）

Petri 网是一种网状模型，包含库所和变迁两个节点类型，一般用圆圈表示库所，用矩形表示变迁，对表示状态资源或信息的托肯（Token）用圆圈内的小黑点表示，库所与变迁之间用有向弧连接，该模型按照触发规则和系统内部关系进行演化，从而反映系统运行的全部过程。

定义 6.1　满足以下条件的三元式 $N = (P, T；F)$ 称作网：

(1) $P \cap T = \varnothing,\ P \cup T \neq \varnothing$；

(2) $F \subseteq (P \times T) \cup (T \times P)$；

(3) $dom(F) \cup cod(F) = P \cup T$

其中，P 表示库所集合，T 表示变迁集合，F 是库所与变迁之间的有向弧集合，即网的流关系。

定义 6.2　满足以下条件的四元式 $PN = (P, T；F, M_0)$ 称为 Petri 网：

(1) $N = (P, T；F)$ 是一个网；

(2) 映射 $M：P \to N$（N 为非负整数集）表示标识函数，其中 M_0 是 PN 的初始标识；

(3) 变迁使能和激发规则：

变迁 $t \in T$ 是使能的，若 $\forall p \in {}^* t：M(p) \geqslant 1$，称为 M 授权 t 发生，记作 $M[t >$（当 ${}^* t = \varnothing$ 时，t 在任何标识下都有发生权）；

使能变迁 t 经过标识 M 激发后，得到后继标识 M'，对 $\forall p \in P$，有：

$$M'(p) = \begin{cases} M(p) - 1 & \text{当 } p \in {}^* t - t^* \\ M(p) + 1 & \text{当 } p \in t^* - t \\ M(p) & \text{其他} \end{cases}$$

对于 $x, y \in P \cup T$，如果 $(x, y) \in F$，那么从 x 到 y 必定有一条有向弧连接，且有向弧只存在于库所和变迁之间，任意两个库所或者任意两个变迁之间不存在有向弧。若库所 p 到变迁 t 有一条有向弧连接，则称 p 是 t 的输入库所；若变迁 t 到库所 p 有一条有向弧连接，则称 p 是 t 的输出库所。下面用图 6-1 简单表示一个 Petri 网例子。

(1) 任务模型。

在应急联动系统中，任务模型的定义如下：

定义 6.3　一个部门的任务模型是一个七元组

Task = <Name, Duration, Organization, MessagesReq, MessagesSent, Resources, PostTasks>

Name 表示模型中任务的名称；

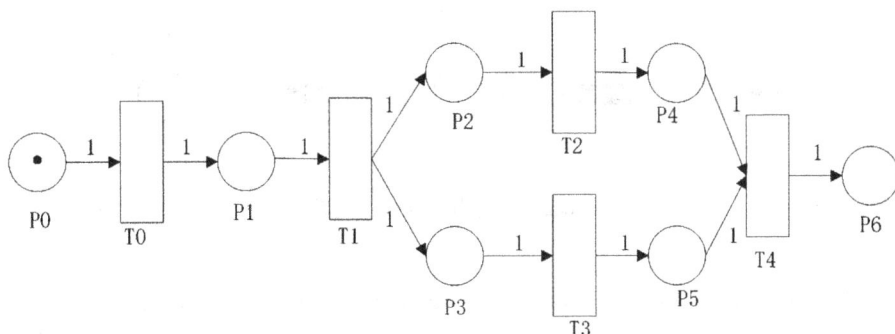

图 6-1　Petri 网简例

Duration 表示任务的持续时间；

Organization 表示任务的执行部门；

MessagesReq 表示在任务开始前需要获得的消息；

MessagesSent 表示在任务结束后发送出去的消息；

Resources 表示在任务执行过程中需要用到的资源；

PostTasks 表示此任务的后继任务。

其中，Duration 用$[a，b]$表示，a表示任务持续的最短时间，b表示任务持续的最长时间。由于本文基于 Petri 网的基础知识建立农产品质量安全模型，为了方便分析模型，模型中的数据(如 Duration 和 Resources)是通过猜测和简化而确定的，实际操作中可根据真实测量的数据运用此方法建模分析。

(2)部门内部的任务关系。

部门内部的任务关系包括顺序关系和并行关系。顺序关系指的是一个部门执行 A 任务后执行 B 任务，A 与 B 即为顺序关系，如事故调查组的任务接警和事件上报存在着顺序关系。并行关系指两任务间没有规定的执行顺序。

定义 6.4　如果两个任务

$<T_1，D_1，O_1，MessagesReq_1，MessagesSent_1，Resource_1，PostTasks_1>$和

$<T_2，D_2，O_2，MessagesReq_2，MessagesSent_2，Resource_2，PostTasks_2>$

满足条件：$O_1=O_2$

$T_2 \in PostTask_1$

则 T_1 和 T_2 存在顺序关系，如图 6-2 所示。

定义 6.5　如果三个任务

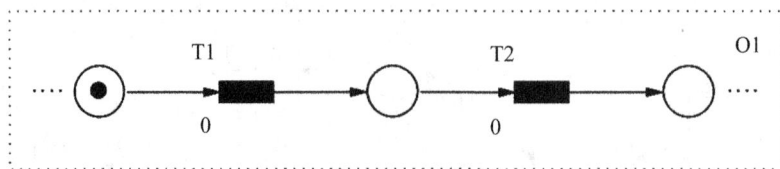

图 6-2　部门内部的顺序关系

$<T_1,\ D_1,\ O_1,\ MessagesReq_1,\ MessagesSent_1,\ Resource_1,\ PostTasks_1>$、

$<T_2,\ D_2,\ O_2,\ MessagesReq_2,\ MessagesSent_2,\ Resource_2,\ PostTasks_2>$和

$<T_3,\ D_3,\ O_1,\ MessagesReq_3,\ MessagesSent_3,\ Resource_3,\ PostTasks_3>$

满足条件：$O_1=O_2=O_3$

$\{T_2,\ T_3\} \in PostTask_1$

或满足条件：$O_1=O_2=O_3$

$\{T_1\} \in PostTask_2$且$\{T_1\} \in PostTask_3$

则 T_2 和 T_3 存在并行关系，如图 6-3 所示。

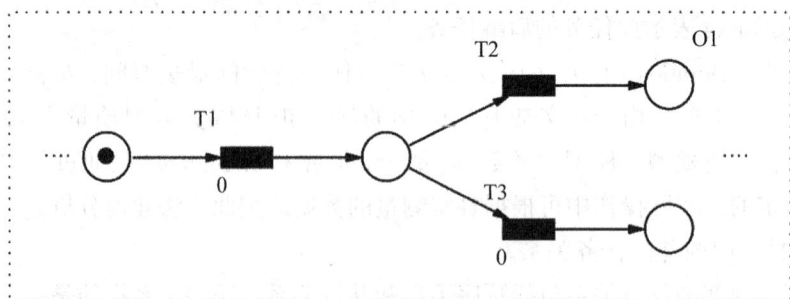

图 6-3　部门内部的并行关系

(3)跨部门的任务关系。

在农产品质量安全事故的应急联动过程中，需要多个部门协同应对，跨部门间的任务关系主要有以下四个：

①顺序关系：定义 6.4　如果两个任务

$<T_1,\ D_1,\ O_1,\ MessagesReq_1,\ MessagesSent_1,\ Resource_1,\ PostTasks_1>$和

$<T_2,\ D_2,\ O_2,\ MessagesReq_2,\ MessagesSent_2,\ Resource_2,\ PostTasks_2>$

满足条件：$O_1 \neq O_2$

$T_2 \in PostTask_1$

则 T_1 和 T_2 存在跨部门的顺序关系。

T_1 和 T_2 两个任务的 Organization 不同，但 T_2 属于 T_1 的后续任务，因此为跨部门的顺序关系，如图 6-4 所示。

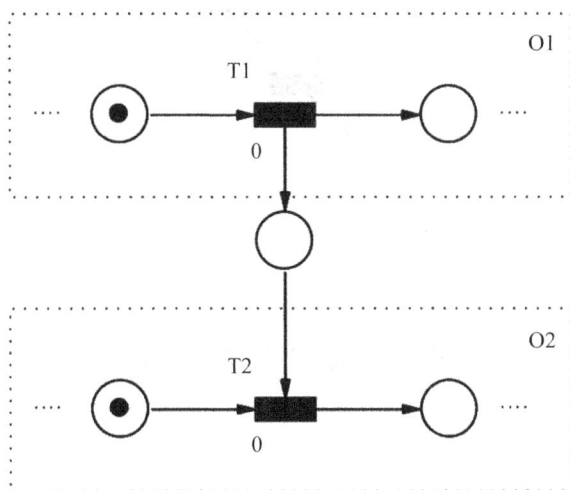

图 6-4 跨部门任务的顺序关系

②同步关系：如果两个部门间有某个任务具有相同的任务内容和执行时间、使用相同的资源、传递相同的消息，则称任务为同步关系。

定义 6.5 如果两个任务

$<T_1$，D_1，O_1，$MessagesReq_1$，$MessagesSent_1$，$Resource_1$，$PostTasks_1>$ 和

$<T_2$，D_2，O_2，$MessagesReq_2$，$MessagesSent_2$，$Resource_2$，$PostTasks_2>$

满足条件：

$T_1 = T_2 \wedge D_1 = D_2 \wedge MessageReq_1 = MessageReq_2 \wedge MessageSend_1 = MessageSend_2 \wedge Resources_1 = Resources_2 \wedge O_1 \neq O_2$

则称 T_1 和 T_2 存在同步关系，如图 6-5 所示。

③消息传递关系：定义 6.6 如果两个任务

$<T_1$，D_1，O_1，$MessagesReq_1$，$MessagesSent_1$，$Resource_1$，$PostTasks_1>$ 和

$<T_2$，D_2，O_2，$MessagesReq_2$，$MessagesSent_2$，$Resource_2$，$PostTasks_2>$

满足条件：

$(O_1 \neq O_2) \wedge (MessagesReq_1 \cap MessagesSent_2 \neq \emptyset) \vee (MessagesReq_2 \cap$

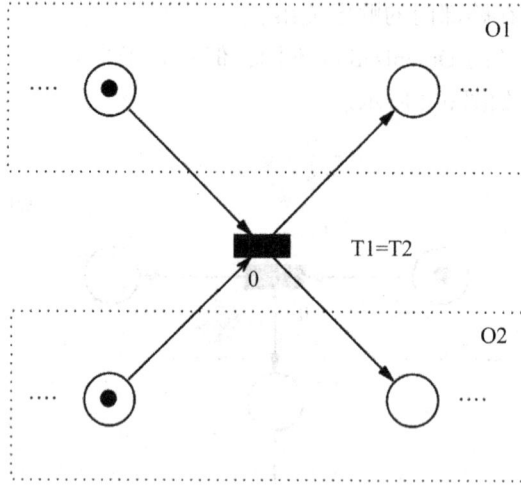

图 6-5　跨部门任务的同步关系

MessagesSent$_1 \neq \phi$）

那么 T_1 和 T_2 存在消息传递关系，如图 6-6 所示。

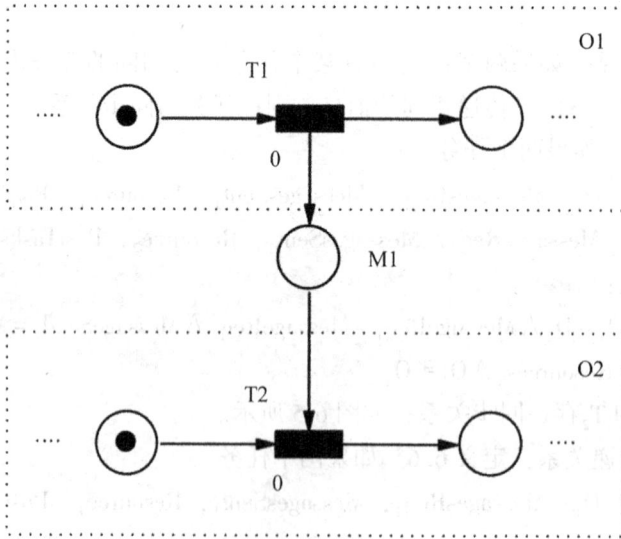

图 6-6　跨部门任务的信息传递关系

④资源共享关系：定义 6.7　如果两个任务

$<T_1，D_1，O_1，MessagesReq_1，MessagesSent_1，Resource_1，PostTasks_1>$和

$<T_2，D_2，O_2，MessagesReq_2，MessagesSent_2，Resource_2，PostTasks_2>$

满足条件：$O_1 \neq O_2$

$Resource_1 \cap Resource_2 \neq \emptyset$

那么 T_1 和 T_2 存在资源共享关系，如图 6-7 所示。

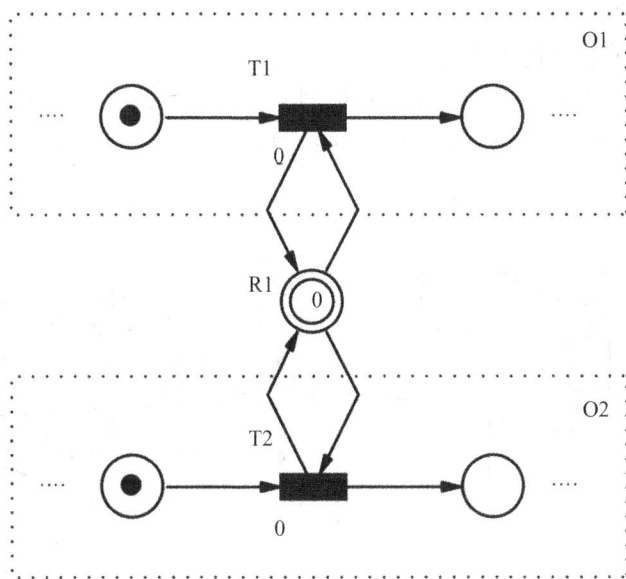

图 6-7　跨部门任务的资源共享关系

2. UML 时序图到 Petri 网模型的转换规则

时序图描述的是多个对象间动态交互的过程，除了反映各对象间消息传递的时间顺序外，还描述了在系统执行过程中，在特定时间点所发生的事件。将时序表转换为 Petri 网模型时，将时序图中的消息看作是 Petri 网中的库所，时序图中对象的执行事件看作是 Petri 网中的变迁。不同对象间消息的传递转换为 Petri 网表示，为该对象的执行事件变迁到消息库所，再到另一对象的执行事件变迁；同一对象间消息的传递用 Petri 网表示，为该对象执行事件变迁到消息库所，再到该对象的下一执行事件变迁。表 6-1 表示 UML 时序图到扩展 Petri 网模型的转换规则。

表 6-1　　　　　　　　　　**UML 时序图到 Petri 网模型的转换规则表**

UML 时序图元素	扩展 Petri 网模型元素
消息	库所
不同对象之间消息传递	变迁 1—库所—变迁 2
同一对象间消息传递	变迁—库所—变迁'

3. 四种关系的转换规则

(1)并发关系的转换规则。

根据 UML 时序图到扩展 Petri 网模型的转换规则表可知，对象间传递消息的并发关系 UML 时序图转换为扩展 Petri 网模型的示例如图 6-8 所示。

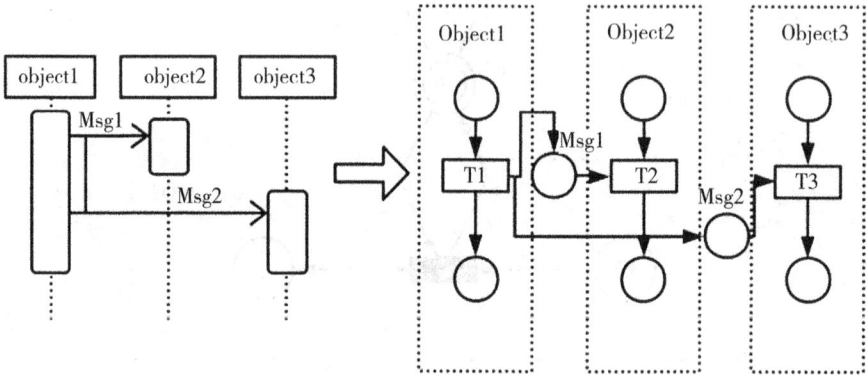

图 6-8　并发关系的转换规则示例

(2)同步关系的转换规则

根据 UML 时序图到扩展 Petri 网模型的转换规则表可知，对象间消息传递的同步关系 UML 时序图转换为扩展 Petri 网模型的示例如图 6-9 所示。

(3)选择关系的转换规则。

根据 UML 时序图到扩展 Petri 网模型的转换规则表可知，对象间消息传递的选择关系 UML 时序图转换为扩展 Petri 网模型的示例如图 6-10 所示。

(4)汇合关系的转换规则。

根据 UML 时序图到扩展 Petri 网模型的转换规则表可知，对象间消息传递的汇合关系 UML 时序图转换为扩展 Petri 网模型的示例如图 6-11 所示。

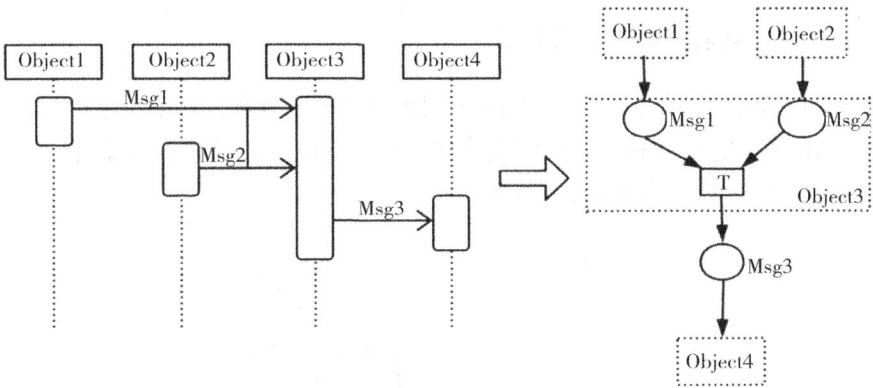

图 6-9 同步关系的转换规则示例

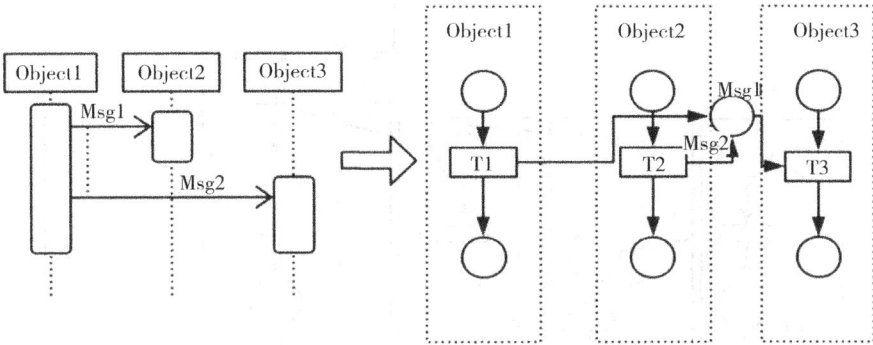

图 6-10 选择关系的转换规则示例图

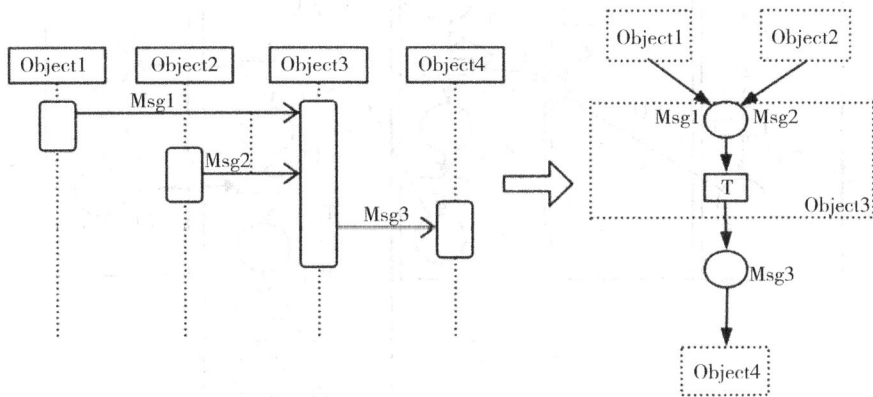

图 6-11 汇合关系的转换规则示例

6.1.2　Petri 网模型的构建

根据 UML 时序图模型转换为 Petri 网模型的映射规则，将上一章中的 UML 时序图模型转化为 Petri 网模型（见图 6-12），为模型的验证分析做准备。图 6-12中的字符代表的含义如表 6-2 所示。

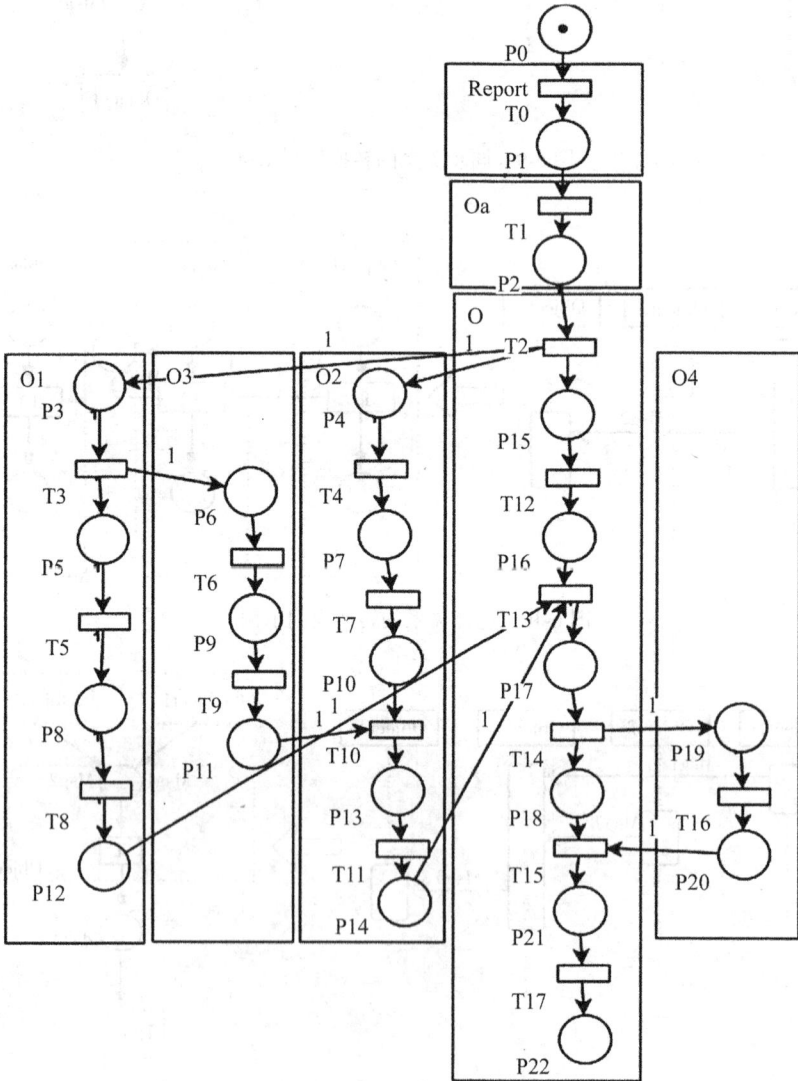

图 6-12　UML 时序图模型转化为 Petri 网模型

表 6-2 图 **6-12** 中字符代表的含义

符号	含义	符号	含义
执行事件			
T_0	发现问题农产品	T_1	评定级别
T_2	成立领导小组	T_3	展开调查
T_4	开展处置	T_5	质量检测
T_6	质量检测	T_7	没收销毁
T_8	农产品核查	T_9	意见收集
T_{10}	市场监管	T_{11}	监督整改
T_{12}	方案调整	T_{13}	分析结果
T_{14}	统一宣传口径	T_{15}	关注舆论
T_{16}	召开新闻发布会	T_{17}	召开总结大会
信 息			
P_0	问题农产品	P_1	上报相关信息
P_2	事件级别	P_3	展开行动指令
P_4	展开行动指令	P_5	问题农产品样本
P_6	现况	P_7	问题农产品信息
P_8	农产品经销信息	P_9	事态趋势
P_{10}	轮番巡查	P_{11}	意见对策
P_{12}	调查结果	P_{13}	整改意见
P_{14}	处置结果	P_{15}	局势信息
P_{16}	事态发展	P_{17}	事件结果信息
P_{18}	事件局势	P_{19}	宣传口径
P_{20}	舆论信息	P_{21}	信息存档
P_{22}	结束		

续表

符号	含义	符号	含义
组　　　织			
Report	举报者	O_a	当地农业主管部门
O	应急处置指挥领导小组	O_1	事件调查组
O_2	事件处置组	O_3	专家技术组
O_4	信息发布组		

6.2　模　型　验　证

要验证一个 Petri 网模型的正确性，主要是分析 Petri 网的活性、有界性、安全性以及可达性。Petri 网模型常用的验证方法有分层或化简法、可达树（可覆盖树）法、关联矩阵和状态方程法者三种方法。本文运用最基本的可达树验证法来分析 Petri 网模型的正确性。

6.2.1　验证标准

1. 可达性

可达性是一个 Petri 网模型的最基本性质，对于一个 Petri 网模型 $PN = (P, T; F, M)$，若存在 $t \in T$，使得 $M[t > M'$ 成立，则称 M' 能从 M 直接可达。那么，如果存在变迁序列 t_1，t_2，$\cdots t_n$ 和标识序列 M_1，M_2，$\cdots M_3$ 使得 $M[t_1 > M_1[t_2 > M_2$，$\cdots$，$M_{n-1}[t_n > M_n$ 成立，则称 M_n 能从 M 可达。将能从 M 可达的一切标识集合记作 $R(M)$，则 $M \in R(M)$。

将 M_0 设为系统的初始标识，表示系统的初始状态，$R(M_0)$ 为系统运行过程中可能出现的全部状态集合。$R(M_0)$ 应满足 $M_0 \in R(M_0)$，且如果 $M \in R(M_0)$，存在 $t \in T$，使得 $M[t > M'$ 成立，那么 $M' \in R(M_0)$ 这两个条件的最小集合。

2. 有界性和安全性

有界性表示在模型运行过程中，对资源的容量需求。对于一个 Petri 网模型 $PN = (P, T; F, M_0)$，M_0 为初始标识，$p \in P$，如果存在正整数 K 使得对

于 $\forall M \in R(M_0)$，都有 $M(p) \le K$ 成立，那么就称库所 p 是 K 有界。如果一个 Petri 网模型中的每一个库所 $p \in P$ 都是 K 有界的，那么就称这个 Petri 网为 K 有界 Petri 网。$K(PN) = \max\{K(p) \mid p \in P\}$ 就称为这个 Petri 网的界。当 $K = 1$ 时，这个 Petri 网就是安全的 Petri 网。

3. 活性

Petri 网的活性表示该 Petri 网在运行过程中不存在死锁操作。对于一个 Petri 网模型 $PN = (P, T; F, M_0)$，M_0 为初始标识，$t \in T$，若对于 $\forall M \in R(M_0)$，存在 $M' \in R(M)$，使得 $M'[t >$ 成立，那么这个变迁 t 是活的。如果这个 Petri 网模型中的每一个变迁 $t \in T$ 都是活的，那么就称这个 Petri 网为活的 Petri 网。

6.2.2 构造可达树

一个 Petri 网 $PN = (P, T; F, K, W, M_0)$ 的可达树是由标识值为 $\omega(\omega \in N$ 且趋于无穷$)$ 的标识 M 作为结点构成的树，结点之间同 T_i 标注。

第一步：初始状态的 $T(PN)$ 只有根结点 i，用 $M_i = M_0$ 表示初始标识；

第二步：设 s 为 $T(PN)$ 的叶结点。如果任意的一个变迁 $t \in T$ 在标识 s 下都不会产生下一个结点，那么就称 s 为真叶结点；如果在 i 到 s 的路径上有结点 $k(k \ne s)$ 存在，但是 $M_k = M_s$，那么 s 也为真叶结点。如果这个 Petri 网中的所有叶结点都是真叶结点，那么就直接执行第四步；否则就执行第三步。

第三步：设 s 为 $T(PN)$ 的叶结点，且 s 不是真叶结点，那么在标识 M_s 上至少应该有一个变迁 t 发生。在 $T(PN)$ 上新添一个结点 x，若 M_x 是 M_s 在变迁 $t \in T$ 下发生的，那么 x 就为 s 的子结点，用变迁 t 标记从 s 到 x 的有向弧。

标识 M_x 的计算方法为：

(1) 先计算 M_s 的下一个标识 M'。对于 $\forall p \in P$，有 $M'(p) = M_s(p) - W(p, t) + W(t, p)$；

(2) 再计算 M_x。对于 $\forall p \in P$，

$$M_x(p) = \begin{cases} \omega, & \text{从 } i \text{ 到 } x \text{ 的路径上有结点 } k\text{，使得 } M_k < M' \text{ 且 } M_k(p) < M'(p) \\ M'(p), & \text{否则} \end{cases}$$

如果 $M_x(p) = \omega$，表示该库所 p 的标识数会不断增大，直到趋于无穷，则直接执行第五步，否则就返回到第二步，直到得到一个完整的可达树。

第四步：所有叶结点的集合用符号 S 表示，如果：

(1) 对于 $\forall M(p) \in S$，存在 $M'(p) = \begin{cases} 1, & p \text{ 为终止状态} \\ 0, & \text{否则} \end{cases}$ 成立，表示该 Petri 网模型可以正常终止。

(2) 对于 $\exists M(p) \in S$，有终止状态的库所标识：$M(\text{终止状态}) = 0$，表示该 Petri 网模型会出现死锁情况，死锁发生的位置为库所 $p_z \rightarrow M(p_z) \neq 0$ 中。

(3) 对于 $\exists M(p) \in S$，有 $M(p_z) = 1$ 且 p_z 不是终止状态，表示该 Petri 网模型不可以正常终止。

第五步：可达树构造完成，结束。

6.2.3　模型验证

根据构造可达树的步骤对本章第二节中转换后的农产品质量安全应急联动系统 Petri 网模型构造可达树，以此来验证分析模型的有效性和正确性。构造的可达树图如图 6-13 所示。

设初始标识为 $M_0 = (1, 0, 0, 0, 0, 0, 0, 0, 0, 0, 0, 0, 0, 0, 0, 0, 0, 0, 0, 0, 0, 0, 0)$，$M_i$ 的标识集如表 6-3 所示。

根据对可达树和标识集的分析，可以得到以下结论：

(1) 该 Petri 网是一个可达的 Petri 网。因为每一次该 Petri 网被触发，都能走向结束，不会出现无限循环无法结束的情况；再则，根据上面可达树的构造也可知该 Petri 网的所有库所和变迁都是可达的和必要的，没有出现阻塞或无线等待的情况，所以该 Petri 网是可前进的，可达的。

(2) 该 Petri 网是一个有界的和安全的 Petri 网。存在一个正整数 $K = 2$，使得对于所有的 $p \in P$，$M(p) \leqslant 2$ 成立，所以该 Petri 网系统是有界的。在所有的标识集中，只有 0 和 1 出现，所以每一个库所 p 都是 1 有界，即每一个库所都是安全的，那么这个 Petri 网是安全的。

(3) 该 Petri 网是一个活的 Petri 网。因为在所有的变迁 $t \in T$ 中，对于任意的一个标识 $M \in M_0 >$，均存在标识 M' 能经过变迁 t 到达 M，所以这个变迁 t 是活的，那么这个 Petri 网也是活的。

因此，这个 Petri 网模型是可达的、有界的、安全的和活的，所以这个 Petri 网模型是正确的，从而间接验证了 UML 时序图模型的正确性。

Petri 网的标识集

表 6-3

	P_0	P_1	P_2	P_3	P_4	P_5	P_6	P_7	P_8	P_9	P_{10}	P_{11}	P_{12}	P_{13}	P_{14}	P_{15}	P_{16}	P_{17}	P_{18}	P_{19}	P_{20}	P_{21}	P_{22}
M_0	1	0	0	0	0	0	0	0	0	0	0	0	0	0	0	0	0	0	0	0	0	0	0
M_1	0	1	0	0	0	0	0	0	0	0	0	0	0	0	0	0	0	0	0	0	0	0	0
M_2	0	0	1	0	0	0	0	0	0	0	0	0	0	0	0	0	0	0	0	0	0	0	0
M_3	0	0	0	1	1	0	0	0	0	0	0	0	0	0	0	0	0	0	0	0	0	0	0
M_4	0	0	0	0	0	1	0	0	0	0	0	0	0	0	0	0	0	0	0	0	0	0	0
M_5	0	0	0	0	0	0	1	0	0	0	0	0	0	0	0	0	0	0	0	0	0	0	0
M_6	0	0	0	0	0	0	0	1	1	0	0	0	0	0	0	0	0	0	0	0	0	0	0
M_7	0	0	0	0	0	0	0	0	0	1	0	0	0	0	0	0	0	0	0	0	0	0	0
M_8	0	0	0	0	0	0	0	0	0	0	1	0	0	0	0	0	0	0	0	0	0	0	0
M_9	0	0	0	0	0	0	0	0	0	0	0	1	1	0	0	0	0	0	0	0	0	0	0
M_{10}	0	0	0	0	0	0	0	0	0	0	0	0	0	1	0	0	0	0	0	0	0	0	0
M_{11}	0	0	0	0	0	0	0	0	0	0	0	0	0	0	1	0	0	0	0	0	0	0	0
M_{12}	0	0	0	0	0	0	0	0	0	0	0	0	0	0	0	1	1	0	0	0	0	0	0
M_{13}	0	0	0	0	0	0	0	0	0	0	0	0	0	0	0	0	0	1	0	0	0	0	0
M_{14}	0	0	0	0	0	0	0	0	0	0	0	0	0	0	0	0	0	0	1	0	0	0	0
M_{15}	0	0	0	0	0	0	0	0	0	0	0	0	0	0	0	0	0	0	0	1	0	0	0
M_{16}	0	0	0	0	0	0	0	0	0	0	0	0	0	0	0	0	0	0	0	0	1	0	0
M_{17}	0	0	0	0	0	0	0	0	0	0	0	0	0	0	0	0	0	0	0	0	0	1	0
M_{18}	0	0	0	0	0	0	0	0	0	0	0	0	0	0	0	0	0	0	0	0	0	0	1

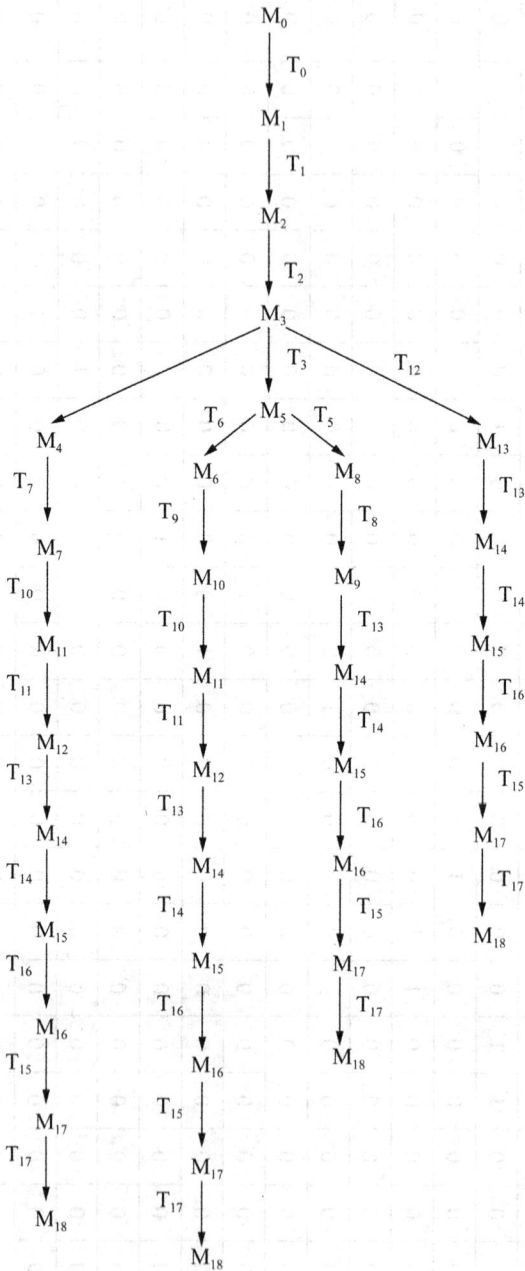

图 6-13　农产品质量安全应急联动系统 Petri 网模型的可达树

6.2.4 模型分析

在本部分中，主要是根据上一节求出的可达标识集，构造出相应的马尔可夫链 Markov Chain(MC)，根据对马尔可夫链的稳定状态概率进行分析，得出该 Petri 网的库所繁忙和空闲率，变迁利用率，平均执行时间。

1. 构造马尔可夫链

对于一个 Petri 网 $PN = (P, T; F, K, W, M_0)$，首先求出该 Petri 网的可达标识图，即上节中的可达树，然后将图中每条有向弧上的变迁 $t_i(i = 1, 2\cdots, k)$ 换成该变迁的平均实施速率 $\lambda_i(i = 1, 2, \cdots, k)$，表示在该变迁在可以正常实施的情况下单位时间内的平均实施次数，$\lambda = \{\lambda_q, \lambda_2, \cdots, \lambda_k\}$ 就为该 Petri 网所有变迁的平均实施速率集合。由 M_i，λ_i 和有向弧组成的图形就是该 Petri 网的马尔可夫链。

对上一节中的可达树进行整理，将同一个 M_i 合并在一起，得到的可达树如图 6-14 所示。

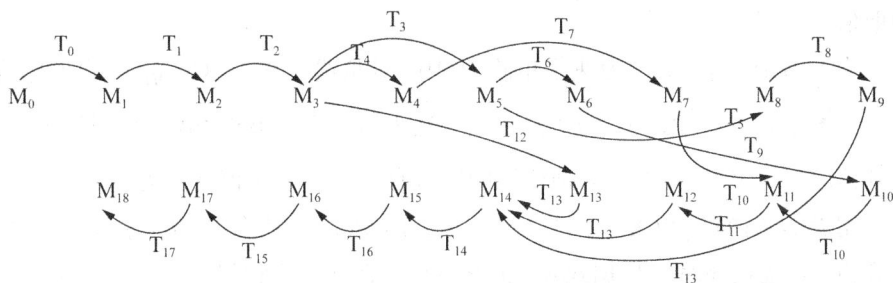

图 6-14 整理后的可达树

对上图中的变迁 T_i，将其替换成 λ_i，构成的马尔可夫链如图 6-15 所示。

根据构造的马尔可夫链，也可进一步验证，该 Petri 网模型是可达的，有界的，安全的，活的。因为该模型中的每一个库所和变迁都是有用的，没有存在冗余情况，且该 Petri 网可以达到最终的结束状态，不存在无限循环和阻塞的情况，没有死任务，也没有完成不了的任务，所以该 Petri 网模型是正确的。

2. 性能分析

如果马尔可夫链共含有 r_i 个标识状态，则假设该 Petri 网的马尔可夫链中可达集 M_i 有 n 个元素，那么就存在一个 $n \times n$ 阶的马尔可夫过程转移的速率矩

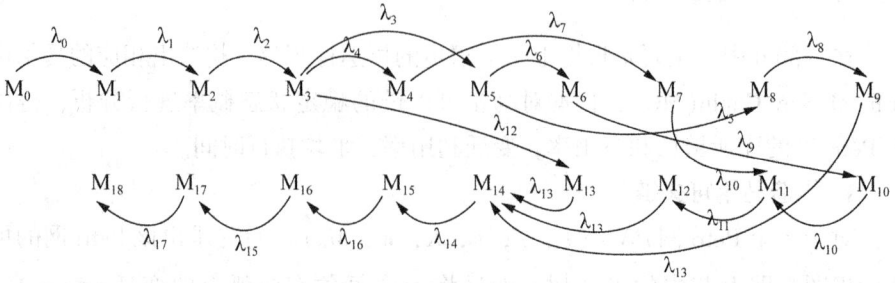

图 6-15　马尔可夫链

阵 $Q = [q_{ij}](1 \leqslant i, j \leqslant n)$。

当 $i \neq j$ 时，表示 q_{ij} 为速率矩阵 Q 中的非对角线元素，q_{ij} 的取值分为两种情况：

（1）从标识状态 M_i 到 M_j 之间没有有向弧相连接，那么 $q_{ij} = 0$；

（2）从标识状态 M_i 到 M_j 之间有有向弧相连接，q_{ij} 的取值就是有向弧上 λ 的取值。

当 $i = j$ 时，表示 q_{ij} 为速率矩阵 Q 中的对角线元素，这时 q_{ij} 的取值应为 $q_{u} = -\sum q_{ij}(j = 1, 2, \cdots, n$ 且 $j \neq i)$。这表示矩阵中第 i 行第 i 列（即对角线）上的值应与标识状态 M_i 到其他标识的所有有向弧上的 λ 值之和为零。

用 P 表示向量 $(P(M_0), P(M_1), \cdots, P(M_i))$，其中 $P(M_i)$ 表示标识 M_i 达到稳定状态的概率，根据式 6-1 的马尔可夫链线性方程组：

$$\begin{cases} PQ = 0 \\ \sum_i p_i = 1 \end{cases} \tag{6-1}$$

可以计算出每一个标识状态 M_i 达到稳定状态的概率，进而分析出该 Petri 网模型的库所繁忙和空闲率，变迁利用率和平均执行时间。

根据上述描述，对时序图转换为的 Petri 网模型进行分析，求得马尔可夫过程转移的速率矩阵，如图 6-16 所示。

最后 λ_{18} 的取值为该应急联动完成后各组织回归正常工作的时间，为下一次应急联动活动做好准备。根据马尔可夫线性方程组公式，令行向量 $P = (x_0, x_1, \cdots, x_{18})$，得到的一个线性方程组为：

$$Q=\begin{vmatrix}
-\lambda_0 & \lambda_0 \\
& -\lambda_1 & \lambda_1 \\
& & -\lambda_2 & \lambda_2 \\
& & & (-\lambda_4-\lambda_3-\lambda_{12})\lambda_4 & \lambda_3 & & & & & \lambda_{12} \\
& & & & -\lambda_7 & \lambda_7 \\
& & & & (-\lambda_6-\lambda_5)\lambda_6 & \lambda_5 \\
& & & & -\lambda_9 & & \lambda_9 \\
& & & & & -\lambda_{10} & & \lambda_{10} \\
& & & & & -\lambda_8 & \lambda_8 \\
& & & & & & -\lambda_{13} & & \lambda_{13} \\
& & & & & & & -\lambda_{10} & \lambda_{10} \\
& & & & & & & -\lambda_{11} & \lambda_{11} \\
& & & & & & & & -\lambda_{13} & \lambda_{13} \\
& & & & & & & & -\lambda_{13} & \lambda_{13} \\
& & & & & & & & & -\lambda_{14} & \lambda_{14} \\
& & & & & & & & & & -\lambda_{16} & \lambda_{16} \\
& & & & & & & & & & & -\lambda_{15} & \lambda_{15} \\
& & & & & & & & & & & & -\lambda_{17} & \lambda_{17} \\
\lambda_{18} & & & & & & & & & & & & & -\lambda_{18}
\end{vmatrix}$$

图 6-16 转移的速率矩阵

$$\begin{cases}
-\lambda_0 * x_0 + \lambda * x_{18} = 0 \\
\lambda_0 * x_0 - \lambda_1 * x_1 = 0 \\
\cdots \\
\lambda_{15} * x_{16} - \lambda_{17} * x_{17} = 0 \\
\lambda_{17} * x_{17} - \lambda * x_{18} = 0 \\
x_0 + x_1 + \cdots + x_{18} = 1
\end{cases} \tag{6-2}$$

对该线性方程组进行求解，得出的结果 $x_i = P(M_i)$，即马尔可夫链上各个标识达到稳定状态的概率。

（1）库所繁忙和空闲率。

根据上面求出的 $x_i = P(M_i)$，可以计算库所的繁忙概率。库所繁忙概率是指当 Petri 网模型达到稳定状态时，库所处于繁忙状态下的概率，即当库所中含有托肯值时的概率，可以反映当该系统流程运作起来后，每一个部分的运作效率。记作 $P(M(P_i) = k) = \sum_j P(M_j)$，表示当库所 P_i 中含有托肯数为 k 时，库所 P_i 的概率就为所有含有库所 P_i 的标识概率 $P(M_j)$ 之和。

由时序图 Petri 网模型以及可达树和标识集可知，每个标识中包含的库所分别是：$M_0\{P_0\}$，$M_1\{P_1\}$，$M_2\{P_2\}$，$M_3\{P_3,\ P_4,\ P_{15}\}$，$M_4\{P_7\}$，$M_5\{P_5,\ P_6\}$，$M_6\{P_9\}$，$M_7\{P_{10}\}$，$M_8\{P_8\}$，$M_9\{P_{12}\}$，$M_{10}\{P_{11}\}$，$M_{11}\{P_{13}\}$，$M_{12}\{P_{14}\}$，$M_{13}\{P_{16}\}$，$M_{14}\{P_{17}\}$，$M_{15}\{P_{18},\ P_{19}\}$，$M_{16}\{P_{20}\}$，$M_{17}\{P_{21}\}$，$M_{18}\{P_{22}\}$。所以，当令库所中托肯值 $k = 1$ 时，每一个库所的繁忙概率就为

$$\begin{cases} P(M(P_0) = 1) = P(M_0) = x_0 \\ P(M(P_1) = 1) = P(M_1) = x_1 \\ P(M(P_2) = 1) = P(M_2) = x_2 \\ P(M(P_3) = 1) = P(M(P_4) = 1) = P(M(P_{15}) = 1) = P(M_3) = x_3 \quad (6\text{-}3) \\ \cdots \\ P(M(P_{21}) = 1) = P(M_{17}) = x_{17} \\ P(M(P_{22}) = 1) = P(M_{18}) = x_{18} \end{cases}$$

库所的空闲概率是库所中不存在托肯值时的概率，计算方法是用 1 减去库所的繁忙概率，记作 $P(M(P_i) = 0) = 1 - P(M(P_i) = k)$。

通过对结果进行分析，可以找到库所繁忙概率比较高的几个库所，这几个库所就是在整个系统运行过程中运作效率比较低的库所，影响整个系统的完成时间。在实际应急联动中，应多加关注这几个环节，以提高应急联动效率，降低风险等级。

（2）变迁利用率

根据上面求出的 $x_i = P(M_i)$，还可以计算变迁的利用概率。变迁利用率反映了系统中的每项活动所占整个 Petri 网系统的时间长短。一个变迁的利用率等于让这个变迁能够运作起来的所有标识稳定概率之和，记 $U(T_i) = \sum_j P(M_j)$。

由时序图 Petri 网模型以及可达树和标识集可知，引起每一个变迁发生的

标识是：$M_0 \rightarrow T_0$，$M_1 \rightarrow T_1$，$M_2 \rightarrow T_2$，$M_3 \rightarrow T_3$，T_4，T_{12}，$M_4 \rightarrow T_7$，$M_5 \rightarrow T_5$，T_6，$M_6 \rightarrow T_9$，$M_7 \rightarrow T_{10}$，$M_8 \rightarrow T_8$，M_9，M_{12}，$M_{13} \rightarrow T_{13}$，$M_{14} \rightarrow T_{14}$，$M_{15}$，$M_{16} \rightarrow T_{15}$，$M_{15} \rightarrow T_{16}$，$M_{17} \rightarrow T_{17}$。所以，可求得每一个变迁的利用率为：

$$
\begin{cases}
U(T_0) = P(M_0) \\
U(T_1) = P(M_1) \\
U(T_2) = P(M_2) \\
U(T_3) = U(T_4) = U(T_{12}) = P(M_3) \\
\cdots \\
U(T_{15}) = P(M_{15}) + P(M_{16}) \\
U(T_{16}) = P(M_{15}) \\
U(T_{17}) = P(M_{17})
\end{cases}
\tag{6-4}
$$

对结果进行分析，如果某几个变迁的利用率比较高，表明这几个变迁所代表的执行事件在本次系统活动中比较重要，应该被负责人作为重点观察、监督和管理的对象。只要能保证这几个重点执行事件的顺利执行，就能保证整个应急联动系统活动的顺利开展，从而提高整个应急联动的效率，避免人力、物力和财力的浪费。

（3）平均执行时间。

平均执行时间反映了当应急联动系统达到稳定状态时，完成整个应急活动所需要的时间。根据 Little 定理 $N = kT$，可以计算出系统的平均执行时间。N 表示当系统达到稳定状态时，Petri 网模型中的平均标识数，即 $N = P(M(P_0) = 1) + P(M(P_1) = 1) + \cdots + P(M(P_i) = 1)$。$k$ 表示该系统运行时，标志到达的平均速率。T 表示该 Petri 网的平均执行时间。

为了更好的分析各个组织完成任务的时间效率，分别求出应急处置指挥领导小组、事件处置组、事件调查组、专家技术组和信息发布组完成应急过程的平均执行时间，计算方法如下：

① 应急处置指挥领导小组

$N_1 = P(M(P_3) = 1) + P(M(P_4) = 1) + P(M(P_{15}) = 1) + P(M(P_{16}) = 1) + P(M(R_{17}) = 1) + P(M(P_{18}) = 1) + P(M(P_{19}) = 1) + P(M(P_{21}) = 1) + P(M(P_{22}) = 1)$，$k_1 = \lambda_2 * U(T_2)$，

根据公式 $T_1 = N_1/k_1$，可计算出应急处置指挥领导小组执行任务的平均执行时间。

②事件处置组

$N_2 = P(M(P_7) = 1) + P(M(P_{10}) = 1) + P(M(P_{13}) = 1) + P(M(P_{14}) = 1)$，
$k_2 = \lambda_4 * U(T_4)$，

根据公式 $T_2 = {}^{N_2}/k_2$，可计算出事件处置组执行任务的平均执行时间。

③事件调查组

$N_3 = P(M(P_5) = 1) + P(M(P_6) = 1) + P(M(P_8) = 1) + P(M(P_{12}) = 1)$，
$k_3 = \lambda_3 * U(T_3)$，

根据公式 $T_3 = N_3/k_3$，可计算出事件调查组执行任务的平均执行时间。

④专家技术组

$N_4 = P(M(P_9) = 1) + P(M(P_{11}) = 1)$，$k_4 = \lambda_6 * U(T_6)$，

根据公式 $T_4 = N_4/k_4$，可计算出专家技术组执行任务的平均执行时间。

⑤信息发布组：$N_5 = P(M(P_{20}) = 1)$，$k_5 = \lambda_{16} * U(T_{16})$，

根据公式 $T_5 = N_5/k_5$，可计算出新闻发布组执行任务的平均执行时间。

根据对各组织执行任务的平均执行时间的计算结果，平均执行时间较长的小组说明其完成应急过程的效率较低。在实际应急联动过程中，可以多关注该小组的应急过程，针对性提出提高该小组应急效率的有效办法，加快应急联动过程，缩短应急处置周期。

6.3　案例分析

仍以第五章"瘦肉精"事件为例对农产品质量安全应急处置的跨组织模型进行案例分析，主要通过分析该事件 Petri 网模型的库所繁忙和空闲率、变迁利用率以及每个应急小组完成各自小组流程的平均执行时间验证了 Petri 网模型的有效性及可行性。

6.3.1　"瘦肉精"事件的时序图模型到 Petri 网模型的转换

运用第五章介绍的时序图的映射规则，可得出如图 6-17 所示的 Petri 网模型，图中字母及符号代表的含义如表 6-4 所示。

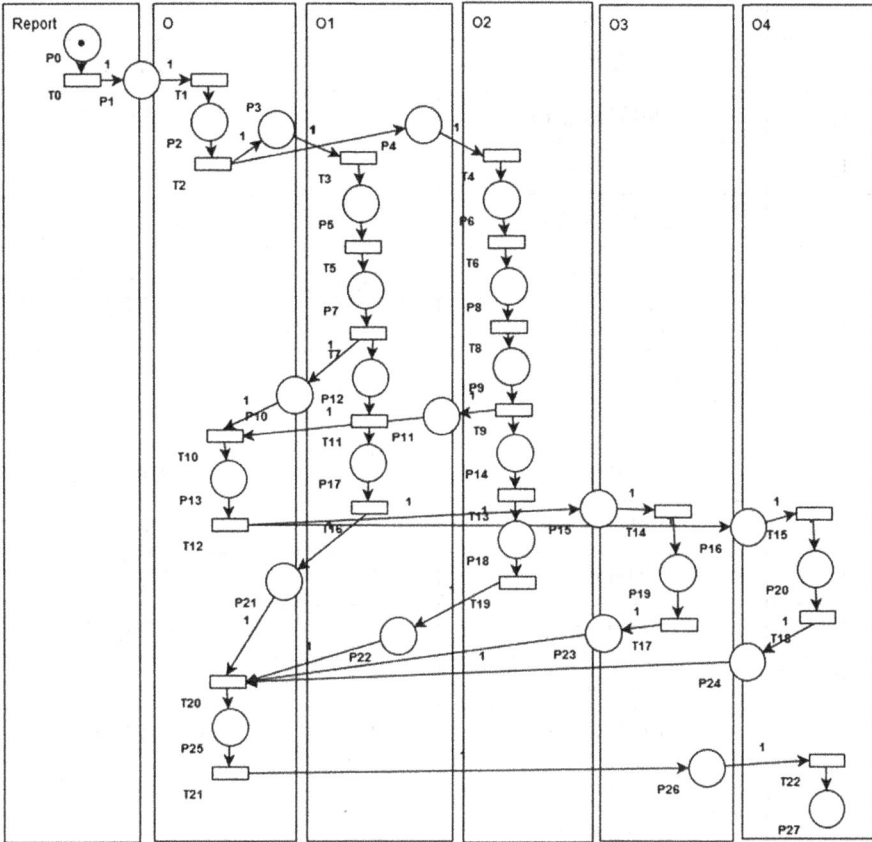

图 6-17　转换的"瘦肉精"事件应急联动系统 Petri 网模型

表 6-4　　　　　　　　　　　符号代表的含义

符号	含义	符号	含义
执行事件			
T_0	报道"瘦肉精"猪肉	T_1	评定级别
T_2	下达指令	T_3	展开处置
T_4	开展调查	T_5	排查销毁含"瘦肉精"猪肉
T_6	调查养殖户、销售商	T_7	初次处置阶段总结
T_8	猪肉质检	T_9	初次调查阶段总结

续表

符号	含义	符号	含义
T_{10}	阶段结果汇总	T_{11}	市场监管
T_{12}	分析阶段性结果	T_{13}	调查监管机构人员
T_{14}	分析局势	T_{15}	信息公布
T_{16}	总结处置结果	T_{17}	商讨意见
T_{18}	舆论监控	T_{19}	总结调查结果
T_{20}	汇总各类结果	T_{21}	分析总结
T_{22}	召开新闻发布会		

信　　息

符号	含义	符号	含义
P_0	开始	P_1	"瘦肉精"事件
P_2	Ⅰ级应急预案	P_3	处置指令
P_4	调查指令	P_5	市场信息
P_6	养殖户信息	P_7	含"瘦肉精"猪肉
P_8	猪肉样本	P_9	各类调查信息
P_{10}	阶段处置结果	P_{11}	阶段调查结果
P_{12}	市场信息	P_{13}	汇总阶段信息
P_{14}	监管机构信息	P_{15}	事态信息
P_{16}	阶段应急信息	P_{17}	各类处置信息
P_{18}	各类调查信息	P_{19}	事态局势
P_{20}	舆论信息	P_{21}	最终处置信息
P_{22}	最终调度信息	P_{23}	意见
P_{24}	舆论反馈信息	P_{25}	各类事件信息
P_{26}	宣传口径	P_{27}	结束

组　　织

符号	含义	符号	含义
Report	新闻节目	O	应急处置指挥领导小组
O_1	事件处置组	O_2	事件调查组
O_3	专家技术组	O_4	信息发布组

6.3.2 模型验证分析

本部分针对图 6-17 中转换的 Petri 网模型进行分析和验证。

1. 模型验证

根据上一节中构造可达树的步骤，对图 6-17 中转换的 Petri 网模型构造如图 6-18 所示的可达树，分析该 Petri 网模型的可达性、有界性、安全性和活性，从而间接证明 UML 时序图的正确性。

令 $M_0 = (1, 0, 0, 0, 0, 0, 0, 0, 0, 0, 0, 0, 0, 0, 0, 0, 0, 0, 0, 0, 0, 0, 0, 0, 0, 0)$，其他的标识取值如下：

$M_1 = (0, 1, 0, 0, 0, 0, 0, 0, 0, 0, 0, 0, 0, 0, 0, 0, 0, 0, 0, 0, 0, 0, 0, 0, 0, 0, 0, 0, 0)$

$M_2 = (0, 0, 1, 0, 0, 0, 0, 0, 0, 0, 0, 0, 0, 0, 0, 0, 0, 0, 0, 0, 0, 0, 0, 0, 0, 0, 0, 0)$

$M_3 = (0, 0, 0, 1, 1, 0, 0, 0, 0, 0, 0, 0, 0, 0, 0, 0, 0, 0, 0, 0, 0, 0, 0, 0, 0, 0, 0, 0)$

$M_4 = (0, 0, 0, 0, 0, 1, 0, 0, 0, 0, 0, 0, 0, 0, 0, 0, 0, 0, 0, 0, 0, 0, 0, 0, 0, 0, 0, 0)$

$M_5 = (0, 0, 0, 0, 0, 1, 0, 0, 0, 0, 0, 0, 0, 0, 0, 0, 0, 0, 0, 0, 0, 0, 0, 0, 0, 0, 0, 0)$

$M_6 = (0, 0, 0, 0, 0, 0, 0, 1, 0, 0, 0, 0, 0, 0, 0, 0, 0, 0, 0, 0, 0, 0, 0, 0, 0, 0, 0, 0)$

$M_7 = (0, 0, 0, 0, 0, 0, 0, 0, 1, 0, 0, 0, 0, 0, 0, 0, 0, 0, 0, 0, 0, 0, 0, 0, 0, 0, 0, 0)$

$M_8 = (0, 0, 0, 0, 0, 0, 0, 0, 0, 0, 1, 0, 0, 0, 0, 0, 0, 0, 0, 0, 0, 0, 0, 0, 0, 0, 0, 0)$

$M_9 = (0, 0, 0, 0, 0, 0, 0, 0, 0, 0, 0, 1, 0, 1, 0, 0, 0, 0, 0, 0, 0, 0, 0, 0, 0, 0, 0, 0, 0)$

$M_{10} = (0, 0, 0, 0, 0, 0, 0, 0, 0, 0, 0, 0, 1, 0, 0, 1, 0, 0, 0, 0, 0, 0, 0, 0, 0, 0, 0, 0, 0)$

$M_{11} = (0, 0, 0, 0, 0, 0, 0, 0, 0, 0, 0, 0, 0, 0, 1, 0, 0, 0, 0, 0, 0, 0, 0, 0, 0, 0, 0, 0)$

$M_{12} = (0, 0, 0, 0, 0, 0, 0, 0, 0, 0, 0, 0, 0, 0, 0, 0, 1, 1, 0, 0, 0, 0, 0, 0, 0, 0, 0, 0)$

$M_{13} = (0, 0, 0, 0, 0, 0, 0, 0, 0, 0, 0, 0, 0, 0, 0, 0, 0, 1, 0,$
$\qquad 0, 0, 0, 0, 0, 0, 0, 0, 0)$

$M_{14} = (0, 0, 0, 0, 0, 0, 0, 0, 0, 0, 0, 0, 0, 0, 0, 0, 0, 0, 1,$
$\qquad 0, 0, 0, 0, 0, 0, 0, 0, 0)$

$M_{15} = (0, 0, 0, 0, 0, 0, 0, 0, 0, 0, 0, 0, 0, 0, 0, 0, 0, 0, 0,$
$\qquad 1, 0, 0, 0, 0, 0, 0, 0, 0)$

$M_{16} = (0, 0, 0, 0, 0, 0, 0, 0, 0, 0, 0, 0, 0, 0, 0, 0, 0, 0, 0,$
$\qquad 0, 1, 0, 0, 0, 0, 0, 0, 0)$

$M_{17} = (0, 0, 0, 0, 0, 0, 0, 0, 0, 0, 0, 0, 0, 0, 0, 0, 0, 0, 0,$
$\qquad 0, 0, 1, 0, 0, 0, 0, 0, 0)$

$M_{18} = (0, 0, 0, 0, 0, 0, 0, 0, 0, 0, 0, 0, 0, 0, 0, 0, 0, 0, 0,$
$\qquad 0, 0, 0, 1, 0, 0, 0, 0, 0)$

$M_{19} = (0, 0, 0, 0, 0, 0, 0, 0, 0, 0, 0, 0, 0, 0, 0, 0, 0, 0, 0,$
$\qquad 0, 0, 0, 0, 1, 0, 0, 0, 0)$

$M_{20} = (0, 0, 0, 0, 0, 0, 0, 0, 0, 0, 0, 0, 0, 0, 0, 0, 0, 0, 0,$
$\qquad 0, 0, 0, 0, 1, 0, 0, 0, 0)$

$M_{21} = (0, 0, 0, 0, 0, 0, 0, 0, 0, 0, 0, 0, 0, 0, 0, 0, 0, 0, 0,$
$\qquad 0, 0, 0, 0, 0, 1, 0, 0)$

$M_{22} = (0, 0, 0, 0, 0, 0, 0, 0, 0, 0, 0, 0, 0, 0, 0, 0, 0, 0, 0,$
$\qquad 0, 0, 0, 0, 0, 0, 1, 0)$

$M_{23} = (0, 0, 0, 0, 0, 0, 0, 0, 0, 0, 0, 0, 0, 0, 0, 0, 0, 0, 0,$
$\qquad 0, 0, 0, 0, 0, 0, 0, 1)$

对上述结果进行分析, 可知:

"瘦肉精"事件应急联动系统 UML 时序图转换来的 Petri 网模型是可达的。因为当应急联动系统开始后, 最终都能走向结束, 不会出现无限循环和阻塞不动的情况, 也没有一个库所和变迁是无用的, 每一个都是必要的和可达的, 所以该 Petri 网模型是可达的。

"瘦肉精"事件应急联动系统 UML 时序图转换来的 Petri 网模型是有界的和安全的。存在一个正整数 2, 能够使得对于任意的一个库所, 有 $M(p) \leqslant 2$ 成立, 因而这个 Petri 网模型是有界的; 同时, 由于在所有的标识集中, 只有 0 和 1 出现, 所以每个库所都是安全的, 那么这个 Petri 网模型是安全的。

"瘦肉精"事件应急联动系统的 UML 时序图转换来的 Petri 网模型是活的。因为对于任意一个标识(除了 M_0 外), 都能通过某个变迁到达, 所以这个 Petri

网模型是活的。

因此，这个"瘦肉精"事件应急联动系统时序图转换来的 Petri 网模型是可达的、有界的、安全的和活的，所以这个 Petri 网模型是正确的，从而间接验证了"瘦肉精"事件应急联动系统 UML 时序图模型的正确性。

2. 模型分析

(1)构造马尔可夫链。对图 6-18 可达树进行整理，将同一个 M_i 合并在一起，再将 T_i 替换成 λ_i，构造的"神农丹"事件应急联动系统 Petri 网模型的马尔可夫链如图 6-19 所示。

从上面的马尔可夫链也可以进一步验证该"瘦肉精"事件应急联动系统 Petri 网模型的有效性和正确性。没有任何一个变迁是多余的和缺少的，没有无限循环和无法到达的环节，每一次系统运作都能够最终走向结束，不会存在死锁情况发生，从而间接证明"瘦肉精"事件应急联动系统 UML 时序图模型是正确的。

(2)性能分析。根据对资料的搜集和整理可得，"瘦肉精"事件应急联动过程的每个任务完成的时间(以天为单位)如表 6-5 所示。

表 6-5　　　　　　　　　　　任务完成时间表

任务	T_1	T_2	T_3	T_4	T_5	T_6	T_7	T_8	T_9	T_{10}	T_{11}	T_{12}
时间	1/4	1/2	1/4	1/2	1/2	6	8	1/2	1	1/2	1/2	5
任务	T_{13}	T_{14}	T_{15}	T_{16}	T_{17}	T_{18}	T_{19}	T_{20}	T_{21}	T_{22}	T_{23}	
时间	1/4	2	1/2	1/4	1	1	3	1	1	1/2	1/4	

根据上表的各任务完成时间表，将时间以 1/4 作为一个单位时间，可以得到 λ 的值为

$\lambda = (\lambda_0, \lambda_1, \cdots, \lambda_{22}) = (1, 2, 1, 2, 2, 24, 32, 2, 4, 2, 2, 20, 1, 8, 2, 1, 4, 4, 12, 4, 4, 2, 1)$，

该应急联动完成后各应急单位回归正常工作的时间为 1 天，λ_{23} 的取值为 4，从而可以得到转移的速率矩阵 Q，如图 6-20 所示。

再令 $P = (P(M_0), P(M_1) \cdots, P(M_{23})) = (x_0, x_1, \cdots, x_{23})$，根据马尔可夫链线性线性方程组 $\begin{cases} PQ = 0 \\ \sum_i p_i = 1 \end{cases}$，可得到如下方程组：

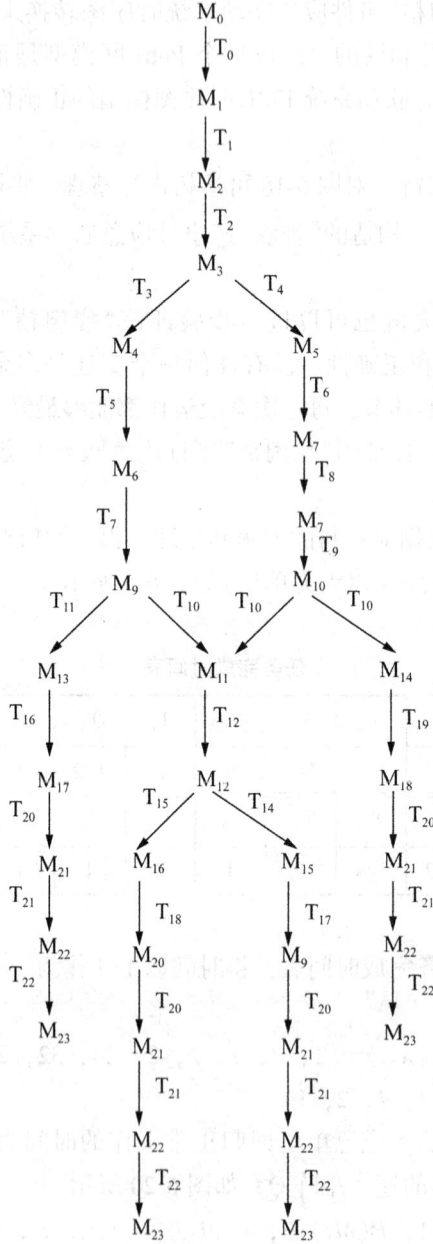

图 6-18　"瘦肉精"事件 Petri 网的可达树

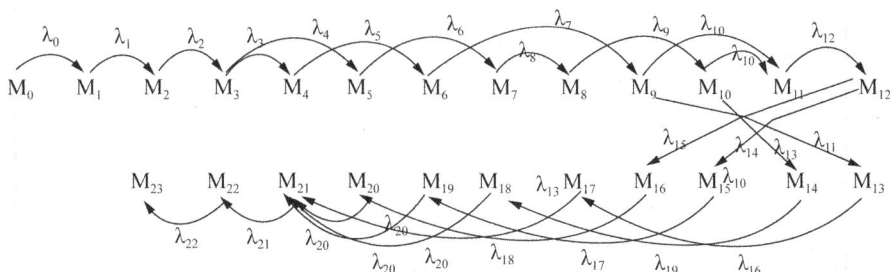

图 6-19 "瘦肉精"事件应急联动系统 Petri 网模型的马尔可夫链

$$
\begin{cases}
-x_0 + 4x_{23} = 0 \\
x_0 - 2x_1 = 0 \\
\cdots \\
2x_{21} - x_{22} = 0 \\
x_{22} - 4x_{23} = 0 \\
x_0 + x_1 + \cdots + x_{22} + x_{23} = 1
\end{cases}
\tag{6-5}
$$

解方程组后得到结果如下：

$x_0 = P(M_0) = 0.2105$，$x_1 = P(M_1) = 0.1052$，$x_2 = P(M_2) = 0.1052$，

$x_3 = P(M_3) = 0.0263$，$x_4 = P(M_4) = 0.0022$，$x_5 = P(M_5) = 0.0016$，

$x_6 = P(M_6) = 0.0263$，$x_7 = P(M_7) = 0.0132$，$x_8 = P(M_8) = 0.0263$，

$x_9 = P(M_9) = 0.0024$，$x_{10} = P(M_{10}) = 0.0053$，$x_{11} = P(M_{11}) = 0.0153$，

$x_{12} = P(M_{12}) = 0.0051$，$x_{13} = P(M_{13}) = 0.0120$，$x_{14} = P(M_{14}) = 0.0105$，

$x_{15} = P(M_{15}) = 0.0026$，$x_{16} = P(M_{16}) = 0.0092$，$x_{17} = P(M_{17}) = 0.0120$，

$x_{18} = P(M_{18}) = 0.0105$，$x_{19} = P(M_{19}) = 0.0026$，$x_{20} = P(M_{20}) = 0.027$，

$x_{21} = P(M_{21}) = 0.1052$，$x_{22} = P(M_{22}) = 0.2104$，$x_{23} = P(M_{23}) = 0.0526$

根据求出的每一个标识的概率，可以计算出库所的繁忙和空闲率，变迁利用率和平均执行时间。

（1）库所繁忙和空闲率。

根据"瘦肉精"事件应急联动系统时序图转换的 Petri 网模型以及构造的可达树和标识集可知，每个标识 M_i 中包含的库所分别是：$M_0\{P_0\}$，$M_1\{P_1\}$，$M_2\{P_2\}$，$M_3\{P_3, P_4\}$，$M_4\{P_5\}$，$M_5\{P_6\}$，$M_6\{P_7\}$，$M_7\{P_8\}$，$M_8\{P_9\}$，$M_9\{P_{10}, P_{12}\}$，$M_{10}\{P_{11}, P_{14}\}$，$M_{11}\{P_{13}\}$，$M_{12}\{P_{15}, P_{16}\}$，$M_{13}\{P_{17}\}$，$M_{14}\{P_{18}\}$，

$$
Q=\begin{matrix}
-1 & 1 \\
 & -2 & 2 \\
 & & -1 & 1 \\
 & & & -4 & 2 & 2 \\
 & & & & -24 & 24 \\
 & & & & & -32 & 32 \\
 & & & & & -2 & & 2 \\
 & & & & & & -4 & 4 \\
 & & & & & & -2 & & 2 \\
 & & & & & & & -22 & 2 & & 20 \\
 & & & & & & & & -10 & 2 & & 8 \\
 & & & & & & & & & -1 & 1 \\
 & & & & & & & & & -3 & & 2 & 1 \\
 & & & & & & & & & & -4 & & 4 \\
 & & & & & & & & & & -4 & & 4 \\
 & & & & & & & & & & & -4 & & 4 \\
 & & & & & & & & & & & -12 & & 12 \\
 & & & & & & & & & & & & -4 & & 4 \\
 & & & & & & & & & & & & -4 & & 4 \\
 & & & & & & & & & & & & & -4 & & 4 \\
 & & & & & & & & & & & & & & -4 & 4 \\
 & & & & & & & & & & & & & & & -2 & 2 \\
 & & & & & & & & & & & & & & & -1 & 1 \\
4 & & & & & & & & & & & & & & & & -4
\end{matrix}
$$

图 6-20　转移的速率矩阵

$M_{15}\{P_{19}\}$，$M_{16}\{P_{20}\}$，$M_{17}\{P_{21}\}$，$M_{18}\{P_{22}\}$，$M_{19}\{P_{23}\}$，$M_{20}\{P_{24}\}$，$M_{21}\{P_{25}\}$，$M_{22}\{P_{26}\}$，$M_{23}\{P_{27}\}$。所以，当令库所中托肯值为 1 时，每一个库所的繁忙概率就为：

$$P(M(P_0)=1)=P(M_0)=0.2105,\ P(M(P_1)=1)=P(M_1)=0.1052$$

$$P(M(P_2)=1)=P(M_2)=0.1052,\ P(M(P_3)=1)=P(M_3)=0.0263$$

$$P(M(P_4)=1)=P(M_3)=0.0263,\ P(M(P_5)=1)=P(M_4)=0.0022$$

$$P(M(P_6)=1)=P(M_5)=0.0016,\ P(M(P_7)=1)=P(M_6)=0.0263$$

$$P(M(P_8)=1)=P(M_7)=0.0132,\ P(M(P_9)=1)=P(M_8)=0.0263$$

$$P(M(P_{10})=1)=P(M_9)=0.0024,\ P(M(P_{11})=1)=P(M_{10})=0.0053$$

$$P(M(P_{12}) = 1) = P(M_9) = 0.0024, \quad P(M(P_{13}) = 1) = P(M_{11}) = 0.0153$$

$$P(M(P_{14}) = 1) = P(M_{10}) = 0.0053, \quad P(M(P_{15}) = 1) = P(M_{12}) = 0.0051$$

$$P(M(P_{16}) = 1) = P(M_{12}) = 0.0051, \quad P(M(P_{17}) = 1) = P(M_{13}) = 0.0120$$

$$P(M(P_{18}) = 1) = P(M_{14}) = 0.0105, \quad P(M(P_{19}) = 1) = P(M_{15}) = 0.0026$$

$$P(M(P_{20}) = 1) = P(M_{16}) = 0.0092, \quad P(M(P_{21}) = 1) = P(M_{17}) = 0.0120$$

$$P(M(P_{22}) = 1) = P(M_{18}) = 0.0105, \quad P(M(P_{23}) = 1) = P(M_{19}) = 0.0026$$

$$P(M(P_{24}) = 1) = P(M_{20}) = 0.0276, \quad P(M(P_{25}) = 1) = P(M_{21}) = 0.1052$$

$$P(M(P_{26}) = 1) = P(M_{22}) = 0.2104, \quad P(M(P_{27}) = 1) = P(M_{23}) = 0.0526$$

库所的空闲概率是库所中不存在托值时的概率 $P(M(P_i) = 0) = 1 - P(M(P_i) = k)$，如：

$$P(M(P_0) = 0) = 1 - P(M(P_0) = 1) = 0.7895,$$

$$P(M(P_1) = 0) = 1 - P(M(P_1) = 1) = 0.8948。$$

通过对上面的计算结果进行分析发现，库所繁忙概率比较高的几个库所分别是 P_1，P_2，P_{25}，P_{26}，这几个库所就是在整个应急联动系统运行过程中运作效率比较低的库所，影响整个系统的完成时间。P_1，P_2 较高说明在应急联动初期"瘦肉精"事件刚爆发出来，各方面消息铺天盖地，影响应急组织正常判断，缺乏核心应急机构引导，应急反应能力较低，从而影响整个应急联动。P_{25}，P_{26} 概率高表示在应急联动后期应急工作快要结束时，各应急组织应急消息接二连三到来，增加了整理和分析应急信息的难度，影响应急联动效率。因此，在应急联动过程中，应重点关注应急前期和后期，采取一定的措施，如加派人手或运用高科技手段解决信息堆积、处理耗时的问题，以提高应急联动效率，加快应急处置进程。

通过对各个应急小组的应急过程进行分析发现，应急处置指挥领导小组的库所繁忙概率比较高的是 P_2，P_{25}，P_{26}，这几个库所所代表的消息传递影响整个小组执行应急工作的效率。事件处置组的库所繁忙概率比较高的是 P_7，P_{17}，P_7 表示阶段处置结果信息，需要对前面处置工作做收集和汇总从而整理出阶段成果，所以使得应急效率比较低下；同理 P_{17} 表示最终处置结果信息，也需要收集各方信息，容易造成信息堆积，影响该组织信息传递效率。事件调查组的库所繁忙率比较高的是 P_8 和 P_9，P_8 表示猪肉样本信息，生猪养殖户较多，样本采集工作复杂，耗时较长；P_9 表示阶段调查结果信息，前期对事件调查得到的质检信息、养殖户信息、经销地信息等种类繁多，占用时间较长。

事件调查组对这两种信息的传递效率较低，处理时间较长，影响了整个小组的应急工作。因此，在应急过程中，各应急小组应重点关注这几个部分，以提高各小组的应急联动效率，进而提高整个农产品质量安全突发事件的应急联动效率。

（2）变迁利用率。

由"瘦肉精"事件应急联动系统时序图转换的 Petri 网模型以及可达树和标识集可知，引起每一个变迁发生的标识是：$M_0 \to T_0$，$M_1 \to T_1$，$M_2 \to T_2$，$M_3 \to T_3$，T_4，$M_4 \to T_5$，$M_5 \to T_6$，$M_6 \to T_7$，$M_7 \to T_8$，$M_8 \to T_9$，M_9，$M_{10} \to T_{10}$，$M_9 \to T_{11}$，$M_{11} \to T_{12}$，$M_{10} \to T_{13}$，$M_{12} \to T_{14}$，T_{15}，$M_{13} \to T_{16}$，$M_{15} \to T_{17}$，$M_{16} \to T_{18}$，$M_{14} \to T_{19}$，M_{17}，M_{18}，M_{19}，$M_{20} \to T_{20}$，$M_{21} \to T_{21}$，$M_{22} \to T_{22}$。所以，结合上面计算出来的各标识的概率 $P(M_i)$，可求得每一个变迁的利用率为：

$$U(T_0) = P(M_0) = 0.2105, \ U(T_1) = P(M_1) = 0.1052$$
$$U(T_2) = P(M_2) = 0.1052, \ U(T_3) = U(T_4) = P(M_3) = 0.0263,$$
$$U(T_5) = P(M_4) = 0.0022, \ U(T_6) = P(M_5) = 0.0016$$
$$U(T_7) = P(M_6) = 0.0263, \ U(T_8) = P(M_7) = 0.0132,$$
$$U(T_9) = P(M_8) = 0.0263, \ U(T_{10}) = P(M_9) + P(M_{10}) = 0.0077$$
$$U(T_{11}) = P(M_9) = 0.0024, \ U(T_{12}) = P(M_{11}) = 0.015$$
$$U(T_{13}) = P(M_{10}) = 0.0053, \ U(T_{14}) = U(T_{15}) = P(M_{12}) = 0.0051,$$
$$U(T_{16}) = P(M_{13}) = 0.012, \ U(T_{17}) = P(M_{15}) = 0.0026,$$
$$U(T_{18}) = P(M_{16}) = 0.0092, \ U(T_{19}) = P(M_{14}) = 0.0105$$
$$U(T_{20}) = P(M_{17}) + P(M_{18}) + P(M_{19}) + P(M_{20}) = 0.0527,$$
$$U(T_{21}) = P(M_{21}) = 0.1052, \ U(T_{22}) = P(M_{22}) = 0.2104$$

从上面求得的变迁利用率结果可以看出，应急联动过程开始之后变迁利用率比较高的是 T_1，T_2，T_{21}，T_{22}，同样集中在应急联动的前期和后期，T_1，T_2 分别表示对事件等级的评估和对事件处置组和事件调查组下达展开行动指令。不同的等级对应不同的应急预案，调动的人力物力也不尽相同；对相关组织下达应急指令可以及时开展应急工作，控制事态发展，防止局势蔓延，对整个应急联动至关重要。T_{21}，T_{22} 分别表示召开总结大会以及召开新闻发布会，这是对整个应急联动工作的总结和给公众的交代，总结工作是对本次应急处置的分析和评价，吸取教训，总结经验；召开发布会是为安抚公众，平复舆论压力，维护社会稳定和谐。应急领导小组成员应该把这几个任务作为重点观察的对象，要想使得整个应急联动过程顺利高效的进行下去，就必须保证这几个任务的顺利执行。

同时，对各个小组应急过程的变迁利用率进行分析，应急处置指挥领导小组中变迁利用率较高的是 T_1，T_2，T_{21}，领导小组的组长应对这三个任务做重点监督和管理，保证该小组工作顺利展开。事件处置组中变迁利用率比较高的是 T_3，T_7，T_3 表示开展应急处置工作，是该小组的起始任务，对整个组织执行任务的总体方向和事态的控制起着重要作用，T_7 表示对阶段处置结果的汇总，该任务对后续处置工作的部署、人员的增减以及领导小组对整个事件局势的把控至关重要，处置组负责人应重点观察这两个任务的执行，提高小组应急工作效率。事件调查组中变迁利用率比较高的是 T_4，T_9，分别表示开展调查工作和对阶段调查结果的汇总，事件调查组的重点任务和事件处置组的重点任务相同，调查组负责人应该重点把控这两个任务的执行状况，使得本小组应急任务顺利完成。信息发布组中变迁利用率比较高的是 T_{22}，新闻发布会的召开不仅是该小组的重点任务，也是本次应急联动的重点监督任务。各个小组各司其职，对变迁利用率较高的任务重点观察和管理，保证小组应急工作的顺利开展，最终保证整个应急联动任务的顺利完成，避免人力物力财力的浪费。

（3）平均执行时间。

根据上一节中平均执行时间的分析计算方法，结合标识概率的结果，可以求出应急处置指挥领导小组、事件处置组、事件调查组、专家技术组和信息发布组完成应急过程的平均执行时间，以便更好地分析各个组织完成任务的时间效率。

① 应急处置指挥领导小组执行任务的平均执行时间

$$N_1 = P(M(P_2) = 1) + P(M(P_3) = 1) + P(M(P_4) = 1) + P(M(P_{13}) = 1) +$$
$$P(M(P_{15}) = 1) + P(M(P_{15}) = 1) + P(M(P_{16}) = 1) + P(M(P_{25}) = 1) +$$
$$P(M(P_{26}) = 1) = 0.4989$$

$$k_1 = \lambda_1 * U(T_1) = 2 * 0.1052 = 0.2104$$

$$T_1 = \frac{N_1}{k_1} = \frac{0.4989}{0.2104} = 2.3712$$

② 事件处置组执行任务的平均执行时间

$$N_2 = P(M(P_5) = 1) + P(M(P_7) = 1) + P(M(P_{10}) = 1) + P(M(P_{12}) = 1) +$$

$P(M(P_{17}) = 1) + P(M(P_{21}) = 1) = 0.0549$

$k_2 = \lambda_3 * U(T_3) = 2 * 0.0263 = 0.0526$

$T_2 = \dfrac{N_2}{k_2} = \dfrac{0.0549}{0.0526} = 1.0437$

③ 事件调查组执行任务的平均执行时间

$N_3 = P(M(P_6) = 1) + P(M(P_8) = 1) + P(M(P_9) = 1) + P(M(P_{11}) = 1) +$
$P(M(P_{14}) = 1)$

$+ P(M(P_{18}) = 1) + P(M(P_{22}) = 1) = 0.0727$

$k_3 = \lambda_4 * U(T_4) = 2 * 0.0263 = 0.0526$

$T_3 = \dfrac{N_3}{k_3} = \dfrac{0.0727}{0.0526} = 1.3821$

④ 专家技术组执行任务的平均执行时间

$N_4 = P(M(P_{19}) = 1) + P(M(P_{23}) = 1) = 0.0052$

$k_4 = \lambda_{14} * U(T_{14}) = 2 * 0.0051 = 0.0102$

$T_4 = \dfrac{N_4}{k_4} = \dfrac{0.0052}{0.0102} = 0.5098$

⑤ 信息发布组执行任务的平均执行时间

$N_5 = P(M(P_{20}) = 1) + P(M(P_{24}) = 1) = 0.0368$，$k_5 = \lambda_{15} * U(T_{15}) = 1 * 0.0051 = 0.0051$

$T_5 = \dfrac{N_5}{k_5} = \dfrac{0.0368}{0.0051} = 7.2157$

分析上述结果可以发现，平均执行时间较长的小组是信息发布组，说明信息发布组完成应急工作的效率较低，拖慢整体应急联动进度。在实际应急联动过程中，应多关注信息发布组的应急过程，针对性地提出提高该小组应急效率的有效办法，加快应急联动过程，提高应急联动效率，缩短应急处置周期。

本 章 小 结

本章基于 Petri 网模型建立了农产品质量安全应急处置联动系统。首先根据 UML 时序图转换为 Petri 网的映射规则，将上一章的 UML 时序图模型转换为 Petri 网模型，然后利用 Petri 网的可分析性和可验证性，对模型进行分析验证，在模型的验证阶段主要是利用构造可达树的方法，求出标识集，证明此

Petri 网模型的可达性、有界性、安全性和活性，从而间接证明 UML 建立的应急联动系统模型的正确性，最后根据标识集和可达树，构造马尔可夫链，并用"瘦肉精"事件分析此 Petri 网模型的库所繁忙和空闲率、变迁利用率以及每个应急小组完成各自小组流程的平均执行时间，验证了 Petri 网模型的有效性和可行性。基于 Petri 网模型的农产品质量安全应急处置联动系统可以提高应急联动的系统效率，缩短应急联动时间，避免信息流通不畅，资源分配不公的风险。

第7章 基于超网络理论的农产品质量安全跨域应急处置联动系统

本章研究农产品质量安全应急第三阶段即应急处置阶段的跨域应急处置联动系统。由于农产品质量安全事件跨域应急联动系统具有多节点、多属性、多层级以及拥塞性等超网络系统的特征，本章运用超网络理论构建农产品质量安全事件跨域应急处置联动系统，对跨域应急联动系统进行优化，并通过辽宁"非洲猪瘟"事件进行案例分析，讨论了沈阳、大连、营口三个城市单独应急和三城市跨域应急联动两种情形，分析了关键参数对应急联动系统方案的影响，得出结论：在单独应急时，中心城市总成本更低，应急更有优势；当参数一致时，跨域应急联动比单独应急成本更低、更有优势。

7.1 农产品质量安全跨域应急联动概述

7.1.1 跨域应急联动的特征

"跨域"是指农产品质量安全事件的发生、发展出现跨越多个行政区域的情况；"联动"是指当多个区域同时发生突发事件时，仅仅依靠某一区域单独进行应急处置往往低效，需要多个区域联合起来，发挥各自区域的优势和能力共同应对。

跨域应急联动具有以下两个特点。

1. 跨区域、跨行政层级应急联动

随着我国经济贸易和物流运输的发展，农产品质量安全事件往往是大范围的、跨区域发生，不再局限于某一单一城市或区域内部，需要多个城市或区域同时应急。例如2013年发生在广东和湖南两省的"镉大米"事件，一方面需要广东和湖南两省同时联动，另一方面还需要广东省农业厅、食药监局和湖南省农业厅、食药监局等诸多监督管理部门共同应对。当前农产品质量安全事件的发生，不仅涉及跨域应急救援，还涉及到跨行政层级进行应急联动，因此需要提高跨域和跨行政层级的应急联动能力。

2. 统一指挥、联合行动

一旦发生跨区域性的农产品质量安全事件，应该采取跨域应急联合行动共同应对；为了避免各区域政府部门"各自为政"而出现配合不到位、责任不落实的情况，应该根据实际情况设立跨域应急联动中心，由该跨域应急联动指挥中心指挥和协调各个区域、政府部门进行跨域应急联动，使得跨域应急联动工作得以顺利开展。例如在湖南"镉大米"事件中，根据实际情况可以设立株洲为跨域应急联动指挥中心，通过株洲来协调益阳和衡阳等地共同应对"镉大米"事件；在辽宁"非洲猪瘟"事件中，根据实际情况可以将中心城市沈阳设立为跨域应急联动指挥中心，通过沈阳来协调指挥大连和营口等城市共同应对"非洲猪瘟"事件。

7.1.2 农产品质量安全事件跨域应急联动存在的问题

根据党的十八大三中全会明确要求，我国要建立和完善跨域发展协调机制，此后，一些地方政府和相关执行机构较早地开始探索跨区域应急管理合作机制。根据国务院相关部门的调研数据显示，截至 2013 年底，全国已经初步建立了跨域应急管理合作机制有 1200 余个。但是，我国农产品质量安全事件跨域应急联动仍然存在以下问题。

1. 跨域应急联动合作机制落实不全面

跨域应急管理合作的基本条件是地理空间上毗邻，尽管我国部分城市群已经初步建立了跨域应急联动合作机制，例如京津冀、长三角、珠三角等城市群区域初步建立了跨域应急联动合作机制，但当前我国跨域应急管理合作主要集中在江河流域上下游或经济技术合作区等区域(王薇，2016)，其他地区的跨域应急联动合作机制仍然无法付诸实践，需要进一步理清各区域、各行政组织的关系，将跨域应急联动合作机制进一步完善和实施。同时，目前各地区政府之间签订的跨域应急协议，更多的是针对合作的宗旨、原则、领域等方面进行阐述规定，而在如何全面实现应急信息共享和应急资源联动方面却并没有具体体现，如何开展相互应急救援、应急流程上并没有提出具体的实际指导细则和规范化的制度安排。另外，没有应急联动激励约束机制进行奖励和惩罚，也难以保障跨域应急联动时的效率。

2. 缺乏跨域统一指挥中心

我国重大农产品质量安全突发事件的应急联动往往是由国务院、农村农业部为应急联动总指挥中心，监督指派各区域应急组织展开联合行动；一般的农产品质量安全突发事件的应急联动是由地方政府、农业主管部门为应急联动指挥中心，安排处置该突发事件，指挥不同地方的不同单位完成应急救援任务。近些年全国范围内的农产品质量安全事件较少发生，但跨区域的一般农产品质量安全突发事件时有发生，因此各地方政府之间如何建立跨域应急联动统一指挥中心直接关系到突发事件能否及时有效得到处置。各区域之间的信息共享、资源协调、人员调配等都需要有一个统一的跨域应急指挥中心进行安排协调（方芳，2014）。

3. 缺乏针对性的农产品质量安全事件跨域应急预案

目前我国跨域应急管理合作机制大多是基于自然灾害等突发事件构建的，虽然农产品质量安全事件的合作机制也被纳入了跨域应急管理合作范畴，但是这些合作机制还处于初步探索阶段，未能形成可实施的具体方案，导致一些地区在处理跨区域的农产品质量安全突发事件时不能及时做出科学的应急方案。

2014 年开始实施的《农产品质量安全应急预案》能够有效指导政府和应急管理机构进行应急处置，但是实践证明该预案的"属地管理"原则已不适合跨区域发生的大范围农产品质量安全事件。针对此类跨域农产品质量安全突发事件，一方面需要从国家的层面构建全国范围内的跨域应急联动体制机制，指导地方摸索出适合本地区实际情况的跨域应急体制机制；另一方面要进一步健全和完善农产品质量安全事件跨域应急联动预案。

7.2　两类典型事件跨域应急联动的超网络结构

7.2.1　两类典型的跨域农产品质量安全事件

1. 2018 年辽中南城市群"非洲猪瘟"事件

2018 年 8 月，辽中南城市群中心城市沈阳最先爆发"非洲猪瘟"疫情，随后疫情扩散到大连、营口等城市，如图 7-1 所示。辽宁有 20 多个生猪生产大县，每年生产和消费的猪肉数量巨大，猪肉是人民群众消费占比较大的农产品。由于辽宁是生猪生产和消费的重要省份，因此"非洲猪瘟"事件的爆发对其生猪生产、运输和销售产生了非常严重的打击，"非洲猪瘟"导致生猪对外销量急剧减少、市场上猪肉供给量严重不足。

此次"非洲猪瘟"疫情突发事件席卷了大半个辽中南城市群，包括省会城市沈阳市、大连和营口等多个城市。"非洲猪瘟"疫情导致全国范围内尤其是以沈阳为代表的的事发地猪肉供应紧张、价格飞涨，为保障人民群众的基本猪

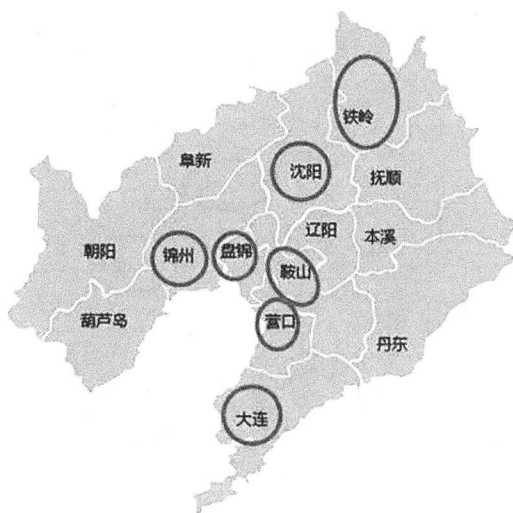

图 7-1 辽中南城市群"非洲猪瘟"疫情分布图

肉需要和抑制猪肉价格上涨，相关地区和部门已经及时向市场投放中央和地方储备冻猪肉和牛羊肉 1 万吨，以缓解猪肉供给严重失衡的问题。

辽宁省沈阳、大连、营口等地作为受灾较为严重的地区，猪肉供应尤其紧张，为此辽宁省和沈阳市分别准备了大量的中央和地方储备冻肉，一旦市场上猪肉供应出现特殊情况，将通过投放储备冻肉来调节市场上猪肉供求。

2. 2013 年湖南长株潭城市群"镉大米"事件

湖南是水稻生产大省，湖南大米主产区集中在湘北和湘中等区域，包括株洲、益阳、衡阳等城市。但是由于湖南也是有色金属主产地区，导致水稻种植区重金属镉污染严重，2013 年爆发了湖南"镉大米"事件，给人民群众身体健康和社会稳定都造成了非常严重的危害（邹牧骏，2015），如图 7-2 所示。

"镉大米"事件发生后，广东省和湖南省两省的农业部门迅速展开应急联动合作，一方面查封、下架在售的"镉大米"；另一方面深入湖南大米产区和加工企业，查处关停生产加工"镉大米"的生产厂家。

2013 年"镉大米"事件发生后，湖南省迅速对事件进行响应，同时开展专门行动对涉事地区和生产加工单位进行质量安全监管，对库存粮食加强了监测。

环境污染是"镉大米"事件发生的主要原因，因此要保障大米质量的安全，防范"镉大米"的出现，一方面要解决环境污染问题，尤其是重金属镉污染；

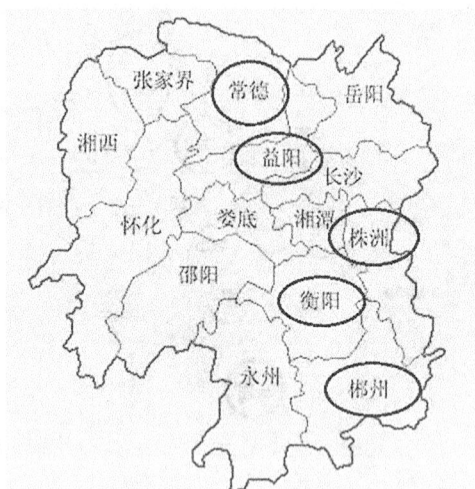

图 7-2 长株潭城市群"镉大米"事发地分布图

另一方面生产厂家和监管单位要依法守法生产销售合格的大米。

7.2.2 两类典型跨域事件应急联动的超网络结构

1. 农产品质量安全事件跨域应急联动的超网络特征分析

(1)超网络理论。

很多情况下，用一般的基本网络模型不能完全描述现实中的具体情况，"超网络"概念应运而生。超网络的概念最早出现在计算机系统领域中，指的是众多非同质性节点的复杂网络，用于解决一些节点多、网络层级多的嵌套型网络问题。Sheffi 于 1978 年首次将超网络理论运用于交通运输问题，随后又对交通运输问题中的超网络概念进行优化，提出 supernetwork 一词，代替原有的超网络名词(Sheffiy.，1985)。之后 Nagurney 将超网络理论的研究应用于物流供应链领域中，将高于甚至超于现存网络的网络称为"超网络"，并应用变分不等式的方法分析物流网络均衡中的优化问题(Nagurney A，Dong J，Zhang D，2002)。2008 年国内学者王志平和王众托共同撰写出版了我国第一部与"超网络"相关的著作(王志平、王众托，2008)；朱莉和曹杰在调查研究灾害应急资源调配的基础上，提出了运用超网络理论在灾害应急时进行调配优化，并提出了超网络结构应用面对的问题以及解决方案。李玉洁将超网络理论与造船供应链相结合，综合物流、资金流、信息流，提出了造船供应链超网络模型(李玉洁，2013)；Farahani 等 (2014)进行了竞争型供应链网络的优化研究综述，阐释超网络能用于刻画复杂物流供应链网络的原因和适用范围；王成韦以山东省为例，在城市群经济系统的基础上构建了城市化发展的超网络模型，设计了城市化化发展超网络的层内层间经济度量指标，并对影响山东省城市化发展的省内、省外因素进行了相应的分析(王成韦，2019)。目前，超网络应用于众多领域，包括计算机网络、供应链供需、遗传学科、化学生物等领域。

超网络具有多层级性、多维性、多属性、拥塞性、动态性、全局与个体的冲突性七个主要特点。具体来说，多层级性指超网络体系中至少包含两层以上的运作点；多维性指超网络结构中具有流量的多维性，因此在实际问题中需从多个维度考虑超网络结构；多属性是指超网络问题具有多种属性，如时间、成本、调运方式、满意度等，在对超网络问题进行优化时应考虑这些属性之间的协调平衡；拥塞性指在紧急状况下由于信息缺失、路段复杂及道路阻塞等造成的拥塞性现象而发生的拥挤问题；动态性是指在超网络系统中主体连接方式不是静态不变的，而是在在不断动态变化；全局与个体的冲突性是指超网络问题的多个属性(目标)之间具有冲突性，很难同时达到最优，需需要合理的方法进行协调，尽量达到均衡。

(2)农产品质量安全事件跨域应急联动的超网络特征：

①多主体。在农产品质量安全事件跨域应急联动中，一方面需要不同区域的政府、企业和社会组织等应急主体的参与，发挥各自的能力、优势和特点共同进行应急联动；另一方面，在整个跨域应急联动过程中各阶段也需要不同的阶段主体相互合作，将整个应急联动各环节紧密衔接，实现应急联动阶段目标和整体目标。

②多层级。农产品质量安全事件跨域应急联动体至少包含从农产品出救点到农产品需求点(受灾点)的两层级的应急联动，同时也需要通过一些重要的交通节点来实现农产品应急资源的集散和中转，因而出现了"从农产品出救点经过中转点最后到农产品需求点"的三层级应急联动网络。另外，农产品应急出救点和中转点在进行应急联动时也会表现出多层级的特征。在跨城应急联动体系中，当某一城市的农产品应急资源出现短缺时，通过跨域应急联动指挥中心，可由另一城市的出救点进行调配，再经中转点转运至农产品受灾点。

③多属性。由于各区域、各城市的自然地理环境、社会经济发展水平、应急预案等存在差异，因此各区域、各城市处置农产品质量安全事件的应急能力也存在差异。在一个城市群中，中心城市的社会经济发展水平高、应急预案完善，因此中心城市的突发事件应急能力要高于非中心城市，也就是说中心城市

179

承灾能力较强、应急响应时间较短，不同类型的城市可以根据不同的承灾能力、应急能力和应急响应时间等因素设计和实施有针对性的农产品质量安全事件应急方案。

④多准则。在农产品质量安全事件跨域应急联动过程中，跨域应急指挥中心需要考虑多方面的决策准则，例如应急时间、应急成本、需求满意度、路径脆弱性、路径资源流量、承灾能力等。上述各准则之间是相互联系的，并且在跨域应急联动的整个过程中的不同时间阶段中需要考虑的准则是不同的。

⑤多维度。农产品质量安全事件跨域应急联动网络具有流量的多维度特征。一方面，由于在跨区域的农产品质量安全事件中，不同区域的自然和社会等差异是客观存在的，因此农产品应急超网络需要考虑区域间的客观差异；另一方面，跨区域的农产品应急资源的出救点、中转点和受灾点可根据具体的实际情况合理选择多种运输方式，实现农产品应急物资的及时高效运输。

⑥拥塞性。当农产品质量安全事件发生后，在短时间内会造成市场上该种农产品物资短缺，需要政府和市场快速响应，及时调配以满足市场需求。而农产品质量安全事件往往是大范围发生的，导致在信息共享不畅、信息失真的情况下，一方面容易发生农产品物资堆积，没有及时转运至农产品受灾点；另一方面也会出现物资运输不匹配、甚至数量过剩的情况。

由于农产品质量安全事件跨域应急联动系统具有多节点、多属性、多层级以及拥塞性等超网络系统的特征，因此可以运用超网络理论构建农产品质量安全事件跨域应急联动超网络结构，对跨域应急联动系统进行分析。

2. 辽中南城市群"非洲猪瘟"应急联动超网络结构

2018年辽中南城市群"非洲猪瘟"疫情突发事件中，沈阳市作为该城市群的中心城市，可设立跨区域应急联动指挥中心。基于超网络理论可构建基于中心城市的城市群跨域农产品质量安全事件应急联动超网络结构，如图7-3所示。

图7-3说明：以中心城市沈阳和区域城市大连、营口为例，假设在应急联动过程在中，城市内部应急存在出救点和受灾点，分别用i表示出救点、k表示受灾点；不同城市之间应急联动则存在出救点、中转点和受灾点，其中j表示中转点；根据超网络理论和模型，图7-3中出救点、中转点和受灾点为超网络系统中的节点，各城市内部节点之间的应急联动用有向实线边进行连接，表示城市内部的真实的物资流量和信息流；不同城市之间节点的跨域应急联动用有向虚线边，表示不同城市之间的真实的物资流量和信息流。

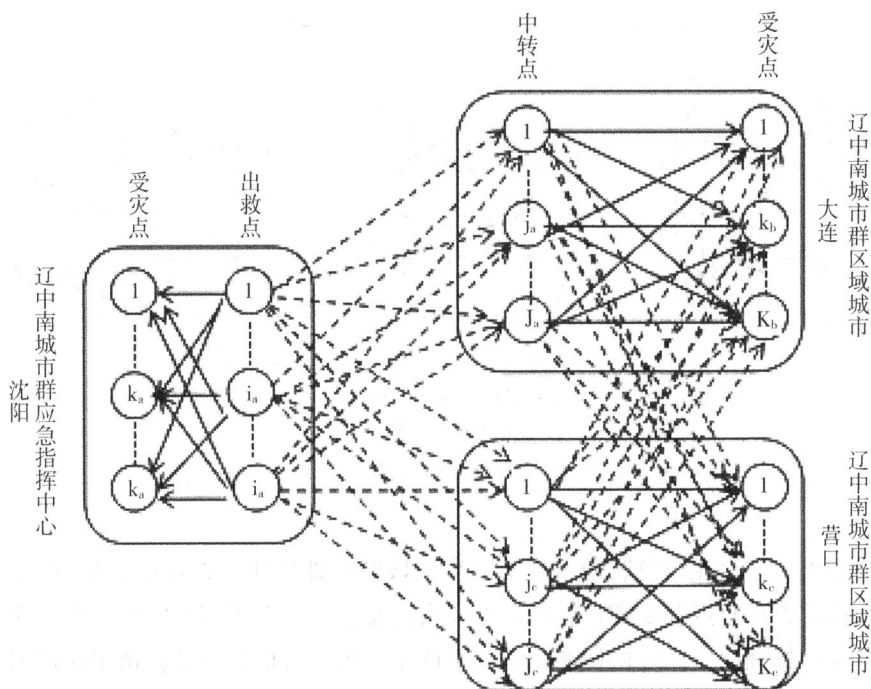

图 7-3 辽中南城市群"非洲猪瘟"事件应急联动超网络结构

3. 湖南"镉大米"事件应急联动超网络结构

2013 年湖南株洲、益阳和衡阳等地的"镉大米"事件中，株洲、益阳和衡阳等地位于长株潭城市群范围内，属于城市群内同级别城市；结合"镉大米"事件和株洲地理位置等实际情况，湖南指导株洲成为跨区域应急联动指挥中心，通过株洲来协调益阳和衡阳的应急联动行动。

针对湖南长株潭城市群中株洲、益阳、衡阳等地的"镉大米"事件跨域应急联动，其与辽中南城市群"非洲猪瘟"疫情突发事件中沈阳、营口、大连等地的跨域应急联动不同之处在于，沈阳即是中心城市，又作为事发地，因此沈阳也是跨域应急联动网络上的一个真实节点；而长株潭城市群区域城市株洲在"镉大米"事件应急联动网络中是作为跨域应急指挥中心存在的，因此可构建基于无中心城市的城市群跨域农产品质量安全事件应急联动超网络结构，如图7-4 所示。

图 7-4 说明：以长株潭城市群区域同级别受灾城市株洲、益阳和衡阳三个

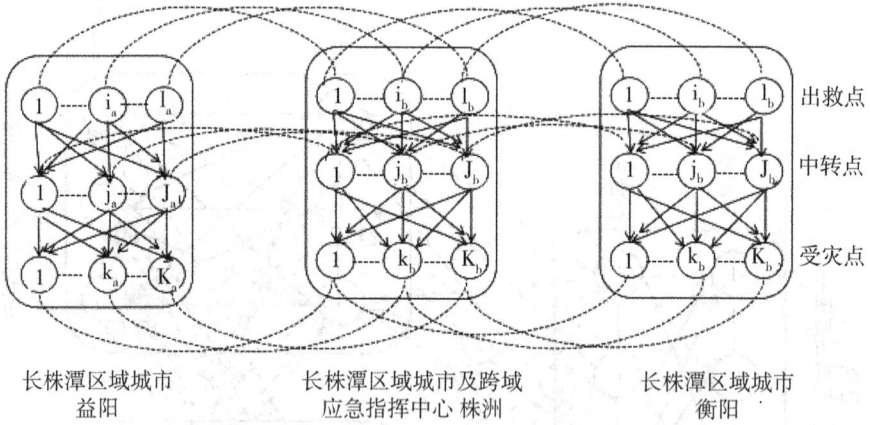

图 7-4　长株潭城市群"镉大米"事件应急联动超网络结构

城市为例，假设在应急联动过程中，将区域城市株洲作为跨域应急指挥中心，城市内部有出救点和受灾点，城市之间有出救点、中转点和受灾点；跨域应急指挥中心株洲的作用在协调衡阳和益阳两个城市进行应急联动；衡阳和益阳两个城市内部的应急点包括出救点、中转点和受灾点，分别用 i 表示出救点、j 表示中转点、k 表示受灾点；根据超网络理论和模型，图中出救点、中转点和受灾点为超网络模型的节点，跨域应急联动指挥中心株洲到益阳和衡阳两城市之间的虚线边表示不同城市之间的跨域应急物资流量和信息流，其中信息流表示跨域应急联动指挥中心株洲通报给衡阳和益阳两城市的应急联动信息；城市内部节点之间的应急联动用有向实线边，表示城市内部的真实的应急物资流量和信息流。

7.2.3　两类典型的城市群跨域应急联动及其超网络结构比较分析

1. 两城市群跨域应急联动比较分析

前面已经分析了辽中南城市群"非洲猪瘟"事件和湖南长株潭城市群"镉大米"事件，本部分进行两城市群的比较分析，以说明两者的异同。

两者的共同之处在于该农产品质量安全事件均发生在该农产品主要产地，辽宁是生猪大省，而湖南是大米大省；不同之处在于辽中南城市群"非洲猪瘟"事件的事件发生地为沈阳、营口、大连等城市，其中包括中心城市——省会城市沈阳，原因在于沈阳作为辽中南城市群的中心城市，各种生猪、猪肉运输交易频繁，使得"非洲猪瘟"病毒传播，最终爆发了"非洲猪瘟"事件；而在湖南长株潭城市群"镉大米"事件中，"镉大米"事件发生地为主要集中在株洲、益阳和衡阳等城市，原因在于这些城市土地重金属污染严重，导致大米在生产过程中镉含量超标，最终爆发了"镉大米"事件。由于两个城市群的农产品质量安全事件发生原因不同，辽中南城市群"非洲猪瘟"疫情属于输入性病毒感染事件，而长株潭城市群"镉大米"事件属于土地重金属污染事件，因此两者应设计具有针对性的应急联动处置方法、方案，做到因地制宜、科学联动。

辽中南城市群"非洲猪瘟"事件发生后，辽宁省和中心城市沈阳迅速严格按照《"非洲猪瘟"疫情应急预案》要求进行应急处理，沈阳作为应急指挥中心，按照农村农业部和辽宁省相关部门的工作安排，协调营口、大连等城市进行应急联动，最终控制了疫情的扩散。

湖南长株潭城市群"镉大米"事件发生后，湖南省立即指导"镉大米"事发地建立沟通联络机制进行应急联动，通过抽检市场的在售大米，追溯大米的产区。湖南省为解决"镉大米"事件，结合湖南省具体情况，指导株洲市应急管理部门设立联合应急指挥中心，指导株洲、衡阳和益阳等城市进行应急联动，查封关停涉事企业和生产厂家，调查"镉大米"的来源和原因。

2. 两城市群的跨域应急联动超网络结构比较分析

上节已经构建出了辽中南城市群"非洲猪瘟"事件和长株潭城市群"镉大米"事件的跨域应急联动超网络结构，并分别对两个超网络结构作出了说明；本小节对两城市群的农产品质量安全事件跨域应急联动结构的比较分析，以说明两者的异同之处。

两者的共同之处一是两个类型的农产品质量安全事件都具备超网络特征，因此可以基于超网络理论构建跨域应急联动超网络结构，在超网络结构中都具有多节点、多边(有向实线边和有向虚线边)的特征；二是在跨域应急联动超网络结构中，有向实线连接边表示城市内部的应急资源流量，包括物资流量和信息流量等；而有向虚线连接边则表示城市之间的跨域应急资源流量，同样包括物资流量和信息流量等。

两者的不同之处在于辽中南城市群超网络结构是有中心城市的跨域应急联动超网络结构，以中心城市沈阳为中心节点，即跨域应急联动指挥中心，通过中心城市沈阳来指挥协调大连和营口进行跨域应急联动；由于中心城市有较高的行政级别、基础设施、信息化建设等优势，因此可以更及时有效地发挥应急指挥中心的作用，实现科学高效地跨域应急联动；而长株潭城市群超网络结构是无中心城市的跨域应急联动超网络结构，尽管跨域应急联动指挥中心设在株洲，但是株洲和益阳、衡阳两个城市是同级别的城市，三个城市不具有行政级别上的差异，因此在跨域应急联动过程中，信息失真程度会高于辽中南城市群，导致跨域应急联动效率也较低。

7.3　农产品质量安全事件跨域应急联动的超网络模型

上一节中已经根据辽中南城市群"非洲猪瘟"事件，构建了有中心城市的农产品质量安全事件跨域应急联动的超网络结构，根据长株潭城市群"镉大米"事件，构建了无中心城市的农产品质量安全事件跨域应急联动的超网络结构。本节为了便于运用超网络模型进行定量化研究和分析，选择以辽中南城市群"非洲猪瘟"事件为研究背景，构建出一般化的有中心城市的跨域超网络结构；然后根据一般化的有中心城市的跨域超网络结构进行建模分析，加入信息失真程度变量对已有研究优化模型进行改进，最后利用变分不等式和修正投影算法对模型进行求解。

7.3.1　有中心城市的跨域应急联动的一般超网络结构

根据超网络理论特征和农产品质量安全事件跨区域应急联动两者之间的关系，以中心城市 O 和区域城市 A、B 为例，首先刻画出中心城市 O 和城市 A、B 两城市的城市群应急联动的简单超网络结构，实际城市的数量可根据实际的农产品质量安全事件案例，可以被不受限制地被扩展至三个及三个以上的情形。如图 7-5 所示。

为了方便进行定量分析，可将图 7-5 中的基于多出救点多受灾点的农产品质量安全突发事件城市群跨域应急联动结构转化为一个与之功能等价的超网络结构进行建模，如图 7-6 所示。

图 7-6 是根据图 7-5 构造出的等价的以跨域应急联动指挥中心 X 和中心城市 O、区域城市 A 和区域城市 B 三个城市为例的城市群跨域应急联动超网络结构。在此结构图中，将各城市的多出救点、多中转点和多受灾点等应急主体抽象成超网络等价结构中的节点，将各城市应急节点之间的应急资源运输关系抽象为超网络等价结构中的有向连接边，有向连接边用实线表示；单个城市内部的节点之间的应急联动关系，可以用有向实线边表示，表示单个城市内部的应急联动；三个城市的应急网络之间的跨域应急联动关系，则可以用有向虚线边表示，表示城市群跨域应急联动；该图同时存在不同层级之间应急节点的纵向合作关系和复杂的横向竞争关系。

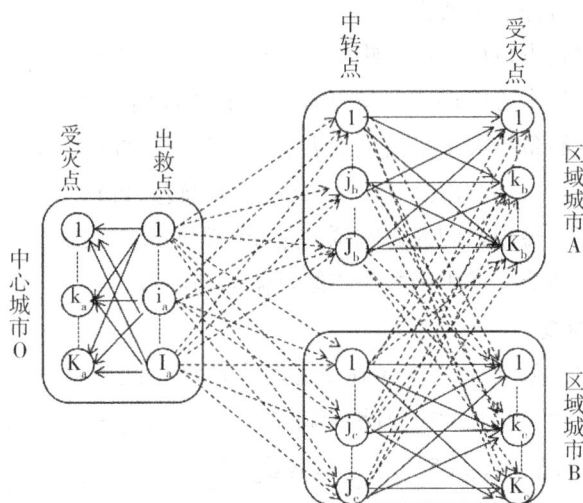

图 7-5　有中心城市的跨域应急联动的一般超网络结构

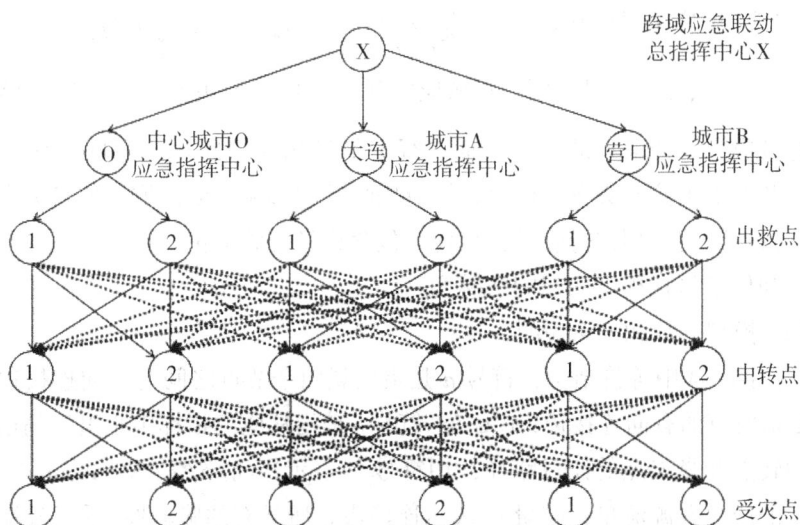

图 7-6　有中心城市的城市群农产品质量安全事件跨域应急超网络等价结构

7.3.2　模型构建与求解

1. 模型假设

考虑到农产品质量安全跨域应急的特征，为更方便地表述跨区域应急联动

185

的超网络模型，特作如下假设：

　　①各区域出救点供应的应急物资是同种类、无差别的。

　　②各区域应急中心能保证出救点有充足的物资储备来完成应急调度任务，即出救点的物资储备量大于受灾点的需求量且物资全部运送至受灾点；

　　③各区域应急联动全部是基于从出救点到中转点再到受灾点的方向路线；

　　④应急路径长短因素归入影响调度路径的脆弱性因素中；

　　⑤应急时间和应急成本函数是连续可微的凸函数。

2. 模型的构建

　　现有文献中，朱莉等（2015）在研究苏南地区太湖蓝藻事件的区域应急联动时，以应急资源流量f_a和应急路径脆弱性v_a为变量，构建了太湖蓝藻事件区域应急联动目标函数：$\min \sum_{a \in L} g_a(f_a, v_a) = \alpha_1 \sum_{a \in L} c_a(f_a, v_a) + \alpha_2 \sum_{a \in L} t_a(f_a, v_a)$；王春玲（2017）在以汶川大地震为事件背景研究成品油跨区域应急联动时，以应急资源流量f_a、应急路径脆弱性v_a和路径关联度r_a为变量，构建了成品油跨区域应急调度目标函数：$\min \sum_{a \in L} g_a(f_a, v_a, r_a) = \alpha_1 \sum_{a \in L} c_a(f_a, v_a, r_a) + \alpha_2 \sum_{a \in L} t_a(f_a, v_a, r_a)$。以上两个跨域应急联动目标函数主要是考虑应急路径因素对跨域应急联动成本的影响，而忽视了信息沟通对跨域应急联动成本的影响；本节考虑到信息失真程度对跨域应急联动的影响，因此增加信息失真程度这一变量对既有模型进行改进，构建了包含路径资源流量、路径脆弱性、路径关联性和信息失真程度的超网络模型。

　　（1）模型参数和变量说明。

　　按照图7-4中等价结构，符号a是指任意两个节点之间的有向连接边，符号L是指所有的有向连接边，$a \in L$；符号p是指从应急指挥中心出发到达出救点、中转点和受灾点的任意路径，用符号P表示所有路径的集合，$p \in P$；f_a是a上的应急资源流量；变量v_a表示连接边a所具有的脆弱性（受天气情况、经济发展水平、突发事件强度等因素影响而使应急调度工作失效的程度）；x_p是p上的应急资源流量，$\forall x_p \geq 0$；变量s_a是指连接边a上的最大应急资源流量；变量r_a表示连接边与连接边之间的关联程度（具体用来说明应急路径是否容易中断）；变量i_a是指各个应急节点之间的信息失真程度（用来说明应急节点之间的信息共享能力）；$c_a(f_a, v_a, r_a, i_a)$和$t_a(f_a, v_a, r_a, i_a)$表示受路径物资流量、路径脆弱性、路径的关联度、信息失真程度等因素影响的应急成本和应急时间函数；δ_{ap} 与边 a 和路径 p 有关，$\delta_{ap} = \begin{cases} 1, & a \in p \\ 0, & a \notin p \end{cases}$；假定决策者为跨域应急物联动设定两个应急目标：应急成本 $\sum\limits_{a \in L} c_a(f_a, v_a, r_a, i_a)$ 最小化以及应急时间 $\sum\limits_{a \in L} t_a(f_a, v_a, r_a, i_a)$ 最小化。

（2）模型构建。

由于农产品质量安全跨域应急调度的目标是多重性的，则可以考虑运用线性加权法将多目标规划转换为单目标规划以便于有效解决问题。则：

$\min \sum\limits_{a \in L} g_a(f_a, v_a, r_a, i_a) = \alpha_1 \sum\limits_{a \in L} c_a(f_a, v_a, r_a, i_a) + \alpha_2 \sum\limits_{a \in L} t_a(f_a, v_a, r_a, i_a)$，其中 α_1 和 α_2 分别代表应急成本和时间目标函数的权重，其大小取决于突发事件的偏向性以及决策者的偏好；$g_a(f_a, v_a, r_a, i_a)$ 表示广义应急成本函数，实际含义是一般应急救援所需成本加上因为区域的差异性而需要增加的补充成本。在目标函数建立的同时，也要建立相应的约束条件，$f_a = \sum\limits_{p \in P} \chi_p \delta_{ap}$，$\forall \chi_p \geqslant 0$，表示流经某条路径 p 上所有连接边上 a 的流量之和等于该路径 p 的流量；$\forall a \in L$，$s.t. f_a \leqslant s_a$；$G_p = \sum\limits_{a \in L} g_a \delta_{ap}$，表示路径 p 的总成本等于该路径上所有边 a 的成本之和；$0 \leqslant i_a \leqslant 1$，两个应急节点之间信息失真程度介于完全失真和完全不失真之间；α_1 和 α_2 是线性加权系数，$\alpha_1 + \alpha_2 = 1$；当 $\alpha_1 = \alpha_2 = 0.5$，说明决策者认为在应急决策过程中要同时考虑应急成本和时间，两者同样重要；当 $\alpha_1 \div \alpha_2 > 1$ 时，说明成本因素更重要，主要考虑成本因素；当 $\alpha_1 \div \alpha_2 < 1$，说明时间因素更重要，主要考虑时间因素。

基于本节的分析，增加信息失真程度这一优化变量后，构建了包含应急时间和成本的广义应急函数及其优化模型：

$$\min \sum\limits_{a \in L} g_a(f_a, v_a, r_a, i_a) = \alpha_1 \sum\limits_{u \in L} c_a(f_a, v_a, r_a, i_a) + \alpha_2 \sum\limits_{u \in L} t_a(f_a, v_a, r_a, i_a)$$

$$(7\text{-}1)$$

$$s.t. f_a \leqslant s_a, \quad \forall a \in L;$$

$$f_a = \sum\limits_{p = P} \chi_p \delta_{ap}, \quad \forall \chi_p \geqslant 0;$$

$$G_p = \sum\limits_{a \in L} g_a \delta_{ap};$$

$$\delta_{ap} = \begin{cases} 1, & a \in p \\ 0, & a \notin p \end{cases}$$

$$0 \leqslant i_a \leqslant 1$$

(3)模型求解。

在进行应急处置决策时，会充分考虑各节点之间的应急资源调配、应急时间和成本等因素，因此可以使用 Wardrop 准则来判定决策行为的有效性，即当应急救助成本达到最小值时，该决策行为是最优行为；当确定了最小的救助成本之后，再考察应急资源出救点与需求点之间存在的等量关系，只有当应急资源供应量大于需求量时，应急资源调配工作才可以停止。

①基于交通网络均衡中用户最优选择行为准则的判定。当农产品质量安全事故发生后，由于危害扩散面较广较深，涉及的应急资源联动行为较复杂，所以只用一个最优目标来表达是比较困难的，在此情况下，应该将多个角度的因素考虑进最优目标再进行合理的决策。鉴于此，可运用 Wardrop 准则来辅助解决问题，该准则也称作交通网络均衡中用户最优选择行为。具体分析如下：

$$G_p(X_p^*) - \lambda_w^* \begin{cases} = 0, & X_p^* > 0 \\ = 1, & X_p^* = 0 \end{cases} \tag{7-2}$$

在式 7-2 中，函数 $G_p(X_p^*)$ 是广义应急成本函数，该函数的自变量是 X_p；w 是所有起讫点对中的一对，W 是起讫点对的集合，$w \in W$；λ_w 表示起讫点对上的最小救助成本，即在应急资源调度中需要额外配置的资源调配失效成本。

式 7-2 表明：以救助成本最小 λ_w 为 Wardrop 准则对最优行为的判定标准，即当任意一条应急路径 p 上的广义应急成本等于最小救助成本，即 $G(X_p) = \lambda_w$ 时，该应急路径 p 是有效的应急路径，此时应急路径 p 上有应急资源流量经过。

②资源需求量和各路径上的资源总流量两者关系分析。为了便于对具体模型进行求解，假设任一起讫点对上的资源需求量和各路径上的资源总流量存在如下等量关系：

$$\sum_{p \in P_w} X_p^* \begin{cases} = d_w(v_w, \lambda_w^*), & \lambda_w^* > 0 \\ \geqslant d_w(v_w, \lambda_{w_v}^*), & \lambda_w^* = 0 \end{cases} \tag{7-3}$$

在式（7-3）中，P_w 是指构成某一起讫点对 w 的路径的集合，$p \in P$；$\sum_{p \in P_w} X_p$ 某一起讫点对之间的所有路径上的资源总流量；V_w 表示起讫点对的脆弱性，表示受灾点承受事故的能力；$d_w(v_w, \lambda_w)$ 表示某一起讫点对上的应急资源需求量，它与起讫点对 w 的脆弱性 v_w 和最小救助成本 λ_w 相关。

式(7-3) 表明当进行农产品质量安全事件应急资源联动时，各路径上运输的资源供给量必须大于受灾点的资源需求量，在应急资源满足供大于求的情况下，应急资源调配活动才可以停止；否则起讫点对 w 上的最小救助成本 λ_w 必然会大于零，意味着在应急资源联动中需要额外承担资源联动失效的成本。

③变分不等式求解。

a. 变分不等式。根据上节中模型假设 5 可知，本节构建的超网络模型是一个连续可微的凸优化问题，由于变分不等式和凸优化问题两者存在等价转换，再结合本章构建的是具有多个节点、有向实线边和有向虚线边的超网络模型，因此可以用变分不等式求解超网络模型。

b. 修正投影算法。可用于求解变分不等式的算法很多，本节主要讨论利用修正投影算法对变分不等式问题进行分析和求解；一般地，可以对复杂的变分不等式进行拆分，从而将求解复杂变分不等式转化为求解其子问题，尤其变分不等式子问题相对原问题要简单得多，因此通过拆分的方式非常有助于问题的解决，因此这种方法是目前分析和解决基于超网络模型的非线性最优化问题的常用方法。

④求解过程。

根据超网络模型的假设条件，农产品质量安全跨域应急联动超网络模型是具有连续可微性质的凸优化问题，因此可以将其转换为变分不等式问题进行分析和求解。根据变分不等式及其互补形式等价性，可以得出互补形式等价转换：

$$\sum_{p \in P} \left(\alpha_1 \frac{\partial C_p}{\partial \mathcal{X}_p} + \alpha_2 \frac{\partial T_p}{\partial \mathcal{X}_p} + \sum_{a \in L} \beta_a \delta_{ap} + G_p - \lambda_w \right) + \sum_{a \in L} \left(s_a - \sum_{p \in P} \mathcal{X}_p \delta_{ap} \right) \times (\beta_a - \beta_a^*)$$

$$+ \left(\sum_{p \subseteq P} \mathcal{X}_p - d_w(v_w, \lambda_w) \right) \times (\lambda_w - \lambda_w^*) \geqslant 0$$

$$(7\text{-}4)$$

在式(7-4) 中，有 $K \equiv \{(\mathcal{X}_p, \beta_a, \lambda_w) \mid \mathcal{X}_p \geqslant 0, \beta_a \geqslant 0, \lambda_w \geqslant 0, \forall a, p, w\}$，$\forall (\mathcal{X}_p, \beta_a, \lambda_w) \in K; C_p = \sum_{a \in L} c_a \delta_{ap}$ 是 p 的运输成本，$T_p = \sum_{a \in L} t_a \delta_{ap}$ 是 p 的时间成本。

当所求目标优化函数是一个连续可微的凸函数并且满足利普西兹连续时，改进后的修正投影算法可进行相应的求解。初始解如下所示：

$$X^T = P_k(X^{T-1} - \theta F(\bar{X}^{T-1})) \tag{7-5}$$

在式(7-5)中,$\bar{X}^{T-1} = P_k(X^{T-1} - \theta F(X^{T-1}))$;$0 < \theta \leqslant \dfrac{1}{\gamma}$,$\gamma$ 为利普西兹常数。

设 $X^0 \in K, 0 < \theta \leqslant \dfrac{1}{\lambda}, \theta$ 为式(7-2)中的利普西兹常数,T 为变分不等式的迭代次数,设迭代次数初始值 $T = 1$。由 $(\overline{x_p}^T, \overline{\beta_p}^T, \overline{\lambda_p}^T) \in K$,有:

$$\sum_{p \in P}\left(\overline{x_p}^T + \theta\left(\alpha_1 \frac{\partial C_p}{\partial \mathcal{X}_p} + \alpha_2 \frac{\partial T_p}{\partial \mathcal{X}_p} + \sum_{a \in L}\beta_a \delta_{ap} + G_p - \lambda_w\right) - x_p^{T-1}\right) \times (x_p - \overline{x_p}^T)$$

$$+ \sum_{a \in L}\left(\overline{\beta_a}^T + \theta\left(s_a - \sum_{p \in P}x_p\delta_{ap}\right) - \beta_a^{T-1}\right) \times (\beta_a - \overline{\beta_a}^T)$$

$$+ \left(\overline{\lambda_w}^T + \theta\left(\sum_{p \in P_w}x_p - d_w(v_w, \lambda_w)\right) - \lambda_w^{T-1}\right) \times (\lambda_w - \overline{\lambda_w}^T) \geqslant 0$$

其中 $\forall (x_p, \beta_a, \lambda_w) \in K$

$$\tag{7-6}$$

对式(7-6)进行改进可得:

$$\sum_{p \in P}\left(x_p^T + \theta\left(\alpha_1 \frac{\partial C_p}{\partial \mathcal{X}_p} + \alpha_2 \frac{\partial T_p}{\partial \mathcal{X}_p} + \sum_{a \in L}\beta_a \delta_{ap} + G_p - \lambda_w\right) - x_p^{T-1}\right) \times (x_p - x_p^T)$$

$$+ \sum_{a \in L}\left(\beta_a^T + \theta\left(s_a - \sum_{p \in P}x_p\delta_{ap}\right) - \beta_a^{T-1}\right) \times (\beta_a - \beta_a^T)$$

$$+ \left(\lambda_w^T + \theta\left(\sum_{p \in P_w}x_p - d_w(v_w, \lambda_w)\right) - \lambda_w^{T-1}\right) \times (\lambda_w - \lambda_w^T) \geqslant 0$$

其中 $\forall (x_p, \beta_a, \lambda_w) \in K$

$$\tag{7-7}$$

收敛条件检验:可以令 $\forall \varepsilon > 0$,当收敛性达到条件 $|x_p^T - x_p^{T-1}| \leqslant \varepsilon$,$|\beta_a^T - \beta_a^{T-1}| \leqslant \varepsilon$,$|\lambda_w^T - \lambda_w^{T-1}| \leqslant \varepsilon$,$\forall (x_p, \beta_a, \lambda_w) \in K$ 时,退出本次迭代循环计算,此时可以计算出模型的最优解;若收敛性不满足上述条件,则假设 $T = T - 1$,继续通过迭代计算进行下一次收敛性检验。

当可行域为非负情况时,可以运用闭式方法(王志平,王志超,2008)求解,过程如下:

①应急路径流量的求解:

$$\overline{x_p}^T = \max\left(0, x_p^{T-1} - \theta\left(\alpha_1 \frac{\partial C_p}{\partial \mathcal{X}_p} + \alpha_2 \frac{\partial T_p}{\partial \mathcal{X}_p} + \sum_{a \in L} \beta_a \delta_{ap} + G_p - \lambda_w\right)\right) \quad (7\text{-}8)$$

②拉格朗日系数的求解：

$$\overline{\beta_a}^T = \max\left(0, \beta_a^{T-1} - \theta\left(s_a - \sum_{p \in P} x_p \delta_{ap}\right)\right) \quad (7\text{-}9)$$

③最小救助成本的求解：

$$\overline{\lambda_w}^T = \max\left(0, \lambda_w^{T-1} - \theta\left(\sum_{p \in P} x_p - d_w(v_w, \lambda_w)\right)\right) \quad (7\text{-}10)$$

通过改进后的修正投影算法，可对较复杂的变分不等式进行求解，进而得到应急流量以及应急成本的值，为农产品质量安全事件跨域应急联动问题带来定量的分析工具。

7.4 案例分析

在辽中南城市群"非洲猪瘟"事件中，可以将跨域应急联动总指挥中心设立在中心城市沈阳，同时设定事发地沈阳、大连和营口三个城市为出救城市，每个出救城市各含有两个出救点、两个中转点和两个受灾点。而跨域应急联动总指挥中心仅作为跨域指挥节点存在，该节点不含有出救点、中转点和受灾点；为了便于进行对比分析，本节第一部分分析沈阳、大连和营口这三个城市单独进行事件应急处置，计算出三个城市单独进行应急的成本和总成本；第二部分研究三个城市的跨域应急联动，即沈阳、大连和营口三个城市共同进行农产品质量安全事件跨域应急联动。

7.4.1 三个城市独立应急处置

1. 沈阳独立应急处置

(1) 案例参数假设。

假设沈阳应急指挥中心有两个出救点、两个中转点、两个受灾点，可以得到沈阳农产品质量安全事件超网络算例模型，如图7-7所示。图中共有7个应急节点；10条有向连接边(实线边)，记为 a_1, …, a_{10}；共有8条应急处置路径，记为 $p_1 = \{a_1, a_3, a_7\}$，$p_2 = \{a_1, a_4, a_9\}$，$p_3 = \{a_2, a_5, a_7\}$，$p_4 = \{a_2, a_6, a_9\}$，$p_5 = \{a_1, a_3, a_8\}$，$p_6 = \{a_1, a_4, a_7\}$，$p_7 = \{a_2, a_5, a_8\}$，$p_8 = \{a_2, a_6, a_{10}\}$，且分别以两受灾点为起讫点的路径集合为：$P_{w1} = \{p_1, p_2, p_3, p_4\}$，$P_{w2} = \{p_5, p_6, p_7, p_8\}$。

对应急成本目标函数 $c_a(f_a, v_a, r_a, i_a)$ 和应急时间目标函数 $t_a(f_a, v_a, r_a, i_a)$ 不给定明确的目标函数解析式，也不确定其权重系数，$g_a(f_a, v_a, r_a, i_a)$ 的表达式在表7-1中给出。$d_w(v_w - \lambda_w) = v_w - \lambda_w$ 是起讫点对 w 的需求等量关系，假设 $v_{w1} = 200$，$v_{w2} = 400$。表7-1和表7-2给出了其他参数的设置值。为了便于定量研究和分析，不考虑变量的单位，仅使用无量纲化的数值。

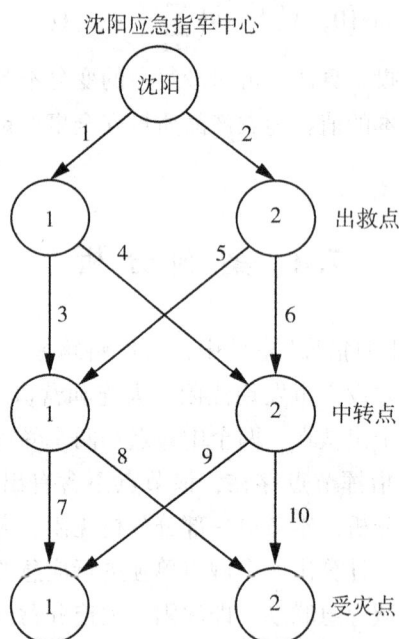

图 7-7　沈阳市农产品质量安全事件超网络算例模型

表 7-1　　　沈阳农产品质量安全事件算例中指挥中心的参数设置

边	起点	终点	$g_a(f_a, v_a, r_a, i_a)$	v_a	s_a	i_a
1	指挥中心沈阳	出救点①	$(v_1+1)f_1$	$v_1 = 1$	$s_1 = 4$	$i_1 = 0.9$
2	指挥中心沈阳	出救点②	$(2v_2+1)f_2$	$v_2 = 1$	$s_2 = 5$	$i_2 = 0.9$

表 7-2　　　沈阳农产品质量安全事件算例中参数的设置

边	起点	终点	$g_a(f_a, v_a, r_a, i_a)$	v_a	s_a	i_a
3	出救点①	中转点①	$(v_3+1)f_3$	$v_3 = 2$	$s_3 = 1$	$i_3 = 0.7$

边	起点	终点	$g_a(f_a,\ v_a,\ r_a,\ i_a)$	v_a	s_a	i_a
4	出救点①	中转点②	$(2v_4+1)f_4$	$v_4=3$	$s_4=2$	$i_4=0.6$
5	出救点②	中转点①	$(3v_5+1)f_5$	$v_5=0$	$s_5=5$	$i_5=0.6$
6	出救点②	中转点②	$(v_6+1)f_6$	$v_6=3$	$s_6=1$	$i_6=0.7$
7	中转点①	受灾点①	$(2v_7+1)f_7$	$v_7=2$	$s_7=1$	$i_7=0.6$
8	中转点①	受灾点②	$(3v_8+1)f_8$	$v_8=0$	$s_8=4$	$i_8=0.5$
9	中转点②	受灾点①	$(4v_9+1)f_9$	$v_9=1$	$s_9=2$	$i_9=0.5$
10	中转点②	受灾点②	$(v_{10}+1)f_{10}$	$v_{10}=2$	$s_{10}=1$	$i_{10}=0.6$

（2）参数求解。

鉴于 MATLAB 软件可以处理复杂案例中的变量、约束条件和参数敏感性求解和分析，且能够得出较好的输出结果，成为工程仿真、供应链优化等非线性最优化问题领域常用的量化求解工具；鉴于 MATLAB 软件在非线性优化案例分析中的优越性，因此本章将 MATLAB 软件以及 Euler 方法来对案例进行参数目标求解；首先确定变量应急路径脆弱性 V_a、应急路径资源上限 S_a 和应急节点之间信息失真程度 i_a 的参数值，具体的参数设置值在表 7-1 和表 7-2 中给出；然后将 $g_a(f_a,\ v_a,\ r_a,\ i_a)$ 代入式（7-4）中，当满足 $\| X^K - \max\{X^K - F(X^K),\ 0\} \| \leqslant 1 \times 10^{-6}$ 时收敛；为便于分析，假设各个输入参数初始值设置统一为 100 进行计算和求解；整个计算过程迭代计算次数 $T=33679$，模型的有效性通过函数具备的较好的收敛性得到了说明。为便于下文进行参数敏感性分析结果比较，根据 MATLAB 软件对参数应急资源流量 x_a 和最小救助成本 λ_w 的求解结果，考虑将初给定参数设置值计算得出的结果设置为基准结果，见表 7-3 和表 7-4。

表 7-3　　　大连农产品质量安全事件算例中指挥中心的参数设置

边	起点	终点	$g_a(f_a,\ v_a,\ r_a,\ i_a)$	v_a	s_a	i_a
11	指挥中心大连	出救点①	$(v_{11}+1)f_{11}$	$v_{11}=1$	$s_{11}=4$	$i_{11}=0.8$
12	指挥中心大连	出救点②	$(2v_{12}+1)f_{12}$	$v_{12}=1$	$s_{12}=5$	$i_{12}=0.8$

表7-4   大连农产品质量安全事件算例中的应急节点的参数设置

边	起点	终点	$g_a(f_a, v_a, r_a, i_a)$	v_a	s_a	i_a
13	出救点①	中转点①	$(v_{13}+1)f_{13}$	$v_{13}=2$	$s_{13}=1$	$i_{13}=0.6$
14	出救点①	中转点②	$(2v_{14}+1)f_{14}$	$v_{14}=3$	$s_{14}=2$	$i_{14}=0.5$
15	出救点②	中转点①	$(3v_{15}+1)f_{15}$	$v_{15}=0$	$s_{15}=5$	$i_{15}=0.5$
16	出救点②	中转点②	$(v_{16}+1)f_{16}$	$v_{16}=3$	$s_{16}=1$	$i_{16}=0.6$
17	中转点①	受灾点①	$(2v_{17}+1)f_{17}$	$v_{17}=2$	$s_{17}=1$	$i_{17}=0.5$
18	中转点①	受灾点②	$(3v_{18}+1)f_{18}$	$v_{18}=0$	$s_{18}=4$	$i_{18}=0.4$
19	中转点②	受灾点①	$(4v_{19}+1)f_{19}$	$v_{19}=1$	$s_{19}=2$	$i_{19}=0.4$
20	中转点②	受灾点②	$(v_{20}+1)f_{20}$	$v_{20}=2$	$s_{20}=1$	$i_{20}=0.5$

由式(7-1)中的确定广义应急目标函数,能够计算出沈阳单独进行应急资源调配的广义应急成本 $g_{沈阳}=104.67$。

2. 大连独立应急处置

在此案例中,仅考虑中心城市沈阳和大连应急节点之间的信息失真程度存在差异,即中心城市沈阳凭借其信息化建设,信息失真程度低信息共享能力强;而大连的信息化建设赶不上沈阳,因此统一将大连应急两节点之间的信息失真程度减小0.1,以增大应急节点之间的信息失真;其他相关参数设置值不作改变,如表7-3和表7-4所示。大连农产品质量安全事件应急物资调配超网络模型,如图7-8所示。

同理,由式(7-1)中的确定广义应急目标函数以及表7-3和表7-4的参数值,能够计算出大连单独进行应急资源调配的广义应急成本 $g_{大连}=124.92$。

3. 营口独立应急处置

由于大连和营口可以简单理解为同级别的城市群区域城市,因此假设在营口农产品质量安全事件案例中,其应急节点之间的信息失真程度参数与大连设置一致,其他案例参数设置不变,如表7-3和表7-4所示;营口农产品质量安全事件应急物资调配超网络模型,如图7-9所示。

同理,由式(7-1)中的确定广义应急目标函数以及表7-3和表7-4的参数值,能够计算出营口单独进行应急资源调配的广义应急成本 $g_{营口}=124.92$。

由以上参数设置值和目标函数计算可知,面对跨区域性的农产品质量安全事件,假设沈阳、大连和营口三个城市没有建立跨域应急联动合作机制,只能

大连应急指军中心

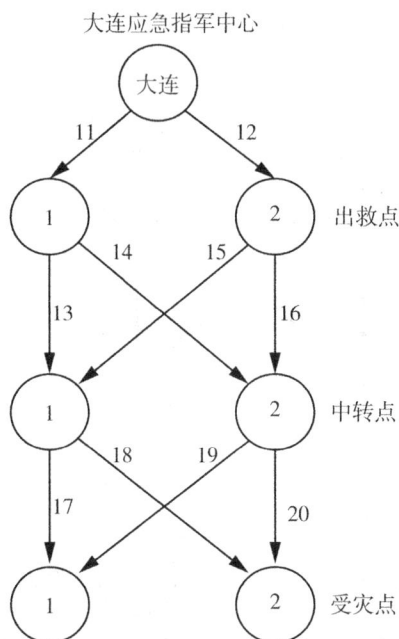

图 7-8 大连市农产品质量安全事件超网络算例模型

采取单个城市进行事件应急处置的方案；而沈阳作为中心城市，其中心城市级别、经济发展水平和信息化建设等因素使得中心沈阳的应急能力较强、信息共享能力强，因此中心城市沈阳单独进行事件应急处置的广义应急成本为 $g_{沈阳} = 104.67$；相比之下，区域城市大连和营口的信息化建设不及中心城市沈阳，导致其单独进行事件应急处置的广义应急成本 $g_{大连} = g_{营口} = 124.92$，高于中心城市沈阳单独进行事件应急处置的广义应急成本；此时沈阳、大连和营口三城市单独进行应急处置的总成本为 $g_{单独应急总成本} = g_{沈阳} + g_{大连} + g_{营口} = 354.51$。

4. 案例参数敏感性分析

为进一步说明模型中相关参数对应急处置成本的影响程度，以沈阳农产品质量安全事件应急联动为例，对优化模型中的相关参数 v_a，S_a，v_w，i_a 进行敏感性分析，以此来说明相关参数的敏感程度对应急路径上 x_p 和 $\sum_{p \in P} x_p$、起讫点对 λ_w 和 $\sum \lambda_w$ 的影响。如表 7-5 和表 7-6 所示。

（1）v_a 的变化影响。

不同的应急节点之间连接边的脆弱性是不同的，以沈阳应急中心到两个出

营口应急指军中心

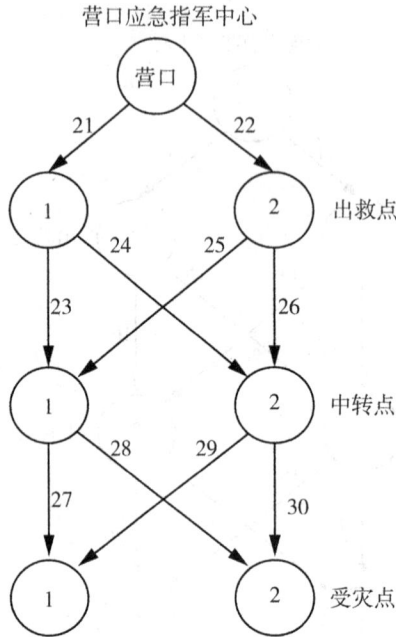

图 7-9　营口市农产品质量安全事件超网络算例模型

救点之间的连接边 a_1 和 a_2 为例，分析出救点①和出救点②两个应急节点之间 a_1 和 a_2 的脆弱性 v_1 和 v_2 发生改变时对广义应急成本的影响。首先考虑脆弱性 v_1 和 v_2 变大的情形，可以假设 $v_1 = v_2 = 3$，其他条件不作调整，通过计算可以得出 $v_1 = v_2 = 3$ 情形下 x_a、f_a 和 $g_{沈阳}$ 的结果。当 $v_1 = v_2 = 3$ 时，由 $f_a = \sum_{p \in P} x_p \delta_{ap}$，有 $f_1^* = 0.592$，$f_2^* = 1.068$，$f_3^* = 0.408$，$f_4^* = 0.932$，$f_5^* = 0.408$，$f_6^* = 0.932$，$f_7^* = 3.592$，$f_8^* = 0.068$，沈阳应急成本 $g_{沈阳} = 133.56$。由此可以说明，在应急连接边脆弱性变大后，突发事件给作为应急节点的出救点①和出救点②造成极大负面影响，导致出救点①和出救点②的应急资源流量 x_a 变小，此时需要增加额外的最小救助成本，最终导致沈阳在处置该应急事件所需要的广义应急成本也增加。

　　然后考虑三层应急节点之间连接边的脆弱性发生改变时对广义应急成本的影响，计算结果见表 7-5 和表 7-6；可以假设连接边 a_5 不存在脆弱性，即假设 $v_5 = 0$，经计算可得：$f_5 = 4.0$，说明当某条应急连接边没有脆弱性时，其应急资源流量将达到最大值；与之相反，假设应急连接边 a_5 存在非常大的脆弱性，即假设 $v_5 = 100$，经计算可得：$f_5 = 0$，说明当某条连接边脆弱性非常大时，其应急资源流量将达到最小值,最终该连接边上完全没有应急资源流量。

表 7-5　　　　单个城市沈阳独自进行应急的 x_a 参数分析结果

部分最优解	x_1^*	x_2^*	x_3^*	x_4^*	x_5^*	x_6^*	x_7^*	x_8^*
基准结果	0.596	1.118	0.404	0.882	0.404	0.882	3.596	0.118
$v_1 = v_2 = 3$	0.592	1.068	0.408	0.932	0.408	0.932	3.592	0.068
$v_5 = 100$	0	1.579	0	0.423	1.002	0.425	0	0.576
$s_a = 1$	0.676	0	0.220	0.104	0.220	0.104	3.780	0.896
$s_a = 100$	0.091	1.067	0.909	0.933	0.909	0.933	3.091	0.067
$v_{w1} = 10,\ v_{w2} = 20$	0	0	0	0	0.789	0	1.329	0
$v_{w1} = v_{w2} = 1000$	0.081	1.488	1.029	0.643	1.223	0.796	2.886	0.335
$v_{w2} = 100$	0	1.676	1	0.324	1	0.324	3	0.676
$i_a = 0.95$	0.585	1.135	0.415	0.865	0.415	0.865	3.586	0.135
$i_a = 0.35$	0.593	1.065	0.407	0.935	0.407	0.935	3.593	0.065

表 7-6　　　　单个城市沈阳独自进行应急的参数 λ_w 分析结果

部分最优解	λ_{w1}^*	λ_{w2}^*
基准结果	197	395
$v_1 = v_2 = 3$	197	395
$v_5 = 100$	198	398
$s_a = 1$	199	395
$s_a = 100$	197	395
$v_{w1} = 10,\ v_{w2} = 20$	10	17.882
$v_{w1} = v_{w2} = 1000$	996.760	994.761
$v_{w2} = 100$	197	95
$i_a = 0.95$	172.36	273.22
$i_a = 0.15$	228.54	418.37

(2) S_a 的变化影响。

不同的应急节点之间连接边的最大应急能力也是各不相同的,因此要考虑应急节点之间连接边的最大应急能力 S_a 值的变化对广义应急成本的影响。

首先由表7-5和表7-6可知，由于各应急节点之间应急连接边上的最大应急能力参数值不同，所计算出来的应急路径资源流量和广义应急成本也不同。例如在表7-1和表7-2中有，应急连接边最大应急能力最大值为5，其中 $s_2=5$，此时有 $x_2=1.118$，说明这条应急连接边上的应急资源流量值最大；同理可得，应急连接边最大应急能力最小值为1，对应的应急连接边上的应急资源流量值最小；这充分说明了应急连接边最大应急能力的大小对应急资源流量值的影响，从而影响沈阳进行应急处置的最小救助成本和广义应急成本。

然后分析图7-5中所有连接边最大应急能力变小的情形，可以假设 $s_a=1$，其他条件不作调整，计算结果见表7-5和表7-6；由计算结果可知，当 $s_a=1$ 时，各连接边上的最大应急资源流量下降到最小值，说明应急连接边最大应急能力的变小会影响应急资源流量对于应急连接边的选择，应急连接边最大应急能力小，则该边上的应急资源流量也少；

最后分析图7-5中所有连接边最大应急能力变大的情形，可以假设 $s_a=100$，其他条件不作调整，计算结果见表7-5和表7-6；由计算结果可知，当 $s_a=100$ 时，各连接边上的最大应急资源流量增加到最大值，说明应急连接边最大应急能力的变大会使得应急资源流量优先考虑通过该应急连接边进行调配，也就是说应急连接边最大应急能力大，则该边上的应急资源流量也多；

（3）v_w 的变化影响。

不同的受灾点之间的脆弱性也是不同的。上一小节已经详细分析了应急连接边的脆弱性的变化对应急资源流量和广义应急成本的影响，本小节将分析图7-5中受灾点①和受灾点②两个受灾点脆弱性 v_{w1}、v_{w2} 的变化对应急资源流量和最小救助成本的影响，其中两受灾点初始值设置为 $v_{w1}=200$、$v_{w2}=400$。

首先分析图7-5中受灾点①和受灾点②两个受灾点脆弱性 v_{w1}、v_{w2} 变小的情形，可以假设 $v_{w1}=10$，$v_{w2}=20$，其他条件不作调整，计算结果见表7-6；由计算结果可知，当 $v_{w1}=10$，$v_{w2}=20$ 时，此时 $\lambda_{w1}=10<197$，$\lambda_{w2}=17.882<395$，因此与初始值计算结果相比，可以说明当受灾点的脆弱性变小，意味着该受灾点应对突发事件的能力得到提升，因此该受灾点需要从外部调配应急资源流量也会变小，从而降低其最小救助成本；

然后分析图7-5中受灾点①和受灾点②两个受灾点脆弱性 v_{w1}、v_{w2} 变大的情形，可以假设 $v_{w1}=v_{w2}=1000$，其他条件不作调整，计算结果见表7-6；由计算结果可知，当 $v_{w1}=v_{w2}=1000$ 时，$\lambda_{w1}=996.760>197$，$\lambda_{w2}=994.761>395$，因此与初始值计算结果相比，可以说明当受灾点的脆弱性变大，意味着该受灾点缺乏有效应对突发事件的能力，因此该受灾点需要大量的外部支援，需要从外部调配应急资源流量也会变大，从而增加其最小救助成本；

最后分析某一个受灾点脆弱性发生变化的情形，由初始值 $v_{w2}=400$，可以假设 v_{w2} 变小，即 $v_{w2}=40$，其他条件不作调整，计算结果见表7-6，有 $f_8^*=3.7$，$f_{10}^*=0.065$；由计算结果可知，此时受灾点②在提升应对突发事件的能力之后，其应急资源调配流量也随之降低；与初始值计算结果相比，最小救助成本也明显变小。

(4) i_a 的变化影响。

由于各个应急节点之间的信息化建设、信息沟通共享机制等存在客观差异，导致应急信息在各应急节点之间传播时会产生信息失真，因此要考虑各应急节点之间信息失真程度 i_a 值的变化对广义应急成本的影响。

首先由计算结果表7-6可知，由于各应急节点之间的信息失真程度参数值不同，所计算出来的应急路径资源流量和广义应急成本也不同。例如在表7-1和表7-2中，应急节点之间的信息失真程度最大值是 $i_1=i_2=0.9$（说明单位信息传播量有10%的失真），此时有 $\lambda_{w1}=197$，$\lambda_{w2}=395$，说明信息损失率越低，信息传播越符合突发事件真实状况，因此可以降低该应急节点的最小救助成本；

然后分析图7-5中所有应急节点之间信息损失率降低的情形，可以假设 $i_a=0.95$，即信息传播仅有5%的失真程度，此时信息传播几乎符合对真实事件的判断，其他条件不作调整，计算结果见表7-6；由计算结果可知当 $i_a=0.95$ 时，有 $\lambda_{w1}=172.36$，$\lambda_{w2}=273.22$，此时最小救助成本相较于基准结果大幅度降低，说明信息失真程度的减小对最小救助成本呈显著的负相关关系；

最后分析图7-5中所有应急节点之间信息损失率提高的情形，可以假设 $i_a=0.15$，即信息传播有85%的失真程度，此时信息传播严重不符合对真实事件的判断，其他条件不作调整，计算结果见表7-6；由计算结果可知当 $i_a=0.15$ 时，有 $\lambda_{w1}=228.54$，$\lambda_{w2}=418.37$，此时最小救助成本相较于基准结果大幅度增加，说明信息失真程度的增大对最小救助成本呈显著的正相关关系，原因在于应急物资调配效率降低。

7.4.2 三城市跨域应急联动超网络系统分析

下面以中心沈阳、区域城市大连和营口为例，对三个城市共同进行跨域应急联动系统的超网络分析。

1. 参数假设

根据一般化的有中心城市的城市群跨域应急联动超网络结构(见图 7-3)及其超网络等价结构(见图 7-4),可以构建如图 7-8 所示的沈阳、大连和营口三个城市的跨域应急联动简单超网络算例模型。为便于分析,可以将跨域应急联动总指挥中心抽象为节点 O,沈阳抽象为节点 A,大连抽象为节点 B,营口抽象为节点 C,这些节点中含有的出救点、中转点和受灾点如图 7-8 所示,图中,三个城市共有 22 个应急节点,共有 81 条应急连接边,为便于构建结构图对模型进行分析和说明,仅详细刻画出节点沈阳在三城市跨域应急联动模型中的所有连接边的情况,沈阳所属的 27 条连接边分别用数字 1~27 在图 7-8 中标注,大连和营口两个城市以此类推即可。

在跨域应急联动指挥中心 O 和沈阳、大连、营口三个城市中,共有一个跨域联动指挥中心,三个城市应急中心,出救点、中转点和受灾点各六个,一共 22 个应急节点,应急资源内部调配和跨域联动的应急路径一共有 216 条,记为 $p_1 \cdots p_{216}$,共有 72 条应急路径集合,记为 $p_{w1} \cdots p_{w72}$。

图 7-10 说明,跨域总指挥中心到沈阳应急中心的边记为 a_{79},沈阳应急中心到两出救点的边记为 a_{25} 和 a_{26};跨域总指挥中心到大连应急中心的边记为 a_{80},沈阳应急中心到两出救点的边记为 a_{51} 和 a_{52};跨域总指挥中心到营口应急

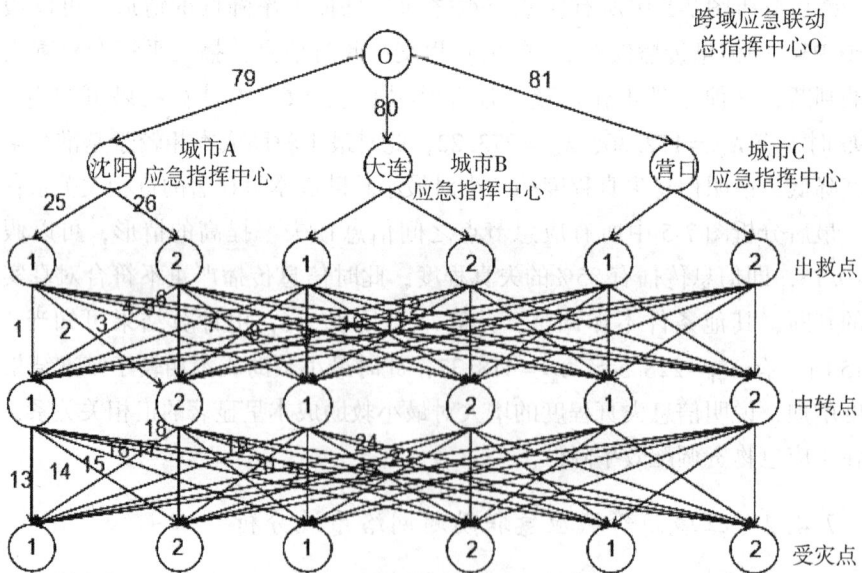

图 7-10　沈阳、大连和营口三个城市的跨域应急联动简单超网络算例

200

中心的边记为 a_{81}，沈阳应急中心到两出救点的边记为 a_{77} 和 a_{78}。将应急节点 A（沈阳应急中心）中边 1~24 以及城市应急中心边 25 和边 26 的参数设置和沈阳单独应急参数相同，如表 7-1 和表 7-2；将应急节点 B（大连应急中心）中边 27~50 以及城市应急中心边 51 和边 52 的参数设置和大连单独应急参数相同，如表 7-3 和表 7-4；将应急节点 C（营口应急中心）中边 53~76 以及城市应急中心边 77 和边 78 的参数设置与大连单独应急参数相同，如表 7-3 和表 7-4；以及将代表城市群中应急资源跨域联动总指挥中心的边 a_{79}、a_{80}、a_{81} 参数如表 7-7所示。

设 a_{79}、a_{80} 和 a_{81} 分别表示跨域应急联动超网络中"跨域应急联动指挥中心 O""中心 A（沈阳）""应急指挥中心 B（大连）""应急指挥中心 C（营口）"之间应跨域指挥而产生的外部性成本。

表 7-7　　　　　　　　　　跨域应急联动总指挥中心的参数设置

边	起点	终点	$g_a(f_a, v_a, r_a, i_a)$	v_a	s_a	i_a
79	跨域指挥中心辽宁	沈阳应急中心	$(v_{79}+1)f_{79}$	$v_{79}=0$	$s_{79}=4$	$i_{79}=0.9$
80	跨域指挥中心辽宁	大连应急中心	$(2v_{80}+1)f_{80}$	$v_{80}=0$	$s_{80}=5$	$i_{80}=0.8$
81	跨域指挥中心辽宁	营口应急中心	$(2v_{81}+1)f_{81}$	$v_{81}=0$	$s_{81}=5$	$i_{81}=0.7$

2. 参数求解

为了便于分析，假设从跨域应急联动总指挥中心在协调指挥沈阳、大连和营口三各城市共同进行跨域应急联动时不存在外部性成本，即 $\sigma_{79}=\sigma_{80}=\sigma_{81}=0$，然后将 $g_a(f_a, v_a, r_a, i_a)$ 代入式(4-4) 中，同样当满足 $\| X^K - \max\{X^K - F(X^K), 0\} \| \leqslant 0.001$ 时收敛；为便于分析，各个输入参数初始值设置统一为 100 进行计算和求解；整个计算过程需要时间 $2.5s$，迭代计算次数 $T = 57934$，得出在跨域应急联动条件下，跨域应急联动总成本 $g_{总} = 149.401$，而在相同条件下沈阳、大连和营口三个城市单独进行应急资源调配的总成本 $g_{沈阳} + g_{大连} + g_{营口} = 233.188$，通过比较可得跨域应急联动总成本更小，说明在应对"非洲猪瘟"事件时，采取跨域应急联动的应急方案显然更科学，原因在于尽管在三个城市单独应急处置和共同进行跨域联动的应急方案中，应急主体均是中心城市

沈阳和区域城市大连、营口，但是在单独进行应急时，沈阳的中心城市地位和功能只能使得沈阳能够以较低的广义应急成本进行应急处置，其发达的信息化建设、交通物流等优势无法辐射到区域城市大连和营口，因此沈阳、大连和营口三个城市单独进行应急资源调配的总成本 $g_{沈阳} + g_{大连} + g_{营口} = 233.188$；而在三个城市共同进行跨域应急联动的方案中，通过跨域应急联动总指挥中心，可以将沈阳的中心城市优势功能辐射到大连和营口，尤其是信息共享能力方面，三个城市通过完备的信息共享平台和机制，能够实现最大限度的信息共享，从而降低最小救助成本和广义应急成本，此时在跨域应急联动条件下，跨域应急联动总成本 $g_{总} = 149.401$。

3. 案例参数敏感性分析

为进一步说明跨域应急联动模型中相关参数对跨域总成本的影响程度，下面以图 5-4 中农产品质量安全事件跨域应急联动为例，对图 5-4 中超网络模型优化的相关参数 v_a、s_a、v_w、i_a 进行敏感性分析，以此来说明相关参数的敏感程度对跨域总成本的影响程度。

(1) v_a 的变化影响。

在跨域应急联动超网络中，属于不同区域、不同节点之间的跨域应急联动边具有不同的脆弱性特征，因此需要考虑跨域应急联动边的脆弱性变化对跨域应急联动总成本产生的影响。

首先，分析跨域应急联动边 v_a 脆弱性变小的情形。可以假设 $v_a = 0$，其他条件不作调整，通过计算可以得出跨域应急联动总成本 $g_{总}(v_a = 0) = 117.139$，此时通过比较发现跨域应急联动总成本降低，因此当跨域应急联动边脆弱性变小后，该边在进行跨域应急联动时所产生的成本会变少，从而通过跨域应急联动进行事件处置更加具有成本优势。

然后分析跨域应急联动边 v_a 脆弱性变大的情形。可以假设 $v_a = 5$，其他条件不作调整，通过计算可以得出跨域应急联动总成本 $g_{总}(v_a = 5) = 157.421$，此时通过比较发现跨域应急联动总成本降低，因此当跨域应急联动边脆弱性变大后，该边在进行跨域应急联动时所产生的成本会变多，从而通过跨域应急联动进行事件处置变成本优势下降。

最后分析跨域应急联动总指挥中心到三个节点城市应急中心的边 v_{79}、v_{80}、v_{81} 脆弱性增到到导致该边无法承担跨域应急资源联动的情形。分别假设、$v_{79} = v_{80} = v_{81} = 10$、$v_{79} = v_{80} = v_{81} = 100$、$v_{79} = v_{80} = v_{81} = 1000$，由计算结果可知，跨域应急联动总成本的变化可以忽略不计，说明在跨域应急联动超网络中，某个节点城市应急中心因为事件影响而无法发挥其应急作用，跨域应急联动总指挥中心可以发挥节点城市应急中心的作用,从而保障跨域应急联动的有序进行。

(2)s_a 的变化影响。

首先,分析跨域应急联动边的最大应急能力变小的情形。可以假设 $s_a =$ 1,其他条件不作调整,通过计算可以得出跨域应急联动总成本 $g_总(s_a = 1) =$ 149.791,此时通过比较发现跨域应急联动总成本变大,因此当跨域应急联动边最大应急能力变小后,该边在进行跨域应急联动时所产生的成本会变多,此时跨域应急联动的成本优势下降。

其次,分析跨域应急联动边的最大应急能力变大的情形。可以假设 $s_a =$ 5,其他条件不作调整,通过计算可以得出跨域应急联动总成本 $g_总(s_a = 5) =$ 149.401,此时通过比较发现跨域应急联动总成本没有变化,因此当跨域应急联动边最大应急能力变大至 5 后,该边在进行跨域应急联动时所产生的成本会保持不变。

然后,分析跨域应急联动边的最大应急能力变得异常大的情形。可以假设 $s_a = 10$,$s_a = 100$,$s_a = 1000$,其他条件不作调整,通过计算可以得出跨域应急联动总成本依旧没有变化;由需求和供给关系可以对此进行解释,即无论应急资源供给量和最大应急能力增加多少,受灾点对该种农产品资源的需求量维持在某个稳定范围。

最后,分析跨域应急联动总指挥中心到三个节点城市应急中心的 s_{79}、s_{80}、s_{81} 最大应急能力的改变对跨域应急联动总成本的影响。可以假设 $s_{79} = s_{80} = s_{81} = 1$,其他条件不作调整,通过计算可以得出跨域应急联动总成 $g_总(s_{79} = s_{80} = s_{81} = 1) = 25.657$,尽管此时跨域应急联动总成本显著降低,但是该结果意味着跨域应急联动不合理,并未实施整体的跨域应急联动;与之相反,当假设 $s_{79} = s_{80} = s_{81} = 5$,此时跨域应急联动总成本 $g_总(s_{79} = s_{80} = s_{81} = 5) =$ 201.901,此时跨域应急联动的成本优势下降。

(3)v_w 的变化影响。

不同区域的不同受灾点之间的脆弱性也是不同的,因此要考虑不同区域的不同受灾点之间脆弱性变化对跨域应急联动总成本的影响。

首先分析各受灾点脆弱性变小的情形,可以假设 20,其他条件不作调整,由计算结果可知,当 $v_w = 20$ 时,跨域应急联动总成本 $g_总(v_w = 5) =$ 60.347,而在相同条件下沈阳、大连和营口三个城市单独进行应急资源调配的总成本 $g_{沈阳} + g_{大连} + g_{营口} = 44.897$,此时跨域应急联动不具有成本优势;

然后分析各受灾点脆弱性变大的情形,可以假设 $v_w = 100$,其他条件不作调整，由计算结果可知，当 $v_w = 100$ 时，跨域应急联动总成本 $g_{总}(v_w = 100) =$ 149.400，而在相同条件下沈阳、大连和营口三个城市单独进行应急资源调配的总成本 $g_{沈阳} + g_{大连} + g_{营口} = 161.904$，此时跨域应急联动具有成本优势。

通过对各受灾点的脆弱性分析可知，在应对跨域农产品质量安全事件时，要充分评估各受灾点的脆弱性，根据受灾点脆弱性的大小选择合适的应急处置方案，做到科学有效应急。

（4）i_a 的变化影响。

不同区域的不同应急点之间的信息损失率也是不同的，因此要考虑不同区域的不同应急点之间信息失真程度的变化对跨域应急联动总成本的影响。

首先，分析所有应急节点之间信息损失率降低的情形，可以假设 $i_a = 0.95$，即信息传播仅有 5% 的失真程度，此时信息传播几乎符合对真实事件的判断，其他条件不作调整，由计算结果可当 $i_a = 0.95$ 时，跨域应急联动总成本 $g_{总}(i_a = 0.95) = 87.395$，跨域应急联动总成本下降，跨域应急联动具有成本优势；

然后，分析所有应急节点之间信息损失率提高的情形，可以假设 $i_a = 0.35$，即信息传播有 65% 的失真程度，此时信息传播严重不符合对真实事件的判断，其他条件不作调整；由计算结果可知当 $i_a = 0.35$ 时，跨域应急联动总成本 $g_{总}(i_a = 0.35) = 219.726$，跨域应急联动总成本增加，跨域应急联动失去成本优势。

7.4.3 案例分析总结

通过对沈阳、大连和营口三个城市单独进行应急资源处置以及三个城市跨域应急联动的结果比较和参数敏感性分析，可以得出如下结论。

第一，在农产品质量安全事件城市单独应急处置或多城市跨域应急联动超网络模型中，路径资源流量、路径脆弱性、路径关联度和信息失真程度等变量的数值大小对应急处置方案有明显的影响，因此要根据具体的农产品质量安全事件进行针对性的应急处置方案设计和优化；在三个城市的单独进行应急处置中，与区域城市大连和营口相比，中心城市沈阳凭借其经济、信息化建设、交通运输网络等优势，在进行应急处置时其信息失真程度较低，即信息沟通共享能力较强，因此在应对农产品质量安全事件时耗费的总成本低于大连和营口两城市。

第二，在三城市共同进行农产品质量安全事件跨域应急联动时，当案例参数与单独进行应急处置案例参数设置一致时，此时跨域应急联动总成本要更低，因此从成本考虑的角度出发要采取跨域应急联动处置方案，以此来进行科学合理地应对跨域事件。通过参数敏感性分析可知，当对参数作出改变时，如当增大跨域应急联动边的脆弱性，即路径脆弱性 v_a 的数值，会降低跨域应急联动方案的优势；在跨域应急联动总指挥中心协调进行跨域应急联动中，各个城市应急指挥中心的应急联动能力，即 s_a 的值对城市群跨域应急联动方案的选择有非常大的影响，因此在城市群跨域应急联动的超网络优化中，要关注各个城市应急指挥中心的应急联动能力；若应急指挥中心的应急联动能力较低，会增大城市群跨域应急联动方案的总成本；反之，若应急指挥中心的应急联动能力较高，则会降低城市群跨域应急联动方案的总成本；通过分析信息失真程度 i_a 可知，在跨域应急联动过程中，信息失真程度的大小对广义应急成本有显著影响，因此要加强城市之间的信息共享平台和能力的建设，尤其是在一个城市群中的中心城市和区域城市之间，通过提高信息共享能力来减低城市群跨域应急联动广义应急成本；

第三，在三个城市共同进行跨域应急联动时，由于中心城市沈阳可以将其交通物流、信息建设等优势能力辐射至区域城市大连和营口，因此面对跨域农产品质量安全事件时，若事发地城市包含中心城市，应该优先考虑通过跨域应急联动总指挥中心进行跨域应急联动处置，以此来实现高效科学应急；同时在处置农产品质量安全事件中，要综合评估事件的影响已经事发地城市或区域的应急能力要素；面对日益复杂的农产品质量安全跨区域突发事件，要加强跨域应急联动总指挥中心和各区域应急中心的建设，进一步完善和发展跨域应急联动体制机制，从跨区域的角度防范和治理跨域农产品质量安全事件。

本 章 小 结

本章首先分析了跨域应急联动的特征及农产品质量安全事件跨域应急联动存在的问题；其次通过分析两种典型的城市群应急事件即"非洲猪瘟"事件和"镉大米"事件构建了两类典型的农产品质量安全事件跨域应急联动的超网络结构；然后构建了有中心城市的跨域应急联动一般超网络结构及其等价形式，并根据等价形式建立了跨域应急联动超网络系统模型，并运用变分不等式对模型进行了求解；最后通过辽宁沈阳"非洲猪瘟"事件进行案例分析，讨论了三个城市单独应急和跨域应急联动两种情形，分析了关键参数对应急联动系统方案的影响。得出如下研究结论：①在单独应急时，中心城市凭借其经济、信息化建设、交通运输网络等优势，在进行应急处置时其信息失真程度较低，即信息沟通共享能力较强，因此在农产品质量安全事件应急时耗费的总成本更低；②在三城市共同进行农产品质量安全事件跨域应急联动时，当案例参数与单独进行应急处置案例参数设置一致时，此时跨域应急联动总成本要更低，因此从成本考虑的角度出发要采取跨域应急联动处置方案；③要加强跨域应急联动总指挥中心和各区域应急中心的建设，进一步完善和发展跨域应急联动体制机制。

第8章 完善农产品质量安全应急联动系统对策建议

在前文对预防预警阶段的预警联动系统、管控阶段的召回联动系统以及应急处置阶段的应急处置联动系统的研究基础上，本章从加强预警联动系统建设、建立完善的农产品召回联动系统以及加强应急处置联动体系建设三个方面提出了完善农产品质量安全应急联动系统的对策建议。本章的研究可为相关政策法规的制定以及调整提供理论支撑，为应急决策提供辅助支持，有助于指导农产品预警、召回以及应急处置实践，促进我国农产品质量安全应急理论的完善与应急实践操作效率的提升，最大程度地保障人民的健康安全。

8.1 加强预警联动系统建设

8.1.1 完善农产品质量安全预警法律体系

在针对农产品质量安全预防预警方面，法律法规所设定的行业标准和配套的检测措施还需要进一步完善，对规定中存在的相互矛盾、不相衔接、空白缺失的地方应该集中更改、修正和添加，给执法机关和监管机构提供一套完整可行的农产品质量安全法律法规及标准体系，对农产品中的肉类、蛋类、禽类、果蔬类应分门别类地出台相关法规，对牲畜的养殖、屠宰以及加工过程进行监控和检查，对所有的人工养殖禽类、进出口禽类的屠宰以及加工情况进行检验，对水果、蔬菜在生产、初加工、运输过程进行监控检查。另外，应增设全国农产品安全工作监管机构，该机构不仅对农产品质量安全的总体事务负责，还肩负监督各主管部门是否依法执政的工作，从而推动农产品安全保障体系从"反应型"向"预防型"的蜕变。

8.1.2 加大对农产品质量安全的监管力度

各省市地区的地方政府和农业行政部门等组织部门明确划分组织责任，禁止相互推诿工作、互相推脱责任的情况出现，确保上令必达，有令必行，监管和处置工作实施到位，控制农产品质量安全事件的发生和发展。各省市应积极开展种植、养殖、物流、销售等环节的专项监管整治工作，定期抽检，严厉打击非法违规使用农药、添加剂、"瘦肉精"等行为的农业生产基地或农户，严格监控市场剧毒农兽药的贩卖行为，对违法犯罪的责任人依法送交相关司法机关惩治。

相关农业机构的工作人员应该建立地区瓜果蔬菜家禽水产等农产品信息登记系统，对属地的农产品及时记录实时监控，实现农产品质量安全的动态管理。组织质量检测机构对在册农产品实施质检工作，安排机构对农产品生产供应基地展开巡回检查和监督，委派农业专家现场指导农户合理用药并现场解答农户疑问，科普农业安全生产知识，从源头控制农产品质量安全事件的发生。将检验合格、生产规范的安全农产品推荐给农产品营销示范点，构建透明安全合规的农产品经销渠道，对质检不合格的农产品及时对外公布并销毁处理。

从农产品质量监管队伍建设上来看，对供应链中各环节的监管存在缺位现象，应努力实现县级农产品质检站的全覆盖，在一些重点乡镇，设立监管员，建立监管责任制，加强落实监管责任。在重点村例如以生产、销售农产品为业的村设立安全协管员。在健全监管网络的同时，制定各级监管部门的工作职责分工文件并落实监管职责。

8.1.3　加强农产品质量安全预警联动信息共享机制

我国目前对于农产品的质量监管机制存在"部门分割"的特点，信息披露机制不顺，信息传递与交流不够通畅。广西省、上海市、山西省、河北省等省市已经陆续上线运行农产品质量安全监管信息平台，其他地区也应当健全相关信息共享机制，加快实现信息互联互通，促进相关主体间的协调联动能力。建议建立农产品快速预警系统，提供农产品安全信息交流和资源共建共享的平台，当农产品质量安全事件在某地区出现时，快速预警系统能及时通知网络成员，使其检查该产品是否在自己地区的市场中流通，方便其及时采取应对措施，从而有效监管农产品，实现及时的信息通报和警情通报。

建立一体化的农产品质量安全预警联动体系，国家和地方政府分级监管、多部门共同负责，部门之间协调统一，权责明晰，共同为质量农产品安全保驾护航，实现对农产品"从农田到餐桌"的全程监管，体现了"预防为主，全程监控"的原则。

8.2 建立完善的农产品召回联动系统

8.2.1 建立农产品召回补偿机制

农产品召回责任主体是农业生产基地和初加工企业、监管主体是政府机构，在农产品召回中，会产生监测成本、物流成本、通告成本、危机处理成本、召回后续处理成本等成本，因此完全依赖农业生产基地和初加工企业实施主动召回客观上存在成本问题，同时政府机构的监管效率不高也是实施农产品召回的障碍之一。

为了提高农业生产基地及农产品加工企业的召回积极性，可以在建立农产品召回制度、农产品安全信息电子化、召回农产品无害化处理等措施时进行政府补贴政策支持；通过建立农产品召回责任险制度、设立农产品行业安全赔偿基金以及农产品召回补偿机制，促进主动实施召回；通过建立食品（农产品）安全事故责任强制保险制度有助于强化保险分散风险的基本功能，强化对农业生产基地、农产品加工企业与农产品质量安全事件受害人的责任保障，同时召回保险纳入食品（农产品）召回相关法规体系有助于减轻农业生产基地、农产品加工企业与地方政府财政负担（邓蕊，2017）。当前我国农产品强制召回存在政府监管部门惩罚措施威慑力不足，导致农业生产基地和农产品加工企业隐瞒实情、甚至拒不召回。为保障农产品强制召回制度的顺利进行，建议引入农产品行业的惩罚赔偿制度。

8.2.2 完善农产品召回联动信息系统建设

农产品召回涉及多个主体，通过发掘与实现多个主体的共同目标，在跨组织协作联动的基础上进行信息共享与业务分工，发挥召回过程中成本、资源等优势，实现监测、检测以及溯源等功能。

农产品召回过程控制与实施效果需要相关召回信息的支持，农业生产基地和农产品初加工企业作为农产品召回的责任主体，需要建立农产品召回信息系统。农产召回信息是从消费者向流通渠道，再向初加工环节，最终追溯到农业生产基地或农户源头，属逆向供应链。一是，召回信息的流向是从消费者向农业生产基地返回，但是从召回实施的前期准备而言，召回相关信息的收集、分析与使用，并不能等召回开始实施后才进行，即召回信息的收集与分析应在召回实施之前进行。二是，虽然召回信息与农产品供应链上各环节及各召回主体相关，但是召回信息系统的建设主要由召回责任主体即由农业生产基地承担。因此农业生产基地在准备召回时，需要与初级加工商、运输商、销售商及消费者建立信息联动。三是，农业生产基地在建立召回信息系统时需要与生产、初加工、运输以及销售等过程中的信息系统实现联动对接，实现从原材料、农产品、保鲜剂、包装物、消费品等物品形式的监控与追踪；同时需要与运输部门、销售部门、客服部门等的信息系统联动对接，实现对农产品的流向、流量以及流程等的监控与追踪。

建立召回信息系统可以实现监测、检测以及溯源等功能。监测是指政府质检部门发挥主动作用，对农产品构建常态的检测与监测机制，对农产品质量进行长期监控，包括检测生产环节、初加工环节、运输环节、销售环节等环节的相关指标，以便及时发现对农产品质量安全可能造成的一切不良因素，通过对检测信息的保存与共享，既可以减少有质量安全问题的农产品的分散，又可以在召回决策实施时对进入流通渠道的不安全农产品提供信息支持。检测时，设立检测指标，通过农药、菌落等指标作为农产品召回阈值，一旦监测到相关指标超标即启动农产品召回计划。农产品召回信息系统的建立也可以实现溯源，即通过信息反向传递与追溯，寻找产生农产品质量安全问题的起始原因。通过溯源，加强农业生产基地与农产品初加工企业信用管理与加强食品包装管理建立完善的农产品质量安全追溯机制，消费者可通过产品包装、产品编号进行查询溯源，从而发现问题的源头，并解决问题，有助于控制农产品质量安全，从而起到避免农产品质量安全事件发生的作用。

8.2.3 强化政府部门召回监管力度

问题食品与缺陷危害造成的不仅仅是食品企业自身的声誉，还会对整个国内食品行业市场秩序造成不可弥补的危害，与之更甚的是，食品安全问题还会严重影响到整个社会的公共利益与有损于诚信社会环境的建设。因此食品安全问题日趋严重化与食品召回实施力度的弱化，会对食品企业、消费者、食品行业与社会公众俱产生恶劣影响，需要加强政府相关部门对食品安全与食品召回的监督管理。在当前市场经济条件下，各个食品企业都以利润最大化为目的，因此需要强化有力的外部制约措施。我国政府对当前食品行业竞争性领域进行产品质量规范与召回监控以纠正和消除该食品在原材料、设计、加工、销售等环节上产生的缺陷，进而消除缺陷食品对公共安全产生的威胁，一方面有助于保护消费者合法权益；另一方面进一步规范企业经营行为，从而维护正常行业市场秩序与社会诚信维护。同时，食品召回通过事前检测、事中控制与事后处理, 积极应对食品安全事件与附加的突发状况, 促使食品召回体系成为食品安全防范体系的重要组成部分。

有质量安全问题的农产品危不仅仅影响到农业生产基地自身的声誉, 还会扰乱我国农产品行业的市场秩序, 严重危害人民群众的健康甚至生命安全, 也不利于建设良好的诚信社会环境。在农产品安全问题日趋严重化的背景下, 如果不强化农产品召回实施的力度, 将对农业生产基地、农产品生产行业、消费者及社会公众都产生不良影响。然而, 在当前市场经济背景下, 各个农产品生产企业都追求利润最大化, 因此外部制约措施尤为重要, 而作为农产品召回的监督主体-政府相关监管部门必须加强对农产品召回的监督管理。

政府通过对当前农产品的召回监控与规范引导, 以纠正该农产品在生产、初加工、运输、销售等环节上产生的质量安全问题, 从而消除有质量安全问题的农产品对人民群众健康安全的威胁, 同时可以进一步规范农产品供应链上所有企业的经营行为, 维护农产品行业的市场秩序。另外, 政府部门通过对农产品质量的检测、监管及召回监督, 及时应对农产品质量安全的突发情况, 使得农产品召回系统成为农产品质量安全应急系统的不可或缺的部分。

8.3 完善应急处置联动系统

8.3.1 强化应急组织间的合作联动

1. 加强应急辅助部门和核心机构的协调联动

农产品质量安全事件的应急工作除了需要核心的应急处置指挥领导小组外, 还需要多个部门组织协同作业, 相互配合。各参与部门应该听从应急处置指挥领导小组的指挥, 与其他组织相互配合协作, 共同完成应急联动任务。参与应急处置工作的部门要科学分工, 清楚各自的工作职责, 相互之间密切配合, 及时传导应急处置的信息和进度, 积极主动承担组织内部责任, 职能有交叉的部分合理分配人力物力等资源, 既要避免不必要的浪费, 又要防止组织之间相互推诿不作为情况的发生。核心机构应有效领导协调各组织, 消除各组织之间存在的职责盲区, 弥补应急工作存在的漏洞, 实现各组织之间无缝连接, 及时高效传递应急消息, 完成应急联动工作, 维护消费者合法权益, 维持社会的和谐稳定。

在应急联动工作的处置过程中, 遇到一些瓶颈和困难, 应急核心机构和应急辅助组织应该从大局出发, 以集体利益为重, 相互之间互相体谅, 互相理解和支持，共同克服相关问题，保证应急联动工作的顺利进行和有序推进。各机构组织之间也要加强沟通和联接，强化互动、协调、配合意识，力求实现信息资源共享，搭建信息传递平台和渠道，合理分配应急资源，加快应急联动效率。

2. 建立针对性的应急联动系统平台

全国各大城市几乎已全面建成城市突发事件应急联动系统，借鉴城市应急联动系统的建设经验，结合农产品质量安全事件的特点，构建针对农产品质量安全突发事件的应急联动系统。在这个体系中，应急核心指挥中心和应急联动小组是必不可少的部分，应急联动工作的开展和实施依赖于应急组织的配合。当发生农产品质量安全事件时，借助内部的党政信息网，开辟农产品事件应急信息警情传递通道，通过计算机网络技术或者是无线通信手段将信息快速传递至各个应急联动单位手中，保证应急联动工作及时展开。

在搭建应急联动系统时，还应建立信息共享平台，可利用该平台与应急管理数据库、监管系统平台、风险监测平台等连接，当发生农产品质量安全事件后，能迅速调出需要的相关信息，实现实时数据查询，保证信息沟通顺畅。同时还应对数据进行及时更新和维护，以保证应急信息的准确性和时效性，也为应急联动过程的信息处理和分析提供支持。

8.3.2 强化应急区域间的合作联动

1. 建立统一的跨域应急联动指挥中心

农产品质量安全应急在调度过程中需要具备一个高效权威的应急指挥中心。由于农产品应急物资调度往往会涉及到多城市和多部门，所以城市与城市之间，部门与部门之间，都需要有一个总指挥中心来进行协调控制，否则很容易出现信息交流不畅而影响应急处置效率。

统一的应急指挥中心能够在应急调度过程中协调各部门和各地区的职责，最大限度发挥各自优势，集中力量解决农产品应急物资的供应问题；同时有利于各部门各司其职，各负其责，严格落实相关工作责任，分工明确，协调一致，从而扫清农产品应急物资调度过程中可能遇到的障碍，更有利于农产品应急物资调度工作的开展，更有利于受灾群众基本生活需要的保障。

2. 建立健全跨域应急组织和机构

构建"政府负总责、监管部门各负其责"的责任体系。各城市、各级政府切实落实对本区域负总责的要求，在政府的统一领导下，在总指挥中心的协调下，农业、卫生、质量技术监督、出入境检验检疫、工商、粮食、城市综合管理、公安等部门各司其职，各负其责，严格落实农产品应急筹运的相关工作职责，形成分工明确、协调一致的跨域联动机制。要按照无缝衔接的模式对各部门职责进行有效划分，使得各部门在开展工作时更有针对性，而从整体的角度上，各部门的工作没有疏漏，各项工作都有专门的部门来负责，充分发挥各部门的职能。各级单位所具备的功能和能力应该予以明确，形成能力由高到低的结构，信息获取后上报给主管部门。另外严格按照相关法律法规执行，及时移送有关线索和案件，与公检法系统协作配合，形成打击违法犯罪活动的强大力量。

8.3.3 构建科学的应急处置机制

1. 组织应急演练，加强宣传教育

农产品质量安全事件主要的应急部门如政府、农业行政部门、公安部等除了对内部工作人员进行必要的突发事件应急培训外，还应该针对性地展开农产品质量安全应急演练工作，增加双方合作的默契，增强各组织应急联动的实践能力，有利于应急参与人员熟悉应急工作流程和积累应急联动经验，也有利于领导班子发现应急预案和应急处置过程中存在的不足和错误之处，为以后实际处理农产品质量安全突发事件应急联动工作奠定良好基础，确保应急联动效率得到最大化。

农产品质量安全工作仅仅依靠政府、农业行政部门等机构是远远不够的，各方利益相关者都应该加入到农产品质量安全的监督、举报和应急工作中。政府应该多组织宣传教育讲座，普及农产品质量安全的相关知识，提高消费者防范风险的意识。利用电视、新媒体、广播、报纸等传播渠道，向公众宣传农产品相关的科学知识和安全农产品辨识小技巧，向农户科普农产品种植、养殖等用药规范和法律措施，传授农产品质量安全应急措施，鼓励消费者合法维护自身权益，提升公众的社会责任感。

2. 建立统一的分级标准，制定可行的应急预案

应急联动过程中应急初期应急等级的评定和应急预案的选择是需要应急处置指挥领导小组重点监测和管理的对象，影响整个后续的应急活动和应急效率。国家应该建立统一的农产品质量安全事件分级标准，加强对评级标准的研究和分析，结合以往农产品质量安全事件的特点和应急状况，不断对分级标准进行调整和修改；各省市地区应严格按照国家标准分级，根据当地农产品的种植和经销情况，制定更加严格和完善的地方评级标准。

评定农产品质量安全事件等级后，应立即启动相应等级的应急预案，控制事态发展。应急预案给处置本次农产品质量安全事件的指挥领导小组提供参考和决策辅助，能有效提高应急联动效率，控制事态发展蔓延。对于应急预案不够重视、应急预案简单粗糙或应急预案不符合实际应急情况的省市地区，应根据实际应急能力，尽快弥补和完善应急预案的编制，制定出操作性强、符合实际的农产品质量安全事件的应急预案，做好农产品质量安全事件应急联动的基本工作。

3. 积极与媒体沟通，拓宽信息公开渠道

媒体作为传播消息的渠道在农产品质量安全事件处置中显得越来越重要，媒体使得每一个人都是消息的传播者和接受者，利用好媒体这个传播渠道，就能更好地引导社会舆论。因此，在农产品质量安全事件发生后，应急联动主体必须掌握引导舆论走向的主动权，传播正确可靠权威的突发事件消息，统一对外宣传口径，积极与权威的媒体平台沟通，保证信息传导的正确性和真实性。应急组织机构应积极配合相关权威媒体工作，主动提供事件的真实信息和专家意见，欢迎媒体对应急联动工作进行监督和调查，双方建立良性的合作关系，正确引导网络舆论，消除公众的质疑。

同时，农产品质量安全事件的应急联动信息除了在官方网站和召开记者发布会公布外，还应该利用新媒体方式，拓宽信息传递的渠道。在目前比较流行的社交平台和用户活跃度比较高的软件上，开通官方权威的媒体账号，向公众及时传递准确可靠的事件信息，杜绝虚假不实消息的传递，营造良好健康的社会舆论氛围。通过电视节目、传统报纸和期刊杂志等传统媒介，开辟专栏专刊，向公众传输真实可靠的消息，正确消息源的建立有利于消息的准确传播和舆论的正确引导，有利于农产品质量安全事件的有效解决。

本 章 小 结

本章从加强预警联动系统建设，建立完善的农产品召回联动系统，以及加强应急处置联动体系建设三个方面提出了完善农产品质量安全应急联动系统的对策建议。建议通过加强完善农产品质量安全预警法律体系、加大对农产品质量安全的监管力度以及加强农产品质量安全信息共享机制三个举措加强预警联动系统的建设；通过建立农产品召回补偿机制、完善农产品召回联动信息系统建设以及强化政府部门召回监管力度三个举措建立完善的农产品召回联动系统；通过强化应急组织间的合作联动，强化应急区域间的合作联动以及构建科学的应急处置机制三个举措加强应急处置联动系统的建设。

第 9 章　研究总结与展望

9.1　研究总结

作为农产品消费大国，我国的农产品质量安全形势依然严峻，农产品质量安全应急联动系统尚不完善，而当前国内外文献主要针对应急联动的某一个视角开展研究，完整研究全过程应急联动系统的文献较为鲜见，对于农产品质量安全应急的研究大多局限于体制、机制、对策建议及框架的构建，在农产品质量安全应急联动系统方面的研究不充分。

本书首先分析了研究背景、理论意义、现实意义及国内外研究现状，指出了农产品质量安全应急在理论及现实中存在的问题，在此基础上提出了拟研究的问题：农产品质量安全应急联动系统研究。然后分析了农产品质量安全事件特征以及农产品质量安全的应急特征，并阐述了农产品质量安全应急在预防预警阶段、管控阶段及处置三个阶段的应急联动系统。

在农产品质量安全的预警联动系统的研究中，首先分析了我国农产品质量安全预警的业务流程和联动主体；然后分析了影响农产品质量安全的风险性因素，建立了农产品质量安全预警联动指标体系，并运用层次分析法求出各预警指标的权重、运用 Likert 五级量表法对预警指标进行赋值；最后根据多目标线性加权函数建立了农产品质量安全预警模型，并根据模型计算出的结果确定警级；最后武汉白马头生态农业股份有限公司农产品质量安全预警联动作为案例对模型进行了验证。

在农产品质量安全召回联动系统的研究中，首先界定了农产品召回概念，详细总结探究农产品召回相关概念及理论；然后从召回条件、召回方式、召回过程三个方面建立召回了联动系统流程；最后根据流程图建立总框架结构，通过具体实施层和管理信息层两个方面完善具体的框架结构内容，并在实施层和信息层之间建立召回联动系统。

在农产品农产品质量安全跨组织应急处置联动系统的研究中，分成跨组织应急处置联动和跨域应急联动两部分展开研究。在跨组织应急处置联动的研究中，首先对应急业务流程和应急联动主体进行分析，并运用 UML 的建模方法建立农产品质量安全事件跨组织应急联动系统时序图模型；然后结合 Petri 网的数学方法，将时序图模型转换为 Petri 网模型，构造可达树对模型进行定性分析，验证模型的可达性、有界性、安全性和活性，从而间接证明时序图模型的正确性，并构造马尔可夫链定量分析模型的库所繁忙和空闲率、变迁利用率和各小组的平均执行时间；最后通过"瘦肉精"事件进行实例验证分析。在对农产品质量安全应急处置跨域联动系统的研究中，以超网络理论作为理论基础，运用资源调配和物流路径优化等理论，考虑到路径应急流量、路径脆弱性、路径关联性和信息失真程度等变量因素，以跨域应急联动的总时间和总成本最小为目标构建跨域应急联动超网络优化模型，并运用变分不等式对模型进行求解，最后以非洲猪瘟事件对模型和算法的有效性及可行性进行了验证。

在农产品预防预警阶段的预警联动系统、管控阶段的召回联动系统以及应急处置联动系统的理论研究的基础上，本书最后从加强预警联动系统建设，建立完善的农产品召回联动系统，以及加强应急处置联动系统建设三个方面提出了完善农产品质量安全应急联动的对策建议。其中，加强预警联动系统建设的对策和建议从完善农产品质量安全预警法律体系、加大对农产品质量安全的监管力度以及加强农产品质量安全信息共享机制，提高预警联动能力三个方面展开；建立完善的农产品召回联动系统的对策和建议包括建立农产品召回补偿机制、完善农产品召回联动信息系统建设以及强化政府部门召回监管力度；加强应急处置联动系统建设的对策和建议包括强化应急组织间的合作联动，搭建高效的应急处置联动系统，强化应急区域间的合作联动以及构建科学的应急处置机制。

本书在总结和提炼现有研究基础上，对我国农产品质量安全应急三阶段的联动系统进行理论分析与应用对策研究。本书的创新主要体现在以下三点。

1. 选题的创新

通过文献收集与整理，发现已有文献大多是宏观层面的分析，从对策建议和框架构建的角度上来讨论如何提升农产品质量安全水平，定量的研究较少；关于应急联动系统的研究大都集中于突发公共事件应急联动系统和城市应急联动系统等方面，以"农产品质量安全应急联动系统"作为研究对象的专门研究较少，对农产品质量安全应急联动系统的整体性和关联性考虑不足。本书以农产品质量安全应急联动系统作为选题，系统全面地分析应急联动系统，在选题上具有创新性。

2. 研究内容的创新

现有文献对应急联动系统的研究基本局限于应急处置联动系统，对于预防阶段的预警联动系统及管控阶段的召回联动系统研究不足。本书系统全面地研究了农产品质量安全系统，不仅研究了应急处置阶段的应急处置联动系统，而且研究了预防预警阶段的预警联动系统以及管控阶段的召回联动系统。在构建农产品质量安全预警联动指标体系时，加入了工商部门执法力度、农业主管部门抽检频率、非法添加行为发生率等政府监管指标，更能体现农产品质量安全预警的跨组织联动，在研究农产品跨域应急处置时，引入城市圈概念，根据城市圈的类别将跨域农产品质量安全事件分为两类，并建立了两类跨域农产品质量安全事件的跨域应急联动的超网络系统结构。

3. 研究方法的创新

在农产品召回联动系统的研究中，根据系统分析法和系统设计法设计了农产品召回联动系统；在农产品质量安全应急处置跨组织应急联动系统的研究中，将应急联动处置中涉及的应急组织作为独立对象，将统一建模语言（UML）和 Petri 网的建模方法相结合研究，既可以全面直观展示各组织应急处置的执行时间，又可以确定信息传递的时间顺序；在农产品质量安全应急处置跨域应急联动系统的研究中，考虑到信息失真程度对跨域应急联动存在显著影响，因此加入信息失真程度这一变量对既有模型进行改进，构建了包含路径资源流量、路径脆弱性、路径关联性和信息失真程度的跨域应急联动超网络模型。

9.2　研究不足与展望

本书在研究的深入性以及建模方法上仍存在局限，还需要从以下几个方面进一步探索。

1. 农产品质量安全应急联动的理论研究有待深入

本书先后研究了农产品质量安全应急预防预警阶段、管控阶段及应急处置三个阶段的联动系统，但三个阶段的联动系统如何做到无缝对接以提升应急全过程的效率，还有待进一步研究；在研究应急处置应急联动系统时将其分为跨组织应急处置联动和跨域应急联动，但在实际应急中，跨域联动同时也是跨组织的，因此关于跨域跨组织的应急联动系统有待进一步研究。

2. 农产品召回联动系统的研究有待深入

本书从召回条件、召回方式、召回过程三个方面来建立召回联动系统流程；最后根据流程信息图建立总框架结构，通过具体实施层和管理信息层两个方面完善具体的框架结构内容，并在实施层和信息层之间建立召回联动系统。但没有对召回联动系统进一步量化及优化，也没有通过对有代表性的农业生产基地及农产品供应链上各主体进行调研，获取具体数据进行实证研究。因此，后续研究将侧重对召回联动系统的量化及实证研究，验证本书设计的农产品召回联动系统的科学性与实践的合理性。

3. 对策建议方面有待继续研究

本书从加强预警联动系统建设，建立完善的农产品召回联动系统，以及加强应急处置联动体系建设等方面提出了完善农产品质量安全应急联动系统的对策建议，有助于促进我国农产品质量安全应急理论的完善与实践操作性。但这些策略如何配合以提升整体效果，还有待深入研究。

农产品质量安全应急联动在我国是一个新兴研究方向，其重要性不言而喻。由于现有文献的研究基础不足与本书的研究不够深入，我国农产品质量安全应急联动的研究还有很多方面需要加强，在以后的研究中要把握理论与实践相结合，并将理论应用于实践中，进一步体现出理论研究的实践价值。

参 考 文 献

[1]安建增，何晔．非政府组织在应对公共危机时作用的探析[J]．西安电子科技大学学报(社会科学版)，2004(4)：58-62．

[2]白玲．信息技术在农产品产地质量安全监管工作中的作用及对策探讨[J]．农产品质量与安全，2013(6)：60-61．

[3]鲍韵，吴昌南．我国大豆产业安全预警系统构建[J]．江西社会科学，2013(4)：48-54．

[4]边吉荣，宋丽亚．基于 RFID 与二维码技术的农产品可追溯系统设计[J]．网络安全技术与应用，2010(10)：39-41．

[5]曾庆田，鲁法明，刘聪，孟德存．基于 Petri 网的跨组织应急联动处置系统建模与分析[J]．计算机学报，2013，36(11)：2290-2302．

[6]曾庆田，周长红，鲁法明，段华．面向多视图的跨部门应急处置流程相似度计算方法[J]．计算机集成制造系统，2015，21(2)：368-380．

[7]陈慧．跨域灾害应急联动机制：现状、问题与思路[J]．行政管理改革，2014(8)：63-66．

[8]陈娟，季建华，李美燕．基于应急运作管理的产品召回管理研究[J]．武汉理工大学学报(信息与管理工程版)，2010(1)：156-159．

[9]陈鹏，黄展邦，疏学明等．城市突发事件多部门应急联动响应规律研究[J]．应急救援，2013，3(32)：46-49．

[10]陈晓华．"十三五"期间我国农产品质量安全监管工作目标任务[J]．农产品质量与安全，2016(1)：3-7．

[11]陈原．构建食品安全供应链协调管理系统研究．中国安全科学学报，2010，20(8)：148-153．

[12]陈云飞．石河子市农产品质量安全管理问题研究[D]．石河子：石河子大学，2011．

[13]程久军．基于 UML 的系统建模应用研究[D]．青岛：山东科技大学，2003．

[14] 程涛等. 农产品质量安全追溯智能终端系统的构建与实现[J]. 江苏农业科学, 2013(6): 273-275.

[15] 邓蕊. 中国食品召回制度若干法律问题探析[J]. 行政与法, 2017(2): 7053-59.

[16] 董玉德, 丁保勇, 张国伟. 基于农产品供应链的质量安全可追溯系统[J]. 农业工程学报, 2016, 32(1): 280-285.

[17] 窦桂琴. 基于着色 Petri 网的应急联动系统流程建模与分析研究[D]. 武汉: 华中师范大学, 2008.

[18] 范海芹. 农产品供应链及其管理信息系统关键技术研究[D]. 武汉: 武汉理工大学, 2008.

[19] 方芳. 跨域水污染治理中的地方政府协作研究[D]. 南京: 南京农业大学, 2014.

[20] 房宁. 农产品质量安全突发事件中媒体沟通管理研究[J]. 研究与探讨, 2012(2): 62-64.

[21] 冯身洪, 刘瑞同. 重大科技计划组织管理模式分析及对我国国家科技重大专项的启示[J]. 中国软科学, 2011(11): 82-91.

[22] 葛黎晖. 公安局指挥中心接处警坐席系统的设计与实现[D]. 上海: 上海交通大学, 2011.

[23] 郭景涛, 佘廉. 城市群重大公共安全事件应急指挥协同关系研究[J]. 内蒙古社会科学(汉文版), 2016, 37(2): 16-21.

[24] 郭景涛. 城市群重大公共安全事件应急指挥协同研究[D]. 武汉: 华中科技大学博士论文, 2016.

[25] 郭美, 肖敏. 基于粗糙集和 GIS 的城市应急联动系统研究[J]. 数据库技术, 2014(19): 208-211.

[26] 郭雪松, 朱正威. 跨域危机整体性治理中的组织协调问题研究——基于组织间网络视角[J]. 公共管理学报, 2011, 8(4): 50-60+124-125.

[27] 海力帕木·吾麦尔. 农产品质量安全突发事件应急监测[J]. 时代农机, 2015, 42(3): 103-127.

[28] 韩天峰. 大数据时代的农产品监测预警系统设计及应用[J]; 新农业, 2019(18): 54-55.

[29] 郝建强. 从标准层面正确理解"三品"概念[J]. 农产品质量与安全, 2006(6): 38-42.

[30] 何况, 蒙伟麒, 梁咏. 市县联动政府应急指挥系统解决方案[J]. 有限电

视技术，2017，331（7）：87-88.

[31]何龙，曾胜威．基于网络舆情的农产品质量安全事件应急管理[J]．江西农业，2018，135（10）：76-82.

[32]胡涤非．非营利组织与政府在应急救灾中的合作机制研究[J]．中国应急管理，2011（2）：21-27.

[33]胡贵仁．区域协调发展视角下的跨域治理——理论架构、现实困境与经验性分析[J]．安徽行政学院学报，2018（3）：81-87.

[34]黄坚毅．农产品质量管理信息系统研究[D]．泰安：山东农业大学，2008.

[35]黄晓娟，刘北林．食品安全风险预警指标体系设计研究[J]．哈尔滨商业大学学报（自然科学版），2008，24（5）：621-623，629.

[36]霍有光，于慧丽．食品召回制度体系构建探析——兼评《食品召回管理规定（征求意见稿）》[J]．广西社会科学，2013（12）：153-157.

[37]贾丰涛，汪玉涛．区块链技术在农产品物流体系应用研究[J]．合作经济与科技，2020（2）：90-92.

[38]蒋海斌．突发公共事件应急联动体系建设问题研究[D]．宁波大学，2015.

[39]靳智，李雪红，冉文生．新疆农产品安全监测预警体系建立的探讨[J]．新疆畜牧业，2010（6）：25-27.

[40]句荣辉，罗红霞．农产品中农药残留预警系统的构建[J]．食品工业科技，2009，8：294-295.

[41]柯细喜，吴棠东，樊锏．农产品质量安全监管存在的问题与对策[J]．现代食品，2016（6）：1-3.

[42]孔繁涛．畜产品质量安全预警研究[D]．北京：中国农业科学院，2008.

[43]孔令举，毛鹏军．基于 HACCP 的农产品质量安全监控预警决策的研究[J]．农机化研究，2011，5：84-87.

[44]雷勋平，Robin Qiu，吴杨．基于供应链和可拓决策的食品安全预警模型及其应用[J]．中国安全科学学报，2011，21（11）：136-143.

[45]雷勋平，陈兆荣，王亮．供应链视角下我国食品安全监管对策研究[J]．资源开发与市场，2014（7）：852-856.

[46]李朝霞．高速公路隧道监控系统火灾应急联动方案设计[J]．山西建筑，2017，33（42）：179-179.

[47]李春好，代磊．基于敏捷制造理论缺陷产品召回管理信息系统构建[J]．

情报理论与实践，2013（8）：95-98.

[48]李东山．如何进行食品安全事故应急响应和产品召回[J]．质量技术监督研究，2014（1）：28-31.

[49]李敏．协同治理：城市跨域危机治理的新模式——以长三角为例[J]．当代世界与社会主义，2014（4）：117-124.

[50]李明云．食品安全事件的印记管理机制研究[D]．南京：南京航空航天大学，2014.

[51]李倩．陕西"金农"农产品监测预警系统年内完成[N]．陕西科技报，2011-12-6.002版.

[52]李湘丽．无公害农产品质量安全及风险预警体系的研究[D]．广州：仲恺农业工程大学，2016.

[53]李祥洲，廉亚丽，戚亚梅，等．农产品质量安全网络舆情预警机制探讨[J]．中国食物与营养，2013（10）：5-8.

[54]李晓翔，刘春林，自然灾难管理中的跨组织合作-基于社会弱点的视角[J]．公共管理学报，2010，7（1）：73-84.

[55]李兴江．我国"三品一标"认证存在的问题与改革对策[J]．食品安全导刊，2019（27）：59.

[56]林伟君等．基于GIS的大宗农产品数据信息可视化管理研究[J]．广东农业科学，2012，16：185-188.

[57]蔺彩霞．农产品监测预警系统的设计与实现[J]．农业网络信息，2013，5：40-42.

[58]刘波，郭平，丁德红，等．农业物联网产品质量安全实时监测电子秤设计[J]．物联网技术，2013，7：31-34.

[59]刘冬梅．农产品质量安全管理对策研究[D]．咸阳：西北农林科技大学，2004.

[60]刘丽．四川省农产品质量安全网络舆情监测在质量安全应急管理中的应用[J]．牧业论坛，2017，327（11）：12-13.

[61]刘欣，韩豪．中国食品追溯体系现状及发展趋势[J]．食品安全导刊，2016（11）：74-75.

[62]刘雅静．跨区域应急协调联动机制构建研究[J]．厦门特区党校学报，2010，114（4）：56-59.

[63]刘洋等．完善我国农产品质量安全风险防范预警系统的思考和建议[J]．农产品质量与安全，2012（6）：48-51.

[64] 刘战豫. 产品质量安全风险预警与应急处置研究[D]. 徐州: 中国矿业大学, 2011.

[65] 陆欣, 沈艳霞, 张君继. 基于人工蜂群算法的食品供应链召回优化[J]. 江南大学学报(自然科学版), 2015(2): 166-171.

[66] 罗艳等. 基于GIS的农产品产地安全数字化预警系统设计与实现[J]. 农业网络信息, 2011(8): 22-26.

[67] 骆浩文, 卢和源, 郑业鲁, 等. 农业标准化与农产品质量安全问题探析[J]. 广东农业科学, 2004(5): 1-4.

[68] 吕俊强. 宁夏地震应急救援信息指挥系统的研究[D]. 呼和浩特: 内蒙古大学, 2016.

[69] 吕新业, 王济民, 吕向东. 我国食物安全的短期预测与预警研究[J]. 农业经济问题, 2006(5): 49-55.

[70] 吕志奎, 朱正威. 美国州际区域应急管理协作: 经验及其借鉴[J]. 中国行政管理, 2010(11): 103-109.

[71] 马奔. 汶川大地震启示: 亟待加强灾后重建应急预案的研究[J]. 中国浦东干部学院学报, 2008(4): 58-61.

[72] 马士华, 申文. 供应链物流运作能力计划模型与分析[J]. 中国管理科学, 2007(4): 83-88.

[73] 聂晶晶. 基于Petri网的某冷链物流企业配送流程油画研究[D]. 西安: 西安建筑科技大学, 2014.

[74] 潘文军, 食品安全召回体系研究[D]. 福州大学博士论文, 2017.

[75] 潘文军, 刘进. 基于闭环供应链的食品安全召回管理研究[J]. 食品工业科技, 2013, 34(9): 269-272.

[76] 潘文军, 王健. 食品安全问题研究: 基于供应链网络视角[J]. 中国科技论坛, 2014, (9): 155-160.

[77] 钱光月. 农产品质量安全执法问题及其对策研究[D]. 合肥: 安徽大学, 2019.

[78] 钱建平, 吴晓明, 杨信廷等. 基于粗糙集和WebGIS的农产品质量安全应急管理系统[J]. 农业机械学报, 2012, 43(12): 123-129.

[79] 钱玉红, 李栋, 朱群, 等. 奉贤区蔬菜产地土壤安全状况普查分析[J]. 上海农业科技, 2011, 6: 17-18.

[80] 任国友. 京津冀区域一体化应急协同主体脆弱性分析[J]. 电子科技大学学报(社科版), 2015, 17(6): 32-36.

[81]任运河.山东省绿色农业评价预警体系研究[D].山东农业大学，2006.

[82]尚清，关嘉义.食品召回法律制度的中外比较及启示[J].食品与机械，2018(10)：63-66.

[83]佘廉，曹兴信.我国灾害应急能力建设的基本思考[J].管理世界，2012(7)：176-177.

[84]佘廉，蒋珩.区域突发公共事件应急联动体系亟待建设[J].武汉理工大学学报(社会科学版)，2007，(2)：162-164+170.

[85]史俊华.农产品质量安全处置存在的问题及对策[J].河南农业，2015，9：26-27.

[86]宋瑜辉.基于 UML 和 Petri 网建模的研究与应用[D].西安：西安建筑科技大学，2009.

[87]隋洪明.风险社会背景下食品安全综合规制法律制度研究[D].重庆：西南政法大学经济法学院，2014.

[88]孙旭，杨印生，郭鸿鹏.近场通信物联网技术在农产品供应链信息系统中应用[J].农业工程学报，2014，30(19)：325-331.

[89]孙志新.寿光农产品质量安全控制与信息管理系统的设计与实现[D].中国海洋大学硕士学位论文，2012.

[90]谭小群，陈国华.跨区域突发事件应急协调机制实现途径探究[J].防灾科技学院学报，2009，11(4)：76-79+95.

[91]唐苏南，张玮.跨区域突发事件应急处置习题研究[J].三峡大学学报，2008(30)：27-30.

[92]唐伟勤.大规模突发事件应急物资调度基本模型研究[D].武汉：华中科技大学，2009.

[93]唐晓纯.多视角下的食品安全预警体系[J].中国软科学，2008(6)：150-160.

[94]陶鹏，薛澜.论我国政府与社会组织应急管理合作伙伴关系的建构国家行政学院学报[J].长白学刊，2015(1)：72-77.

[95]田佳，张成江，孟静静，陈敬怡."大数据"背景下内蒙古农畜产品质量安全监管研究[J].电子商务，2019(12)：12-13.

[96]滕五晓，王清，夏剑霯.危机应对的区域应急联动模式研究[J].社会科学，2010，(7)：63-68+189.

[97]汪春香，徐立青.影响食品安全网络舆情网民行为的主要因素识别研究——基于模糊集理论 DEMATEL 方法［J].情报杂志，2014（3）：

138-143.

[98]汪伟全．突发事件区域应急联动机制研究[J]．实事观察，2012，3：47-49.

[99]王春玲．基于超网络的成品油供应中断跨区域应急调度研究[D]．北京：中国矿业大学，2017.

[100]王春娅，余伟萍．食品企业社会责任救赎丑闻品牌的作用边界——感知质量与丑闻范围的调节作用[J]．财经论丛，2018(8)：85-96.

[101]王道平，张大川，杨岑．基于加权网络的敏捷供应链知识服务网络演化[J]．系统管理学报，2017(1)：172-177.

[102]王枞，张慧媛，钱永忠．我国农产品质量安全应急管理的对策研究[J]．农产品质量与安全，2014(3)：51-54.

[103]王海萍．论食品供应链召回制度的体系框架[J]．社会科学家，2011(8)：122-124.

[104]王宏伟．构建京津冀跨域突发事件应急联动的有效机制[J]．中国应急救援，2017(05)：18-23.

[105]王建忠．国内农产品质量安全事故应急处理存在的问题及对策[J]．安徽农业科学，2013，41(6)：2680-2682.

[106]王起全，吴嘉鑫．基于STAMP模型的地铁拥挤踩踏应急联动系统设计[J]．中国安全科学学报，2016，26(12)：158-162.

[107]王薇．跨域突发事件府际合作应急联动机制研究[J]．中国行政管理，2016，12(378)：113-117.

[108]王岩．突发公共事件中政府与非营利组织的互动机制研究[D]．南宁：广西民族大学，2009.

[109]王艳．基于UML的有色Petri网建模及其在CTCS-3中的应用[D]．北京：北京交通大学，2009.

[110]王志平，王众托．超网络理论及其应用[M]．北京：科学出版社，2008.

[111]王左华．浅议临夏州水旱灾害区域应急联动机制建设[J]．公共管理，2017，2(511)：22-23.

[112]魏益民，刘为军．澳大利亚、新西兰食品召回体系及其借鉴[J]．中国食物与营养，2005，(4)：7-9.

[113]文洪星，韩青．食品安全规制能提高生产者福利吗？——基于不同规制强度的检验[J]．经济与管理研究，2018(37)：80-91.

[114]吴凤娇．基于农产品加工业复杂数据处理分析的预警系统的设计与实

现[D]. 北京：北京邮电大学，2011.

[115]吴国斌，谷欣，李海燕. 组织间比较特征对跨组织应急合作关系影响机制的研究框架分析[J]. 扬州大学学报（人文社会科学版），2014，18（3）：65-72.

[116]吴海霞，陈利斯. 食品安全信息披露影响因素分析[J]. 西北农林科技大学学报（社会科学版），2018（4）：152-160.

[117]吴晓明. 基于 WebGIS 的农产品质量信息管理系统设计与实现[D]. 西安：西安科技大学，2010.

[118]吴烨. 食品安全博弈行为与监管优化策略[J]. 统计与决策，2019（8）：52-55.

[119]向良云，刘承良. 危机管理中的政府组织结构创新[J]. 理论与改革，2004（2）：100-102.

[120]向良云. 我国区域应急联动体系的组织框架与现实构建[J]. 长白学刊，2015（1）：72-77.

[121]肖静. 基于供应链的食品安全保障研究[D]. 长春：吉林大学，2009.

[122]谢炜聪. 汶川地震中非政府组织作用探析[J]. 湖南行政学院学报，2009，57（3）：79-80.

[123]熊伟. 城市应急联动系统的 UML 模型[J]. 学术探讨，2013，24（8）：52-61.

[124]徐娟，李学婷，涂涛涛，等. 生鲜农产品突发事件中农户风险的应急组织模式研究[J]. 华中农业大学学报，2013，105（3）：64-70.

[125]徐维. 物联网视角下农产品质量安全管理研究——以河南省为例[J]. 经济师，2017（7）：11-13.

[126]玄冠华，屈雪丽，林洪，王静雪. 中国食品质量安全风险预警预报技术研究进展[J]. 中国渔业质量与标准，2016，6（3）：1-5.

[127]薛澜，张强，钟开斌. 危机管理：转型期中国面临的挑战[J]. 中国软科学，2003（4）：6-12.

[128]晏绍庆，康俊生，秦玉青. 国内外食品安全信息预报预警系统的建设现状[J]. 现代食品科技，2007，23（12）：63-66.

[129]杨超，凌学武. 协调联动机制建设研究——基于公共危机管理的角度分析[J]. 武汉理工大学学报（社会科学版），2007（4）：21-24.

[130]杨国强. 城市应急联动系统中信息建模与显示技术研究与实现[D]. 天津：天津大学，2007.

[131]杨慧，李卫成．社会责任角度下的食品安全管理浅谈——基于博弈论[J]．食品工业，2019(4)：220-224.

[132]杨喜刚．基于 UML 和 Petri 网的生产线实时控制系统建模与分析[D]．苏州：苏州大学，2009.

[133]杨艳涛．加工农产品质量安全预警与实证研究[D]．北京：中国农业科学院，2009.

[134]余芳．基于网络舆情的农产品质量安全事件应急管理分析研究[D]．长沙：湖南农业大学，2015.

[135]余茜．农村跨域水污染合作治理机制研究[D]．武汉：华中师范大学，2019.

[136]袁雪，孙春伟．论我国食品安全责任保险制度的构建[J]．南昌大学学报（人文社会科学版），2016(1)：72-78.

[137]张蓓．美国食品召回的现状、特征与机制：以 1995—2014 年 1217 例肉类和家禽产品召回事件为例[J]．中国农村经济，2015(11)：85-96.

[138]张成福，李昊城，李丹婷．政府横向协调机制的国际经验与优化策略[J]．中国机构改革与管理，2012(5)：11-14.

[139]张东玲，高齐圣，杨泽慧．农产品质量安全风险评估与预警模型：以山东省蔬菜出口示范基地为例[J]．系统工程理论与实践，2010(6)：1125-1131.

[140]张东玲等．农产品供应链的质量系统集成与风险评估[J]．华南农业大学学报（社会科学版），2013(1)：24-34.

[141]张锋．信息不对称视角下我国食品安全规制的机制创新[J]．兰州学刊，2018(9)：160-168.

[142]张盼．政府奖惩下闭环供应链中需求预测信息分享研究[J]．中国管理科学，2019(2)：107-118.

[143]张树秋，赵善仓，李增梅等．农产品质量安全突发事件成因及应急处置对策研究——以山东省为例[J]．农产品质量与安全，2013(5)：16-19.

[144]张水华，余以刚．食品标准与法规[M]．北京：中国轻工业出版社，2010.

[145]张星联，钱永忠．我国农产品质量安全预警体系建设现状及对策研究[J]．农产品质量与安全，2014(2)：23-26.

[146]张星联，唐晓纯，赵柳，张冰妍，李笑曼．我国农产品质量安全风险预警的探索与实践[J]．农产品质量与安全，2014(4)：7-12.

[147] 张星联，张慧媛，唐晓纯．国内外农产品质量安全预警系统现状研究[J]．农产品质量与安全，2012(3)：19-21．

[148] 张星联等．食用农产品质量安全综合预警指标体系研究[J]．安徽农业科学，2013(22)：9414-9417．

[149] 张薇．基于免疫理论的农产品物流外包风险预警模型研究[D]．南昌：江西财经大学，2019．

[150] 张吟，瞿晗屹，彭亚拉．沙门氏菌污染食品召回案例看美国食品召回体系[J]．中国食品工业，2011(12)：42-47．

[151] 张永领．应急资源的区域联动研究[J]．经济与管理，2011，25(06)：91-95．

[152] 张悦．论我国环境立法对农产品质量安全的保护[D]．长春：吉林大学，2017．

[153] 张昭理．基于 Petri 网的 UML 模型映射与验证方法的研究[D]．武汉：华中师范大学，2004．

[154] 章德宾，徐家鹏，许建军，等．基于监测数据和 BP 神经网络的食品安全预警模型[J]．农业工程学报，2010，26(1)：221-226．

[155] 赵新峰，王小超，袁宗威．京津冀区域重污染天气应急管理问题研究——基于"一案三制"的视角[J]．贵州省党校学报，2016(5)：105-110．

[156] 赵震，张龙昌，韩汝军．基于物联网的食品安全追溯研究[J]．计算机技术与发展，2015(12)：152-155．

[157] 中华人民共和国农产品质量安全法释义[M]．中国法制出版社，2006．

[158] 周长红．UML 图的 Petri 网建模[D]．青岛：山东科技大学，2004．

[159] 朱莉，陆倩倩等．区域应急联动的超网络分析——以太湖蓝藻事件为例[J]．软科学，2015，12(29)：72-76．

[160] 邹俊．食品安全供应链的透明度和诚信风险评价体系构建[J]．商业经济研究，2018(4)：28-30．

[161] 邹牧骏．湖南省农产品质量安全问题研究[D]．长沙：中南林业科技大学，2015．

[162] 邹小南，鲍宇峰，王高峰．农产品产地安全预警方法研究[J]．安徽农业科学，2012(23)：11904-11907．

[163] 邹小南，刘青龙，徐孝明．农产品产地安全预警研究[J]．科技信息，2010(34)：394-394．

[164]邹逸江. 城市应急联动系统的研究[J]. 灾害学, 2007(4)：128-133.

[165]王成韦. 基于超网络的城市化发展研究[D]. 济南：山东大学, 2019.

[166]王志平, 王众托. 超网络理论及其应用[M]. 北京：科学出版社, 2008.

[167]朱莉, 曹杰. 超网络视角下灾害应急资源调配研究[J]. 软科学, 2012 (11)：42-46.

[168]李玉洁. 不确定环境下造船供应链超网络研究[D]. 大连：大连海事大 学, 2013.

[169]Alam,Feroz, Rahman, and KK Noor. Microbiological Contamination Sources of Freshly Cultivated Vegetables [J]. NUTRITION & FOOD SCIENCE, 2015, 45(4)：646.

[170]Al-Busaidi, Jukes, Bose. Seafood Safety and Quality：An Analysis of the Supply Chain in the Sultanate of Oman [J]. Food Control, 2016, 59 (January)：651-662.

[171]Arora, Nina, Raghu, Vinze and Ajay. Resource Allocation for Demand Surge Mitigation During Disaster Response[J]. DECISION SUPPORT SYSTEMS, 2010, 50(1)：304-315.

[172]Barry Berman. The Planning for a Product Recall[J]. Business Horizons, 2001, 12(2)：69-78.

[173]Behrooz, Nasim, Hossein, Mitra and Shahin. A Review of Aluminium Phosphide Poisoning and a Flowchart to Treat It[J]. Archives of Industrial Hygiene and Toxicology, 2016, 10(1515)：183-193.

[174]Boin. The New World of Crisis and Crisis Management：Implications for Policymaking and Research[J]. Review of Policy Research, 2009, 26(4)：195-198.

[175]Brooks, Pinto, Gill and Hills. Incident Management Systems and Building Emergency Management Capacity during the 2014-2016 Ebola Epidemic-Liberia, Sierra Leone, and Guinea [J]. MMWR-MORBIDITY AND MORTALITY WEEKLY REPORT, 2016, 65(3)：28-34.

[176]Calixto, Eduado, Larouvere and Emilio Lebre. The Regional Emergency Plan Requirement：Application of the Best Practices to the Brazilian Case[J]. SAFETY SCIENCE, 2010, 48(8)：991-999.

[177]Chen YH, Fu SC, Huang JK, Cheng HF and Kang, JJ. A review on the Response and Management of the Plasticizer-tainted Food Incident in

Taiwan[J]. JOURNAL OF FOOD AND DRUG ANALYSIS, 2013, 21(3): 242-246.

[178] David A, McEntire. Coordinating Multi-organizational Responses to Disaster: Lessons from the March 28, 2000, Fort Worth tornado, Disaster Prevention and Management, 2002, 11(5): 369-379.

[179] Diallo Henry. Eeffective Use of Food Traceability in the Products Recalls Advances in Food Traceability[J]. Techniques, 2016, 231(3): 263-273.

[180] El Sayed Mazen, Chami Ali F and Hitti Eveline. Developing a Hospital Disaster Preparedness Plan for Mass Casualty Incidents: Lessons Learned from the Downtown Beirut Bombing [J]. Disaster medicine and public health preparedness, 2017, 10(17): 1-7.

[181] FarahaniR. Z. , Rezapour S. and Drezner T. . Competitive Supply Chain Network Design: An Overview of Classifications, Models, Solution Techniques and Applications[J]. Omega, 2014, 45(2): 92-118.

[182] Georg Steinberger, et al. Mobile Farm Equipment as a Data Source in an Agricultural Service Architecture [J]. Comput-ers and Electronics in Agriculture, 2009: 238-246.

[183] Govindan K. Sustainable Consumption and Production in the Food Supply Chain: A Conceptual Framework [J]. International Journal of Production Economics, 2017(195).

[184] Groothedde B, Ruijgrok C and Tavasszy L. Towards Collaborative, Intermodal Hub Networks-A Case Study in the Fast Moving Consumer Goods Market[J]. TRANSPORTATION RESEARCH PART E-LOGISTICS AND TRANSPOR TATION REVIEW , 2005, 41(6): 567-583.

[185] Guy Michael Corriveau. A Cross-jurisdictional and Multi-agency Information Model for Emergency Management [D]. Manitoba: University of Manitoba, 2000.

[186] He G, Zhu YN, Zhang GS, Qiao GT. Research on Coupling Coordination Degree of Security Emergency Management in Coal Mine [J]. Internation Jourual of Security and its Applications, 2016, 10(12): 207-217.

[187] Hennessy, Selah. Global Effort Needed to Solve World Food Supply Crisis[J]. Voice of America News / FIND, 2011.

[188] Houhton J. Quality of Food Risk Management in Europe: Perspective and

Priorities[J]. Food Policy, 2008, 33(9): 13-26.

[189]Jeet Vishv, Kutanoglu Erhan and Partani Amit. Logistics Network Design with Inventory Stocking for Low-demand Parts: Modeling and Optimization[J]. IIE TRANSACTIONS, 2009, 41(5): 389-407.

[190] Ji Kwang. How to Improve the Governments Websites on Product Recall Information[J]. Food Policy, 2013, 44(2): 97-123.

[191] John M. O'Sullivan, Rita O'Sullivan, . Collaborative Evaluation and Market Research Converge: An Innovative Model Agricultural Development Program Evaluation in Southern Sudan[J]. Evaluation and Program Planning, 2012, 10(1016): 547-551.

[192] Kafel, P, Nowicki, P, Sikora, T. PLANNING IN INTEGRATION OF MANAGEMENT SYSTEMS IN FOOD SECTOR ENTERPRISES[J]. ZYW NOSC-NAUKA TECHNOLOGIA JAKOSC, 2013, 20(2): 173-184.

[193] Kerdiles H, Rembold F, Meroni M, et al. ASAP-Anomaly Hot Spots of Agricultural Production, A New Global Early Warning System for Food Insecure Countries[C]. International Conference on Agro-Geoinformatics. IEEE, 2017: 1-5.

[194] Kuan Siew , Zulkifli Mohamed. An reverse logistics in Malaysia: The Contingent Role of Institutional Pressure International[J]. Journal of Product Economics, 2016, 74(6): 96-108.

[195]Lee, KO, Bae, Y, Nakaji, K, Construction and Managentment Status of Agri-Food Satefy Infornation System of Korea [J]. JOURNAL OF THE FACULTY OF THE FACULTY OF AGRICULTURE KYUSHU UNIVERSITY, 2010, 55(2): 341-348.

[196]Li Y, Kramer M R, Beulens A J M, et al. A Framework for Early Warning and Proactive Control Systems in Food Supply Chain Networks[J]. Computers in Industry, 2010, 61(9): 852-862.

[197] Lin Qi, et al. C2SLDS: A WSN-based Perishable Food Shelf-life Prediction and LSFO Strategy Decision Support System in Cold Chain Logistics[J]. Food Control, 2014: 19-29.

[198] Manpreet Hora, Hari Bapuj, Aleda V. Safety Hazard and Time to Recall: The Role of Recall Strategy, Product Defect Type, and Supply Chain Players in the US Toy Industry[J]. Journal of Operations Management, 2011, 29

(11): 766-777.

[199] Mark Ryckman. Gearing up for FirstNet: A Nationwide Broadband Netword to Ensure Public Safety[J]. Public Management, 2015(3): 24.

[200] Matison, Valery Arvidovich, Tasinov, Oleg Yurievich and Stefan Ignar. Food Safety, Education and Science[J]. Plishchevaya promyshlennost, 2017, 2: 27-30.

[201] McEvoy, John D. G. Emerging food safety issues: An EU Perspective[J]. DRUG TESTING AND ANALYSIS, 2016, 8(5-6): 511-520.

[202] Meng Decun, Zeng Qingtian, Lu Faming, et al. Crossing Organizational Task Coordination Patterns of Urban Emergency Response Systems[J]. Information Technology Journal, 2011, 10(2): 367-375.

[203] Nadi A, Edrisi A. Adaptive Multi-agent Relief Assessment and Emergency Response [J]. INTERNATIONAL JOURNAL OF DISASTER RISK REDUCTION, 2017, 10(24): 12-23.

[204] Nagurney A, Dong J and Zhang D. A Supply Chain Network Equilibrium Model[J]. Transportation Research Part E, 2002, 38(5): 281-303.

[205] Naoum K, Tsolakis, et al. Agrifood Supply Chain Manage-ment: A Comprehensive Hierarchical Decision-making Frame-work and a Critical Taxonomy[J]. Biosystems Engineering, 2014: 47-64.

[206] Neal Hoker. Crisis Management Effectiveness Indicators for US Meat and Poultry Recalls[J]. Food Policy, 2005, 25(3): 63-80.

[207] Norbert Niederhauser, et al, Information and Its Manage-ment for Differen-tiation of Agricultural Products: The Example of Specialty Coffee [J]. Computers and Electronics in Agriculture, 2008: 241-253.

[208] Oger R, Krafft A, Buffet D and Debord M. Geotraceability: An Innovative Concept to Enhance Conventional Traceability in the Agri-food Chain[J]. BIOTECHNOLOGIE AGRONOMIE SOCIETE ET ENVIRONNEMENT, 2010, 14(4): 633-642.

[209] P. Overbosch, J. Carter. Food Safety Assurance Systems: Recall Systems and Disposal of Food[M]. Amsterdam: Elsevier Inc.; 2014.

[210] Patterson Gilbert R, Mohr Alicia H, Snider Tim P, Lindsay Thomas A Davies, Peter R Goldsmith, Tim J and Sampedro Fernando. Prioritization of Managed Pork Supply Movements during a FMD Outbreak in the US[J].

Frontiers in Veterinary Science, 2016, 3: 97.

[211] Pavel P. Povinec, Fukushima. Accident [M]. Amsterdam: Elsevier, 2013, 10(1016): 55-102.

[212] Pilone E, Mussini P, Demichela M and Camuncoli G. Municipal Emergency Plans in Italy: Requirements and Drawbacks[J]. SAFETY SCIENCE, 2016, 10(85): 163-170.

[213] Quinn Emma, Johnstone Travers and Najjar Zeina. Lessons Learned From Implementing an Incident Command System During a Local Multiagency Response to a Legionnaires' Disease Cluster in Sydney, NSW[J]. Disaster Medicine and Public Health Preparedness, 2017, 10(17): 1-4.

[214] Reinhard, CT, Lalonde SV, Lyons, TW. Oxidative Sulfide Dissolution on the Early Earth[J]. CHEMICAL GEOLOGY, 2013, 10(362): 44-55.

[215] Rolando Saltini, Renzo Akkermman. Testing Improvements in Chocolate Traceability System: Impact on Product Recalls Efficiency[J]. Food Control, 2012, 24(1): 221-226.

[216] Rui Chen, Liang Fang. Research on Application of Intelligence Schedule of City Pubic Traffic Vehicles Based on Genetic Algorithm [J]. Advanced Materials Research, 2013, 10(28): 1902-1906.

[217] Sameer Kumar. Reverse Logistic Process Control Measures for the Pharmaceutical Industry Supply Chain[J]. International Journal of Productivity and Performance Management, 2012, 48(2): 188-204.

[218] Sameer Kumar. The Knowledge Based Reliability Engineering Approach to Manage Product Safety and Recalls[J]. Expert Systems with Applications, 2014, 121(9): 5323-5339.

[219] Scott E. Robinson, Warren S. Eller. Participation in Policy Streams: Testing the Separation of Problems and Solutions in Subnational Policy Systems[J]. Policy Studies Journal, 2010, 10(11): 199-216.

[220] Selwyn Piramuthu. RFID Generated Traceability for Contaminated Product Recall in the Perishable Networks[J]. Operation Research, 2013, 252(2): 253-262.

[221] Sevim C, Oztekin A, Bali O, et al. Developing an Early Warning System to Predict Currency Crises [J]. European Journal of Operational Research, 2014, 237(3): 1095-1004.

[222]Shahadat Uddin, Liaquat Hossain. Disaster Coordination Preparedness of Soft-target Organisations[J]. Article First Published Online. 2011(1).

[223] Sheffiy. Urban Transportation Networks: Equi-librium Analysis with Mathe-matical Programming Methods[M]. N J: Printice-Hall, 1985(3).

[224] Shuai Liu, et al. Analysis on RFID Operation Strategies of Organic Food Retailer[J]. Food Control, 2013: 461-266.

[225] Simon Lehuger, Benoit Gabrielle and Nathalie Gagnaire. Envi-ronmental Impact of the Substitution of Imported Soybean Mealwith Locally-produced Rapeseed Meal in Dairy Cow Feed[J]. Journal of Cleaner Production, 2009: 616-624.

[226]Steinberger G, Rothmund M and Auernhammer H. Mobile Farm Equipment as a Data Source in an Agricultural Service Architecture [J]. Computers & Electronics in Agriculture, 2009, 65(2): 238-246.

[227]Tagliabue, Giovanni. Product, Not Process! Explaining a Basic Concept in Agricultural Biotechnologies and Food Safety [J]. LIFE SCIENCES, SOCIETY AND POLICY, 2017, 13(1): 3.

[228] Taylor A, Coveney. Australian Foods and the Trust Survey: Demographic Indicators Associate with the food Safety and the Quality Concerns[J]. Food Controll, 2012, 241(5): 476-483.

[229] Techane Bosona, Girma Gebresenbet. Food Traceability as Integral Part of Logistics Management in Food and a Agricultural Supply Chain [J]. Food Control, 2013, 33(9): 32-48.

[230]Van Asselt ED, Van der Fels-Klerx, HJ Breuer and O Helsloot I. Food Safety Crisis Management A Comparison between Germany and the Netherlands[J]. JOURNAL OF FOOD SCIENCE, 2017, 82(2): 477-483.

[231] Vladimir S, Aleksandar N. Natasa N. Microcell Prediction Model Based on Support Vector Machine Algorithm [J]. Ann. Telecommum, 2014, 69: 123-129.

[232]William L., Waugh. Living with Hazards Dealing with Disasters: An Introduction to Emergency Management, New York: M. E. Sharpe. Inc, 2000.

[233]Wynn M. The Data and Process Requirements for the Recall Coordination[J]. Computers in Industry, 2011, 29(7): 776-786.

［234］Y. G. Ampatzidis, S. G. Vougioukas and M. D. Whiting. A Wearable Module for Recording Worker Position in Orchards［J］. Computers and Electronics in Agriculture, 2011: 222-230.

［235］Yang Dong. Global Sourcing and Quality Recalls: An Empirical Study of Outsourcing Concentration-product Recalls Linkages［J］. Journal of Operations Management, 2014, 55(7): 241-253.

［236］Zhang, SQ. The Study on the Crisis Management System-Focused on the HACCP Program［J］. Korean Review of Crisis and Emergency Management, 2013, 9(11): 363-385.